JN125934

社会保障改革 2025 と その後

鎌田繁則 ［著］

創 成 社

はしがき

　私は25年以上も大学で社会保障改革について講義して参りましたが，近年の学生の社会保障・社会福祉に対する不信感はかなりのものです。多くの場合は，制度をよく知らないことによる誤解が原因で，それが故に大学で社会保障論を講義する意味があるのですが，背景には社会環境の急激な変化や価値観の二極化に対する不安もあると思います。

　私たち人間は，誰しもが赤ん坊として生まれ，老人として死んでゆくのですから，社会保障制度が無かった時代には，人は親に養われ，やがて自立して子どもを養う立場になり，そして最後は再び子どもらに面倒を見てもらうという世代の連鎖を続けて，生き永らえてきたのです。これは人類存続の歴然たる事実で，その意味では今，社会の考え方や価値観が多少変わったところで人類，あるいは日本人が滅ぶような事態になるとは到底思えません。

　したがって，現代の日本人の不安は，今までとは違う生活様式や生活慣習を導入することに対する見通しの悪さ，もっと端的に言えば，自分とその家族の考え方や行動を変えなければならないことは何となくわかっているが，どう変えたら良いのかわからないことに対するストレスに起因していると思います。

　本書は，この新しい社会生活における社会保障の考え方の変化を私なりに解説したものです。政府の言葉を借りれば，持続可能な社会保障や安心安全な社会保障という概念になるのでしょうが，私自身がこれまで講義してきた中では，社会保障を3段階で構築するという話になります。

　この社会保障3段階論は，はっきりと誰の学説と特定できるものではありませんが，たまに政府も使ってきた概念で，次のようなものです。

　まず，社会保障の第1段階は自立生活の支援，つまり人々が自分の力で生活することができるように社会やコミュニティが支援する制度を作ることです。いうまでもなく，市民生活の基本は各人が独力で生活できることで，これが自

由で民主主義的な社会の基本です。

　次に，第2段階が生活の安定，つまり今現在，自立生活できている人々が今後も安定的にそれを続けられるように支援する制度を作ることです。これは時々刻々と変化する社会環境の中で，人々が自立生活をすることができなくなる事態を事前に予想し，予防策を論じ，対処策を講じることで現在の市民生活を守ることに他なりません。

　そして，第3段階が安心できる社会の実現，つまり人々の生活が安定しているだけではなく，安心を実感できる社会を構築していくことです。しかし，この安心という言葉が曲者で，どのような社会であれば安心できるのかは，個人によって異なり，社会として一致点を見出すことはなかなか難しいというのが現実です。もちろん理論的にその答えを導出できるようなものでもありません。

　したがって，政府が掲げる安心安全な社会保障は単に財源の話だけで済むものではありません。マンパワーの不足（少子化問題）は現代日本ではより深刻ですし，もっと本質的な問題は，社会保障の提供は単なる公共サービスの1つなのか，それとももっと精神的なサポートも含めたものなのかということです。

　なぜこうした問いが成立するのかと言うと，安心という言葉の反意語である不安について考えると，人々の不安の行きつく先は，結局のところ，人の死にある訳ですから，物的金銭的な保障を論じるだけでは，安心できる社会保障になるとは思えないからです。

　大哲学者カントは，「幸せとは何か」をアプリオリに（経験を超えて）研究する学問は成立しないと主張しましたが，カント哲学をさらに乗り越えた20世紀の天才哲学者ハイデガーは人々の死への不安を人々の共通の意識として捉え，人々は日常的にはそのことを深刻に考えないように「頽落（たいらく）」という状態で生活していると説きました。幸せの反対の感情である不幸が，多くの場合，人々の不安感から生じることを考えるのであれば，不安を緩和することは社会保障という学問の重要なテーマの1つであるように思えます。

　従来の社会保障の刊行物の多くは，主に社会的な公平という視点（いわゆる

正義論）から語られることが多かったと思いますが，本書ではむしろ不安の軽減という現象学的な視点から社会保障を捉え直してみたいと思います。本書でそのことが解説できれば筆者としては望外の悦びです。

　最後に，本書の刊行に関しまして創成社の西田徹氏にひとこと謝辞を述べたいと思います。同氏はコロナ禍の真っ只中で多数の分担執筆者がいる『都市情報学入門』（2020 年刊行）という共著企画を無事に遂行して頂いた編集者で，今回は私の単独の冒険的な企画にも即座にご快諾頂けました。西田氏のご理解なしに本書の刊行は日の目を見なかったことと思います。

　世はまさに人工知能（AI）時代で，人工知能にどのように人間の心を持たせるのかが開発の焦点となっています。社会保障改革のような政策論にも人間の意識の視点からのアプローチが必要であると思います。本書が新しい社会保障改革の視点を読者にご提供できることを信じて私の巻頭言とさせて頂きます。

　令和 4 年 2 月　吉日

鎌田繁則

目　次

はしがき

第 1 章　なぜ 2025 年が問題なのか
　　　　　—社会保障改革の方向性：委託型から互助型併用へ— — 1
　　1　はじめに …………………………………………………… 1
　　2　2025 年に何が起きるのか ……………………………… 3
　　3　社会保障への影響 ………………………………………… 7
　　4　改革の方向性 ……………………………………………… 10
　　5　委託型社会保障から互助型併用社会保障へ ………… 13
　　6　むすび ……………………………………………………… 15

第 2 章　地域包括ケアシステム
　　　　　—社会保障改革のお手本　介護保険制度改革— ——— 18
　　1　はじめに …………………………………………………… 18
　　2　介護保険制度の危機 ……………………………………… 19
　　3　地域包括ケアのイメージ ……………………………… 24
　　4　新しい総合事業の概要 ………………………………… 26
　　5　実施状況 …………………………………………………… 30
　　6　むすび ……………………………………………………… 34

第 3 章　地方創生
　　　　　—日本版経済特区ではない— —————————— 36
　　1　はじめに …………………………………………………… 36
　　2　地域雇用創出政策の沿革 ……………………………… 38
　　3　まち・ひと・しごと創生法の概要 …………………… 41

　　4　地方交付税改革なのか ……………………………………47
　　5　むすび …………………………………………………54

第4章　働き方改革
―社会保障改革の1丁目1番地― ──────────── 57

　　1　はじめに ………………………………………………57
　　2　働き方改革とは何か …………………………………58
　　3　長時間労働是正の必要性 ……………………………61
　　4　同一労働同一賃金改革 ………………………………72
　　5　育休・有給休暇の取得 ………………………………79
　　6　むすび …………………………………………………85

第5章　労働者災害としての過労死について ──────── 88

　　1　はじめに ………………………………………………88
　　2　労災認定の状況と最近の傾向 ………………………89
　　3　過労死の要因別分析 …………………………………93
　　4　むすび ……………………………………………… 102

第6章　外国人労働者の受け入れ ──────────── 104

　　1　はじめに …………………………………………… 104
　　2　入管法と在留資格 ………………………………… 104
　　3　新しい在留資格の追加 …………………………… 111
　　4　むすび ……………………………………………… 114

第7章　生活困窮者自立支援
―貧困者対策の本丸になり得るか― ──────────── 116

　　1　はじめに …………………………………………… 116
　　2　絶対的貧困と相対的貧困 ………………………… 117
　　3　生活困窮者自立支援事業の概要 ………………… 120
　　4　関連制度―求職者支援制度と就労自立給付金― ……… 125
　　5　むすび ……………………………………………… 129

第8章　確定拠出年金
　　　　―持続可能な年金制度― ――――――――――――― 132
　　　1　はじめに ……………………………………………… 132
　　　2　公的年金の確定拠出化 ……………………………… 135
　　　3　なぜ確定拠出年金なのか …………………………… 141
　　　4　確定拠出年金個人型イデコ (iDeCo) とつみたてニーサ (NISA)
　　　　　……………………………………………………… 145
　　　5　むすび ………………………………………………… 148

第9章　生活者のための社会保障
　　　　― 2025 年以降の社会保障改革を見据えて― ―――― 150
　　　1　はじめに ……………………………………………… 150
　　　2　「生活者」とは何か…………………………………… 151
　　　3　「あるがままの人間」へのアプローチ……………… 156
　　　4　「生活者」論への適用………………………………… 165
　　　5　むすびにかえて―今後の社会保障改革への含意― ……… 169

補論1　社会保障の基本原理と歴史……………………………… 175
補論2　介護保険制度の概要……………………………………… 194
補論3　雇用保険制度の概要……………………………………… 208
補論4　労働者災害補償保険制度の概要………………………… 225
補論5　生活保護制度と子どもの貧困対策についての概要……… 238
補論6　年金制度の概要…………………………………………… 258

索　引　280

第*1*章

なぜ2025年が問題なのか
―社会保障改革の方向性：
委託型から互助型併用へ―

1 —— はじめに

　国立社会保障・人口問題研究所は，5年に一度，その時点での国勢調査にもとづいた日本の将来人口推計を行ってきましたが，前回の推計結果は2017（平成29）年7月に発表されています。推計対象期間は2016年から2065年まででしたが，参考推計として2066年から2115年までの期間の予想も併せて掲載されました。概要を示しますと，2065年に我が国の総人口は約8,800万人（中位推計）まで減り，2074年には8,000万人（同）を割り，2100年には6,000万人（同）を下回るというショッキングな結果となっています。

　この結果は，今世紀中には日本の人口が半減することを示しており，あまりにも急激な人口減少により国力の低下を招くことは避けられません。実際，こうした推計を踏まえて，人口8,000万人時代をテーマに掲げた日本経済論の書物も刊行され，注目を集めています[1]。

　私の記憶では，人口の少子高齢化問題については遅くとも1990年代前半には周知の事実となっていました。総人口が1億人を超える大国が急速に人口減少した場合に，社会制度や経済環境がどのように変わるのかという点で，世界

初の実験として国際的な関心が寄せられてきました。

　我が国の社会経済環境は，第二次世界大戦を境に劇的に変化し，世界でも類を見ない高度経済成長を短期間で成し遂げました。しかし，総人口は，実数としてすでに 2010（平成 22）年にピークを迎え 1 億 2,806 万人（同年の国勢調査）で頭打ちとなりました。その後，わずか 60 年間で 4,000 万人（31%）超の減少が見込まれますので，この高度経済成長期に確立したさまざまな社会制度や経済環境を維持することはほとんど不可能なように思えます。

　特に国民生活に直結する社会保障制度は，1959（昭和 34）年に国民皆保険（公的医療保険）体制確立，1961（昭和 36）年に国民皆年金（公的年金）体制確立，そして 1963（昭和 38）年に福祉元年（諸福祉制度の充実）の宣言などと，ほとんどの分野で高度経済成長期に整備されてきましたので，その後に多少の改革がなされてきたとは言え，既存制度の持続可能性自体が揺らいでいる状態といえます。

　こうした背景を踏まえ，国は 21 世紀に入るとすぐに社会保障改革を本格化させ，特に小泉内閣時代には新自由主義的な手法を大胆に取り入れ始めたように見えました。もちろん新自由主義思想自体は，当時の国際社会が全体として受け入れていましたので，日本だけの特殊性ではなかったのですが，周知のように，この小泉改革は 2008 年のリーマンショックを契機として，深刻な格差社会を出現させた要因の 1 つに数えられています。つまり国民の中に負け組を出現させ，社会の分断を招いてしまったのです。

　今回，本書は以下の諸章で 2025 年を見据えた社会保障改革を取り上げますが，小泉改革の傷口も癒えない中で，なぜ新たな改革が必要なのか，そして，今回の改革は新自由主義的アプローチとはどこが違うのかについて論じてみたいと思います。さらに，今回の改革は社会保障の各制度の改革にとどまらず，第二次世界大戦後の社会慣習の変革も意図しており，それが「働き方改革」なのですが，「働き方改革」がなぜ必要なのか，そして，その改革がなぜ難しいのかについても併せて分析したいと考えています。

　とりあえず本章では，社会保障改革 2025 がなぜ必要なのか，そして，この改革は新自由主義とはどのように違う考え方でアプローチするのかについて，

大きな方向性を説明致します。

2── 2025年に何が起きるのか

　まず，本書の表題にもなっている2025年ですが，この時に何が起こるのか
について説明します。それは1947（昭和22）年から1949（昭和24）年に生まれ
た団塊の世代が全員75歳以上に到達することです。この75歳という年齢は後
期高齢者の仲間入りをする年齢で，さまざまな病気の発症や要介護状態になる
人が急に増えてくる境目と考えられています。

　他方，団塊の世代以降の日本の出生数に目を向けますと，図1−1に示した
ように，団塊の世代ジュニア（第二次ベビーブーム）の時期（1971年から1974年）
を例外として，ほぼ一貫して減少傾向にあります。

　これを一組の夫婦が一生涯に何人の子どもを持つのかという尺度としてよく
用いられる合計特殊出生率で見ますと，実は団塊の世代ジュニアの時期も同出

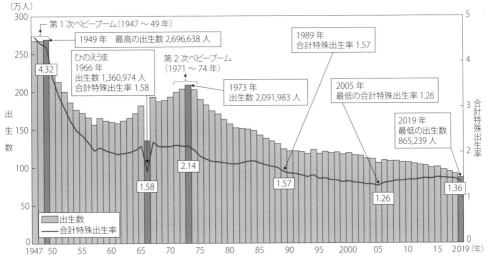

図1−1　出生数および合計特殊出生率の年次推移

出所：内閣府『令和3年版少子化社会対策白書』図1−1−3を転載。

生率はそれほど高くなく，2.14 に過ぎませんでした。そして，その後は，一貫して同出生率は低下を続け，2005（平成 17）年には 1.26 とボトムを迎えました。

　2025 年はこの年に生まれた新生児が 20 歳を迎える年でもあり，若年労働力の不足がより一層危惧される状況でもあります。このように，2025 年は後期高齢化の進展が一気に加速すると同時に，出生率ボトムの頃の若者が社会に巣立つ年ということになります。

▋団塊の世代の後期高齢者化

　表 1 - 1 をご覧ください。同表には，2015（平成 27）年の国勢調査における団塊の世代とその前後の世代の年齢別人口が示されています。もともと団塊の世代は出生時において，その出生数は各々 260 万人を優に超えていましたが，同表からは，上記調査時点において各々 200 万人以上が存命中であることがわかります。このコホート規模は 1946（昭和 21）年生まれの存命者 128 万人と比較するまでもなく圧倒的で，後期高齢化のスピードは一気に加速することがわかります。

　表 1 - 2 には 2025 年以降の後期高齢化の進展の将来予想を示しました。同表の上段の数字は人口の実数あるいは将来推計値で，下段には全人口に占めるそれぞれの年齢階層の割合を掲載しています。

　同表から明らかなように，2015 年において 13.3％であった後期高齢者の割合は，2025 年には 17.8％に高まり，2040 年には 20％を超え，2065 年には人口の 4 分の 1 が後期高齢者になります。後期高齢者人口自体は 2025 年からさらに大きく増加する訳ではありませんが，全人口の減少が相対的に後期高齢者の割合を相対的に高めることで比率を押し上げます。この意味で，人口の高齢化は少子化との相乗効果によって加速されることを認識する必要があるでしょう。

▋若年労働力の不足

　後期高齢化の進展は社会保障制度への負荷となることは明白ですが，問題の深刻さは，それを支える若年労働人口の絶対数の減少によってより浮き彫りにされます。年金財政の話だけではなく，医療や介護の担い手不足を引き起こし

表1−1　団塊の世代の人口規模

単位：人

コホート	2015（平成27）年時点の年齢	男	女	合計
1952 年生	63 歳	876,675	910,469	1,787,144
1951 年生	64 歳	924,245	964,007	1,888,252
1950 年生	65 歳	985,462	1,036,293	2,021,755
1949 年生	66 歳	1,072,274	1,134,794	2,207,068
1948 年生	67 歳	1,054,325	1,124,814	2,179,139
1947 年生	68 歳	994,404	1,064,413	2,058,817
1946 年生	69 歳	611,904	668,243	1,280,147
1945 年生	70 歳	644,226	720,849	1,365,075

出所：総務省『平成27年国勢調査』。

表1−2　後期高齢化の推移

単位：上段は万人，下段は％

	2015 年	2025 年	2040 年	2065 年
全人口	12,709	12,254	11,092	8,808
15 歳以上 65 歳未満	7,629	7,170	5,978	4,529
65 歳以上	3,425	3,677	3,920	3,381
65 歳以上 75 歳未満	1,734	1,497	1,681	1,133
75 歳以上	1,691	2,180	2,239	2,248
15 歳以上 65 歳未満	60.0	58.5	53.9	51.4
65 歳以上	26.9	30.0	35.3	38.4
65 歳以上 75 歳未満	13.6	12.2	15.2	12.9
75 歳以上	13.3	17.8	20.2	25.5

出所：2015年は国勢調査，2025年以降は国立社会保障・人口問題研究所『日本の将来人口推計（平成29年推計）』のデータ。

ます。さらに，コロナ禍前のことですが，24時間営業の外食産業やコンビニの深夜営業の一部中止報道があったように，若年労働力不足は一般経済のボトルネックにすらなり兼ねない状況であることも認識しておく必要があります。

　人手不足と言うと，1990年代後半から2010年代前半までに日本経済を覆った雇用不足とは真反対の現象なので，すぐには信じられない読者も見えるかも

しれません。また，コロナ禍前には，人工知能（AI）が雇用を奪うとも報道されていた訳ですから，むしろ長期的な雇用不足を心配されている読者の方が多いのかもしれません。

　実際，労働力不足に陥るのか，雇用不足になるのか，どちらになるのかは今後の経済の情報技術化やグローバル化にかかっていると思われますが，チャイナリスクやコロナ禍が新自由主義的なグローバリズムに強い警鐘を鳴らしているのは否定できない事実で，イギリスの欧州連合（EU）離脱（Brexit）やトランプ政権のアメリカ第一主義は，グローバリズムに対する一時的な揺り戻しに過ぎないとは言いきれない側面があります。もし世界経済のデカップリングが長期的な趨勢となるようでしたら，人口動態は長期的な現象であるだけに，急に人手不足の対策を行うことはかなり難しいと認識しておいた方がよいでしょう。

　再び表1－2をご覧ください。15歳以上65歳未満のいわゆる生産年齢人口の割合が2015年の60％からゆっくりと減少していくことが読み取れます。2065年までに10ポイント程度の低下ですから，労働参加率の上昇で補えるようにも見えます。

　しかし，労働力の問題は相対的な比率で考えるよりも実数で捉える方が重要かもしれません。なぜなら労働者1人当たりがどれだけの付加価値（金額）を生み出すのかを測る指標である労働生産性が劇的に高まらない限りは，労働者数の減少はそのまま経済全体の生産額の減少につながる訳です。確かに，フローだけを考えるのであれば，総人口も減る訳ですから生産額が減っても問題ないように思えますが，我々の経済はストックも蓄積している訳で，民間資本や社会インフラは常に減耗し続けており，それらを減価償却という形で補填していく必要があります。

　もし補填しなければ工場はもちろん，上下水道も橋梁やトンネルも劣化して使用できなくなり，生活水準の低下に直結します。現在，日本がデフレ経済を脱却できない理由の1つは，人口規模に対して過剰になりつつある資本ストックの価値の低下に求められると思います[2]。この意味で，アベノミクスで株価を支えたのは必ずしも間違った処方箋ではなかったといえるでしょう。

いずれにせよ表1－2で生産年齢人口（15歳以上65歳未満）が実数として2065年までに40％近くも減少するという趨勢は，かなり強烈な若年労働力不足を引き起こす潜在的圧力となり，経済の情報技術（IT）化やグローバル化がそれを凌駕するほどの雇用機会の喪失をもたらす効果があるとは単純には言いきれないように思えます。

そして，公的年金や医療，介護といった社会保障制度に限って言えば，人口の少子化は間違いなく深刻なボトルネックになるといえるでしょう。

3── 社会保障への影響

全人口に占める若年労働人口の割合の低下は，もちろん国家財政や社会保障財政のひっ迫につながります。ここでは社会保障財政に絞って考察しましょう。

内閣官房・内閣府・財務省・厚生労働省は連名で2018（平成30）年5月に『2040年を見据えた社会保障の将来見通し（議論の素材）』という資料を提示しています。これは同年3月に開催された経済財政諮問会議のために作成された資料『中長期の経済財政に関する試算』にもとづいて作成されたもののようですが，表題にあるように，2018年度の社会保障給付費をベースとして，2040年度までの社会保障財政を推計したものです。

▌シミュレーションの前提

まず議論の前提となる将来人口推計には，我々もすでに見てきた国立社会保障・人口問題研究所の『日本の将来推計人口（平成29年推計：出生中位（死亡中位）推計）』を用いています。これは2015（平成27）年の国勢調査にもとづいた将来推計です。

次に，社会保障の支出も収入も経済状態に依存しますから，名目経済成長率と物価上昇率を表1－3のようにベースラインと成長実現のケースとそれぞれ2種類用意して推計しています。これら2つのケースは内閣府の『中長期の経済財政に関する試算（平成30年1月）』や年金財政の検証を行う時に使ってきたものと同じ数値です。

表1-3 経済前提

		2018 (H30)	2019 (H31)	2020 (H32)	2021 (H33)	2022 (H34)	2023 (H35)	2024 (H36)	2025 (H37)	2026 (H38)	2027 (H39)	2028〜 (H40〜)
名目経済成長率(%)	成長実現	2.5	2.8	3.1	3.2	3.4	3.4	3.5	3.5	3.5	3.5	1.6
	ベースライン	2.5	2.4	2.2	1.9	1.8	1.8	1.8	1.8	1.8	1.7	1.3
物価上昇率(%)	成長実現	1.0	1.9	2.3	2.1	2.0	2.0	2.0	2.0	2.0	2.0	1.2
	ベースライン	1.0	1.6	1.7	1.3	1.1	1.1	1.1	1.1	1.1	1.1	1.2

(注)賃金上昇率については，2018年度は「平成30年度の経済見通しと経済財政運営の基本的態度」(平成30年1月22日閣議決定)に基づいて1.7%と設定し，2019〜2027年度までは名目経済成長率と同率，2028年度以降は平成26年財政検証の前提(ケースE・F)に基づいて2.5%としている。
出所：内閣官房・内閣府・財務省・厚生労働省『2040年を見据えた社会保障の将来見通し(議論の素材)』。

　同表にあるベースラインケースとは，経済成長率は中長期的に実質1%強，名目1%台後半程度，消費者物価上昇率は，1%近傍で推移すると仮定したものです。これに対して，成長実現ケースとは，各種生産性の向上や労働参加率の上昇を想定した政府の希望的数値です。

▍社会保障給付費の見通し

　社会保障給付費の将来推計結果は表1-4に示した通りです。同資料では社会保障の現状を機械的に投影した(現状投影)ケースと，地域医療構想，医療

表1-4 社会保障給付費の見通し(現状投影)

単位は兆円(対GDP比は%)

	2018年度	2025年度		2040年度	
		ベースラインケース	成長実現ケース	ベースラインケース	成長実現ケース
年金	56.7	59.9	64.2	73.2	85.9
医療	39.2	48.3〜48.7	50.2〜51.8	68.3〜70.1	72.1〜77.2
介護	10.7	14.6	15.7	24.6	27.3
子ども・子育て	7.9	10.0	10.8	13.1	14.8
その他	6.7	7.7	8.4	9.4	11.1
合計	121.3	140.4〜140.8	149.4〜151.0	188.5〜190.3	211.1〜216.2
(参考)GDP	564.3	645.6	707.3	790.6	931.6
(参考)対GDP比	21.5	21.7〜21.8	21.1〜21.3	23.8〜24.1	22.7〜23.2

出所：内閣官房・内閣府・財務省・厚生労働省『2040年を見据えた社会保障の将来見通し(議論の素材)』より筆者作成。

費適正化計画，第7期介護保険事業計画を反映させた（計画ベース）ケースの2つを推計していますが，ほとんど差がありませんので，同表には現状投影ケースの数値のみを掲載しました。

　さて，同表を見ますと，2018（平成30）年度の社会保障給付は121.3兆円で，国内総生産（GDP）の21.5％でしたが，これが2025年度にはベースラインケースで140兆円強，成長実現ケースでは150兆円前後になることが予想されています。ベースラインケースと成長実現ケースでは国内総生産の大きさに10％程度差がありますが，それでも対国内総生産に占める比率では共に21％を超え，成長が実現しても決して負担が楽になる訳ではありません。

　さらに，2040年度にはベースラインケースで190兆円程度，成長実現ケースでは210兆円超になることが予想されます。国内総生産もそれぞれ790兆円強，930兆円強へと拡大しますが，いずれのケースでも確実に2018年度より対国内総生産比は1.2から2.6ポイントほど高まることが予想されています。

▋医療福祉分野の就業者数の見通し

　最後に，医療福祉分野におけるマンパワーのひっ迫についても確認しておきましょう。表1－5には，2018（平成30）年度の各就業者の実数および独立行政法人労働政策研究・研修機構等の各就業者数の将来推計結果を示しています。

　同表を見てすぐにわかることは，就業者数全体が減少していく中，医療・介護・その他福祉分野の就業者数が着実に増加することです。実数の増加自体は823万人から1,065万人へと242万人（29.4％）程度ですが，就業者数全体が926万人減少しますので，産業全体に占める医療福祉分野の就業者の割合は12.5％から18.9％へと約1.5倍に高まることが予想されます。

　夜勤もあり，給与体系が比較的フラットな医療介護分野での求人が果たして充足できるのかという疑念もありますが，たとえ充足できたとしても就業者の約5人に1人が社会保障関係分野に従事することになり，経済活力が奪われないのかという心配もあります。

表1－5 医療福祉分野の就業者数の見通し

単位は万人（最後の割合のみ%）

	2018年度	2025年度		2040年度	
		ベースライン ケース	成長実現 ケース	ベースライン ケース	成長実現 ケース
医療分野就業者数	309	327	322	334	328
介護分野就業者数	334	402	406	501	505
その他の福祉分野就業者数	180	204	203	233	232
上記分野の就業者数の合計（A）	823	933	931	1,068	1,065
（参考）就業者数全体（B）	6,580	6,353		5,654	
（参考）（B）に占める（A）の割合	12.5	14.7	14.7	18.9	18.8

（注1）元データにはその他の福祉分野就業者数は明示されていないので，合計（A）から医療分野就業者数と介護分野就業者数とを差し引いて求めた数値。

（注2）医療福祉分野における就業者の見通しについては，①医療・介護分野の就業者数については，それぞれの需要の変化に応じて就業者数が変化すると仮定して就業者数を計算。②その他の福祉分野を含めた医療福祉分野全体の就業者数（A）については，医療・介護分野の就業者数の変化率を用いて機械的に計算。③医療福祉分野の短時間雇用者の比率等の雇用形態別の状況等については，現状のまま推移すると仮定して計算。

（注3）就業者数全体は，2018年度は内閣府「経済見通しと経済財政運営の基本的態度」，2025年度以降は，独立行政法人労働政策研究・研修機構「平成27年労働力需給の推計」および国立社会保障・人口問題研究所「日本の将来推計人口　平成29年推計」（出生中位（死亡中位）推計）を元に機械的に算出している。

出所：内閣官房・内閣府・財務省・厚生労働省『2040年を見据えた社会保障の将来見通し（議論の素材）』より筆者作成。

4 ── 改革の方向性

　こうした状況に対して，もちろん政府も手をこまねいていた訳ではありません。特に少子化対策については，1990年代からエンゼルプランや待機児童対策，育児休業制度の充実など矢継ぎ早に政策を繰り出してきました（第4章および補論第5章を参照）が，図1－1の説明でも触れたように，合計特殊出生率を2005（平成17）年に1.26とボトムをつけるのが精一杯で，すでに小さなコホートになった親世代が低い出生率のままで出生しますので，2020（令和2）年の速報値では，コロナ禍の影響もあり，新生児数は統計史上最少の84万人（出生率1.34）にまで落ち込んでいます。少子化の状況については明確に手遅れの状態で，今仮に出生率が2を大きく超えるような妙案があったとしても下げ止

まるのは数十年先のことでしかありません。

　そんな中で，政府は2019（令和元）年4月に外国人労働者の積極的な受け入れに舵をきりました。詳しくは第6章で説明しますが，日本人に不人気な業界へ外国人労働者の参入を促すために「特定技能」という在留資格を増やす改革です。

　しかし，今いる技能実習生や資格外活動で就労している留学生がすべて「特定技能」の許可を得たとしても50万から60万人の規模しかなく，2040年までに約1千万人減少する就業者数を補うことは到底できません。この意味で，外国人労働者の受け入れ政策は，少子化による労働力不足の補助的な対策にしかなり得ないのです。

■ 一億総活躍社会

　そこで，登場するのが一億総活躍社会のスローガンです。一億総活躍社会とは，2015（平成27）年9月に安倍政権によって表明された政策で，少子高齢化問題に真正面から取り組んでいく姿勢を示したものです。具体的には，女性や高齢者，一度失敗を経験した人，障害や難病のある人も，家庭で，職場で，地域で，あらゆる場で，誰もが活躍できる，全員参加型の社会の実現を目指しています。

　2016（平成28）年6月には「ニッポン一億総活躍プラン」を閣議決定し，①成長と分配の好循環メカニズムの提示，②働き方改革，③子育ての環境整備，④介護の環境整備，⑤すべての子供が希望する教育を受けられる環境の整備，⑥「希望出生率1.8」に向けたその他取組，⑦「戦後最大の名目国内生産（GDP）600兆円」に向けた取組などの具体的な目標を設定しています。

　これらのプランの特徴は，従来通り政府がイニシアティブをとって目標を実現する政策も含まれますが，むしろ地域や住民，個人の自主性に期待し，政府はその環境づくりを行う政策も多く含まれていることです。例えば，②働き方改革には，同一労働同一賃金のように政府が主導して規制を強化したり，基準を示したりする政策もありますが，長時間労働の是正や高齢者の就労促進の場合には家庭や本人の意識の持ち方もかなり政策実現に強く関連してきます。ま

た，⑥「希望出生率1.8」に向けたその他取組の場合にはさらに顕著で，これはもちろん政府が出生数を無理やり引き上げるという政策ではなく，夫婦が平均的に希望する子どもの数1.8人を実現できるように環境を整えることを目的とした政策です。そのためには共働きしやすい環境を用意すると同時に，地域や家庭での協力や支え合いが重要性を増してきます。

　このように「ニッポン一億総活躍プラン」では，第二次世界大戦後主流になっていた物質主義に偏重した政策だけではなく，国民1人1人の意識の持ち方が重要なのだという，人類の長い歴史を見れば当たり前の部分にも踏み込んでプランが構成されている点で時代が変わりつつある空気を感じることができます。

▍自助・互助・共助・公助

　2020（令和2）年9月に菅政権が誕生すると，自助・互助・共助・公助という政権のスローガンを表明しました。ところがなぜか世間では非常に冷めた空気が流れました。菅首相が何の前置きもなく，突然こうした方針を口にしたので説明不足であったのかもしれませんが，私には人間として当たり前のことを言われただけのように思えました。

　実は社会保障の分野では，自助・互助・共助・公助というフレーズは2000年代半ばには，すでに普通に使われていた用語だと記憶しています。なぜそんな記憶があるのかというと，当時の私には共助と公助の違いがよくわからず，色々と調べていたからです。ちなみに，公助とは政府や自治体による助力，つまり税金を財源として生活困窮者を救済することですが，これに対して，共助は強制的な支え合いの仕組みです。例えば，日本の公的年金は賦課方式という世代間扶養の原理で運営され，強制加入ですが，これは大家族制度を社会全体で実践する共助であって，公助ではありません（第8章を参照）。

　話は少しずれますが，公的年金を拠出制から無拠出制に変えることを主張する識者をしばしば見かけます。ただ，これは財源の変更の問題だけで済む話ではありません。100％税金で年金を賄うことは，共助から公助に変えることであり，自主的に生きている人々が互いに支え合う原理からニード原理（需要に

応じて救済する仕組み）に変えることに他なりません。もちろんニードの大きさは第三者（通常は何らかの専門家）が判断しますから，たとえ政府が民主主義的なプロセスで構成されていたとしても自主的な生き方とはいえなくなる（つまり他人に管理された生き方になる）のではないでしょうか。

　さて，話を戻しますと，互助はお互いの自発的な助け合いですからわかりやすいと思いますが，社会保障の分野に自助の概念を置くことには疑問を覚える人もいるようです。自助が社会保障ではないと考える人は，社会保障は自立できない人のための救済制度で，自立した市民は社会保障の適用を受けていないと誤解しているのかもしれません。そうした二分法的発想が自助を社会保障と対立する概念にしているように思えます。社会保障は決して他人に頼ることでも，従属することでもありません。自主的な生き方をしている人々が，互いにこれからも自主的に生きられることを保障するシステムだと考えるならば，自助は互助や共助の前提として，当然1人1人が持っていなければならない意識ではないでしょうか。

5 —— 委託型社会保障から互助型併用社会保障へ

　社会保障改革2025は来るべき超少子高齢化社会を踏まえて，社会保障制度のあり方を完全委託型から互助を併用したもの（以下では互助型併用社会保障と呼ぶ）に転換する試みだと私は捉えています。

　道路を例に説明してみましょう。図1−2の左図（A）は都市の道路を示しています。経済活動とは「市場」へアクセスすることです。都市の住民は公共の道路によって市場にアクセスします。道路は国や自治体が作ってくれますが，これは住民がみんなで少しずつ税金を払い，国や自治体にそうしたサービスの提供を委託するから行われると考えることができます。これは公共サービス型とも呼ばれるサービスの提供の仕方で，アメリカやイギリスなどアングロサクソン系の国々の財政サービスの考え方です。

　次に，図1−2の右図（B）はアルプスの少女ハイジが住んでいるような山村の道路事情を表しています。人口は少なく物流は乏しいので公共道路を作る

図1−2　委託型サービスと互助による保全

図A．公設道路による市場へのアクセス

図B．私道による市場へのアクセス

ことは効率的ではありませんし，実際，住民の要望も少ないでしょう。しかし，そうした山村でも，互いに完全に自給自足生活という訳にはいきませんから，やはり村の広場で互いに得意な産物を持ち寄り，融通し合うでしょう。その時，市場へのアクセスは各家の住人の私道を使って行われます。

　そうした状況ではむしろ都会以上に互いが互いを必要としているかもしれません。もし自然災害などが起こり，誰かの私道が使えなくなれば，その家の住人が困るだけでなく，その人の産物を頼りにしていた他の村人も困ることになります。

　そこで，暗黙に互助の契約が生まれます。もし誰かの家の道が通れなくなれば，村人全員で道を復旧するという取り決めが行われます。これが社会保障の考え方です。互助の契約はいざという時のための保険に他なりません。社会保障は本来こうした趣旨で誕生したと思われます。

　ただし，ここでいう互助とは，台風や地震の時の三々五々集まる災害ボランティアとは違います。社会契約にもとづいた制度ですから，互助が発動されるときには関係者は必ず参加しなければなりません。そうでなければ共助（委託型社会保障）の代替手段にはならないからです。したがって，共助で行った方が効率的な都市部の公共サービスまで互助に転換するのはナンセンスで，互助は共助が使えない場合の補完的代替手段であるべきでしょう。

　西欧で公共道路が整備されたのはローマ街道ですから，古代です。しかし，互助原理である社会保障は中世に生まれました（補論第1章を参照）。強大なロー

マ帝国があった時代には公共サービス型ですべてまかなえたのですが，田舎の小国に分立した中世は安上がりな社会制度の方法として教会主導の互助制度が発達したのです。

　私は日本が中世に逆戻りするとは思いませんが，何でも国（共助・公助）任せの時代は終焉すると思います。安上がりな政府，小さな政府とは，新自由主義者が言うようなすべてを市場原理任せの社会では実現せず，市場原理と公共サービスとの間に，人々の自主的，自発的な助け合いのシステム，すなわち互助が個人を支える部分が必要だと考えます。

　もちろん私は既存の社会保障制度をすべて互助に置き換えるべきだと主張している訳ではありません。共助を基本としつつ，共助では支えきれない場合には公助が必要ですし，全国一律に統一規格でサービスを提供することが効率的でないか，あるいは地域性等を鑑みると適当ではない場合には地域に合った互助が個人の自助努力を支える手助けになるのではないかといっているのです[3]。

6 ── むすび

　日本のあまりにも急激な人口の少子高齢化の進展はもはや既定の事実であり，防ぐ手立てはないでしょう。我々はこの事実を受け入れて，それを前提とした社会に変革していく以外に選択肢はありません。国力（特に経済力）の低下が避けられないのであれば，さまざまな社会制度をスリム化していく以外に現状を維持していく方法がない訳で，社会保障制度もその例外ではありません。

　しかし，だからといって単純に市場原理に置き換えれば済む話でもありません。もともと公共サービスの多くは市場の失敗が起こることを踏まえて公共サービスとして供給されているのですから，何の工夫もなく市場原理に委ねれば，弱肉強食世界の敗者はすべて個人の能力や努力不足というレッテルを貼られるだけです。これは場合によっては，地域丸ごと敗者になる場合も十分にあり得る訳ですから限界集落や消滅都市の出現も架空の話ではありません。

　ではどのように共助・公助と市場原理との格差を埋めていくのか，これが難

問なのですが，幸いなことに社会保障の分野ではすでにヒントになる改革が一部進んでいます。それが介護分野における地域包括ケアシステムの構築ですが，共助である介護保険を互助システムが補完するということはどのようなことなのか，次章で説明したいと思います。

　そして，第3章では地域間格差を是正する手段として，これもまた地域の自主性にかかってくるのですが，地方創生を取り上げます。地域丸ごと敗者になることを避けるための「まちづくり」の支援策です。

　また，こうした互助型併用社会を構築していく上で避けられないのが「働き方改革」です。第4章から第6章で論じますが，労働力人口が急減していく社会の中で人材を使い捨てにしている日本型雇用モデルは早急に改めなければなりません。労働者（外国人を含む）には次世代を生み育てる役割もある訳ですから，仕事以外に日常生活がないかのような生産スタイルや忠誠心を求めることは，少子化という外部不経済をまき散らす公害垂れ流し企業といわれても仕方ないといえるでしょう。

　第7章では公助である生活保護制度を補完する自立支援プログラム，生活困窮者支援制度について説明します。同支援制度の内容ははなはだ不十分ですが，各個人が自立生活を維持するために自助・互助・共助を総動員した政策です。

　第8章では公的年金制度（共助）を補完する企業年金（互助）と個人年金（自助）について，最新の考え方について説明します。

　最後に，21世紀の社会はますます個人の役割，責任が大きくなることが予想されます。それは市場原理に委ねられる部分が大きくなる訳ですから当然のことなのですが，なぜ自助が強調されるかの所以でもあります。しかし，人間はコンピュータではありませんし，もちろん神にもなれません。日常的に悩み事に悩まされ，お互いに理解し合える社会とは程遠い状況です。社会保障が日常生活の不安を軽減することを目的とした政策であるとするのなら，これからの社会保障は人間の認知・認識の世界まで守備範囲を広げていく必要があるのかもしれません。第9章では，そうした問題に踏み込むための準備として，現象学に焦点を当てたいと思います。

【注】

1）　牛嶋（2019）を参照してください。

2）　身近な例では相続されない空き家問題を考えてみてください。

3）　冒頭に紹介した牛嶋（2019）には，互助を国が支えるべき事例として，大変興味深い提案が紹介されています。第8章「環境と水田」では，水田が果たす治水効果についての説明と，現在耕作放棄地となっている水田の維持のための費用を推計している内容になっています。さらに，第10章「人口1億人（2050年）に向けての経済運営」では，人口が減少する中で水田保全のための具体的な協働体制の維持の仕方が論じられています。

参考文献

赤木博文「地域間格差と社会資本の整備状況」森　徹・鎌田繁則編著『格差社会と公共政策』第2章　勁草書房　2013年。

牛嶋　正『人口8000万人時代に向けての日本経済』風媒社　2019年。

第2章

地域包括ケアシステム
―社会保障改革のお手本
介護保険制度改革―

1 ―― はじめに

　前章では新しい社会保障の基本的な考え方を説明しました。しかし，それで
も自助・互助・共助・公助の4つの次元から構成される社会保障の具体的な姿
をイメージすることはなお難しいと思います。そこで，本章では互助型社会保
障改革のモデルとなる例を紹介したいと思います。それは介護保険制度におけ
る地域包括ケアシステム（以下では，地域包括ケアと呼ぶ）の構築です。

　多くの人々にとって地域包括ケアという言葉は「聞いたことはある」かもし
れませんが，その中身はよくわからないブラックボックスのようなものである
と思います。そして，これは介護保険関係者や地方行政の担当者，そして一部
専門家においてさえも，そのわかり難さはそれほど変わりません。

　内容の説明に入る前に，2つの点をはっきりさせておきます。1つ目は，地
域包括ケアは福祉の分野でしばしば最重要関心事となる公平や平等という概念
と直接的には関係しない独立した話であるという点です。つまり地域包括ケア
は，社会やコミュニティにおける人々の公平感を高めたり，所得の再分配を目
指したりするプログラムではありません。

　2つ目は，医療関係者（医師，保健師，看護師など）の中でも一部の人々が考える地域包括ケアの概念と，それ以外の各方面の関係者（ボランティアや福祉関係者を含む）が考える概念との間には少なからず差異があるという点です。前者は主に医療から介護への連続的な接合のみの狭い範囲，いわゆる integrated care を想定していますが，日本の地域包括ケアの考え方は介護予防が極めて重要なウエートを占めており，単に医療から介護への接続の話では収まりません。以下で説明する地域包括ケアは後者の概念です。

2 ── 介護保険制度の危機

　共助である介護保険制度は，2000（平成12）年4月にスタートし，2006（平成18）年に大改正されましたが，原則65歳以上の高齢者で，居住する自治体から要支援・要介護認定を受けた者が介護保険を利用して各種サービスを受給する制度です（介護保険制度については補論第2章を参照してください）。つまり健常な状態から介護認定されると一気に，共助が受けられる制度でした。

　しかし，従来の介護保険制度だけで高齢者介護をすべてカバーしようとすると2つの大きな問題が立ちはだかることが危惧されるようになりました。1つは介護保険財政の問題で，もう1つは介護職員確保の問題です。

▌介護保険財政のひっ迫

　第1章で議論したように，2025（令和7）年には団塊の世代の約600万人がすべて後期高齢者となり，大量の要介護者が出現することが予想されます。これに対して，現役労働者数は減少傾向で，彼らの保険料拠出を見込んだ介護保険財政がひっ迫することはほぼ必然でしょう。

　図2−1を見てください。高齢者のうち要支援や要介護となる者の割合（要介護者出現率という）は年齢と共に高まり，特に85歳を超えると急激に高まる（世代人口の60％超となる）ことがわかります。

　この結果，図2−2のように，介護保険発足当初，要支援者も含めて256万人だった要介護認定者数は急増し，2025（令和7）年には要介護者数が600万

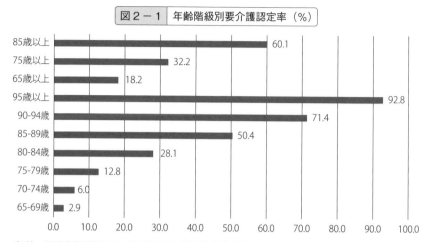

図2−1 年齢階級別要介護認定率（%）

出所：総務省統計局人口推計及び介護給付費等実態調査（平成 29 年 10 月審査分）。

図2−2 要介護認定者数の推移

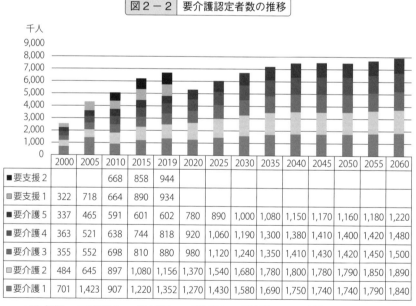

千人

	2000	2005	2010	2015	2019	2020	2025	2030	2035	2040	2045	2050	2055	2060
■要支援2			668	858	944									
□要支援1	322	718	664	890	934									
■要介護5	337	465	591	601	602	780	890	1,000	1,080	1,150	1,170	1,160	1,180	1,220
■要介護4	363	521	638	744	818	920	1,060	1,190	1,300	1,380	1,410	1,400	1,420	1,480
■要介護3	355	552	698	810	880	980	1,120	1,240	1,350	1,410	1,430	1,420	1,450	1,500
□要介護2	484	645	897	1,080	1,156	1,370	1,540	1,680	1,780	1,800	1,780	1,790	1,850	1,890
■要介護1	701	1,423	907	1,220	1,352	1,270	1,430	1,580	1,690	1,750	1,740	1,740	1,790	1,840

■要介護1 □要介護2 ■要介護3 ■要介護4 ■要介護5 □要支援1 ■要支援2

出所1：2019 年度までは実績値で，『令和元年度　介護保険事業状況報告（年報）』の値。
※東日本大震災の影響により，平成 22 年度の数値には福島県内 5 町 1 村の数値は含まれていない。
出所2：2020 年度以降は社会保障審議会介護保険部会資料（平成 28 年 2 月 17 日）。
※ 2020 年度以降は要支援を含めていない。

図２－３　介護保険給付と保険料の推移

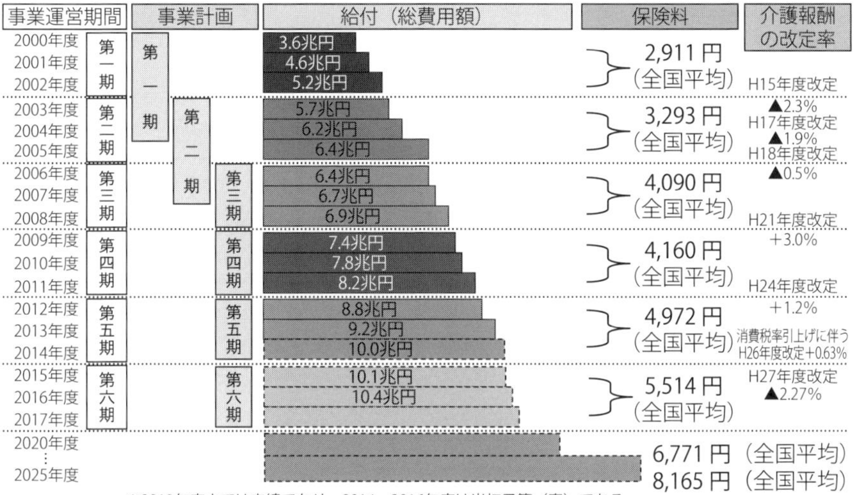

事業運営期間	事業計画		給付（総費用額）	保険料	介護報酬の改定率
2000年度 2001年度 2002年度　第一期	第一期		3.6兆円 4.6兆円 5.2兆円	2,911円 （全国平均）	H15年度改定
2003年度 2004年度 2005年度　第二期		第二期	5.7兆円 6.2兆円 6.4兆円	3,293円 （全国平均）	▲2.3% H17年度改定 ▲1.9% H18年度改定
2006年度 2007年度 2008年度　第三期		第三期	6.4兆円 6.7兆円 6.9兆円	4,090円 （全国平均）	▲0.5% H21年度改定
2009年度 2010年度 2011年度　第四期		第四期	7.4兆円 7.8兆円 8.2兆円	4,160円 （全国平均）	+3.0% H24年度改定
2012年度 2013年度 2014年度　第五期		第五期	8.8兆円 9.2兆円 10.0兆円	4,972円 （全国平均）	+1.2% 消費税率引上げに伴う H26年度改定+0.63%
2015年度 2016年度 2017年度　第六期		第六期	10.1兆円 10.4兆円	5,514円 （全国平均）	H27年度改定 ▲2.27%
2020年度 2025年度				6,771円（全国平均） 8,165円（全国平均）	

※2013年度までは実績であり，2014〜2016年度は当初予算（案）である。
※2020年度及び2025年度の保険料は全国の保険者が作成した第6期介護保険事業計画における推計値。

出所：2020年度以降は社会保障審議会介護保険部会資料（平成28年2月17日）。

人（旧要支援を除く）を超え，2060年には800万人（同）に迫ることが予想されています。

　これに伴い1人当たりの介護保険料の負担額も大きくなり，図2－3のように，2000（平成12）年度の介護保険制度発足時の月額2,911円（全国平均）から2020（令和2）年度には6,771円（同），2025（令和7）年度には8,165円（同）へと急増することが予想されています。

　この保険料は年金生活者である高齢者も夫婦それぞれ支払わなければなりませんから，若年世代（介護保険第2号被保険者）だけでなく，高齢者（同第1号被保険者）にとっても大変な負担となります。最近の報道では，保険料を滞納して差し押えを受けている高齢者が約2万人近く発生していると報道されています[1]。

介護職員の不足

　介護保険をめぐるもう1つの問題は，介護サービスを提供する事業者の下で働く介護職員の待遇の悪さと，その結果として生じる人手不足です。現在，介

22 |

護サービス事業者は社会福祉法人や医療法人の他に，施設サービスを除けば，株式会社などの営利法人も参入することが認められていますが，これらの事業者の収入はほぼすべて介護保険と受給者の自己負担から支払われる介護報酬のみに依存しているといっても過言ではありません。

　事業者は介護サービス提供のための原材料費に加えて，雇用する職員の人件費や施設の建設費と維持費もすべてここから賄う必要があります。厳格に規制された人員配置や施設建設の要件を満たすと，介護事業者の経営は決して余裕があるとはいえません。

　これに加えて，介護の性質上，昼夜を問わず見守りや介助の必要があることから，夜勤を含むローテーション制の勤務形態になることも珍しくなく，いわゆる「きつい・汚い・危険」の3K職種に分類されます。比較的経済状況が悪く，他の産業への就職が厳しい時でさえ，介護職が不人気であるのは止むを得ないことでしょう。

　表2－1を見てください。同表に示された2019（令和元）年度の介護職員数約211万人は，「令和元年介護サービス施設・事業所調査」（厚生労働省）によるものです。これに対して，第8期介護保険事業計画（2021年〜2023年度）の介護サービス見込み量等にもとづいて都道府県が推計した介護職員の必要数を集計すると，2023年度が約233万人，2025年度が約243万人，そして，2040年度が約280万人となると予想されています。

　実に2025年度までの6年間に毎年5万人強，その後2040年度までの15年間に毎年2.5万人弱の介護職員数の増加が必要となると見込まれています。こ

表2－1　介護職員の必要数

年度	介護職員数（万人）	2019年度を基準にした倍率
2019	211	1
2023	233	1.10
2025	243	1.15
2040	280	1.33

出所：厚生労働省「第8期介護保険事業計画に基づく介護人材の必要数について（令和3年7月9日）」別紙1より筆者作成。

の間，若年人口（20歳〜64歳）は，2019年の6,925万人から2040年の5,543万人へと約20%減少することが将来推計人口（平成29年推計・中位推計）から予想されていますから，よほど介護職の魅力が高まらない限りは確保することが困難であることがわかります。

▌予想された改悪シナリオ

　介護保険財政のひっ迫と介護職員の不足という介護サービスの需給両面での問題を抱えたまま2025年以後を迎えるとしたらどうなるのでしょうか。従来の政府の考え方を踏襲すれば，間違いなく給付の削減や対象者の絞り込みを行うような改革が行われたでしょう。実際，公的年金でも医療保険でもこれまでそうした手法が取られてきました。

　しかし，介護保険で同じことをすれば悲劇的な結果を招くことになると断言することができます。なぜなら要介護状態の発症は，骨折や血液循環器系の疾患のような突発的な原因による場合もありますが，認知症や足腰の衰えなど徐々に進行するものも少なくなく，後者の場合には外出や他人との接触が少なくなるなど，いわゆる「引きこもり」によって症状が悪化することが容易に想像されるからです。

　もし政府が給付の削減や対象者の絞り込みを目的として，例えば要支援者や要介護予備軍の高齢者を介護保険の対象から排除すれば，それらの人々は出不精になり，そのことが症状を悪化させるスピードを速め，比較的若い段階から介護保険が本格的に必要となる可能性が高まります。つまり軽い段階では介護保険を使わせないという改革では，介護期間を長期化させ，かえって受給者を増やす結果になることが考えられます。

　したがって，高齢者介護については改革の方向性はむしろ逆で，できるだけ早い段階，健常な段階から介護予防を心掛けることによって，平均的な要介護期間を短くすることが給付額の抑制と必要な介護職員数の抑制をもたらすと考えた方がよいでしょう。

3── 地域包括ケアのイメージ

　国は，2006（平成18）年度から介護保険制度の中で地域支援事業を始めました。もともとの地域支援事業とは，要支援や要介護になるおそれのある高齢者に対して，介護予防のためのサービスを提供する事業でした。

　そして，国は2011（平成23）年の介護保険法の改正で，地域支援事業の中に介護予防・日常生活支援総合事業（以下では，総合事業と呼ぶ）を創設しました。この総合事業は，2014（平成26）年6月に「地域医療・介護総合確保推進法」として具体化され，全市町村に実施が義務付けられました[2]。

　このように総合事業は，従来の介護保険給付とそれと並立的に走る地域支援事業から構成されており，全体像を理解することがかなり難しいと思われますので，ここではまず地域包括ケアの中核を占める総合事業のイメージをできるだけ視覚的に説明したいと思います。

　図2-4を見てください。総合事業は一般介護予防事業と介護予防・生活支援サービス事業（以下では，サービス事業と呼ぶ）の2つの事業が柱になります。

図2-4　介護予防・日常生活支援総合事業

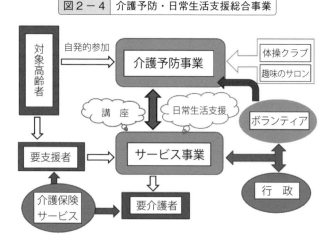

出所：筆者作成。

従来の介護保険制度では，未だ要介護に至っていない要支援段階にある人々であっても，介護認定で要支援以上と判定されれば自動的に介護保険を受給しました。今回の改正では従来の制度を改め，要支援段階の人々を介護保険給付から一部分地域支援事業に誘導するように変わりました。誘導されるサービスは介護保険給付で人気のある居宅サービスの2大柱である訪問介護と通所介護です。これがサービス事業です。もちろん介護認定において要介護以上と判定されれば，従来通りの介護保険給付の受給対象になります。

　サービス事業は地域支援事業からサービスが提供されます。サービス事業の実施主体は市町村で，介護保険の財源を使うことができます。サービス事業の実施には，地域包括支援センターがその介護予防ケアマネジメント，つまりメニューを用意します。ただし，同センターが直接サービスを提供する訳ではなく，従来からあった介護予防事業や次に説明する新しい総合事業を利用します。

　そこで介護予防事業を理解することが重要になるのですが，介護予防事業にはもともと1次予防事業と2次予防事業とがあり，前者は65歳以上の高齢者すべてが対象になり，後者はその中からチェックリストにより選ばれた生活機能の低下が疑われる状態の者が対象となっていました。今回，この区分は廃止され，一般介護予防事業の対象者は未だ介護サービスの必要のない健常者を含めた65歳以上のすべての高齢者ということになります。つまり健常者が自身の将来の介護リスクを懸念して自発的に予防に取り組む事業が一般介護予防事業に他なりません。

　一般介護予防事業のメニューは多岐にわたります。初期の段階で比較的普及したのは自治会や町内会が主体となって実施された介護予防体操です[3]。週1回2時間程度の体操と，その後の茶話会や炊き出し（配食）で午前中いっぱい位を参加者が共に過ごすクラブ活動あるいはサークル活動です。しかし，都市部ではより趣味性の高いサークル活動も見られます。料理教室や生涯学習講座の運営，さらには最近では「ケアカフェ」と呼ばれる喫茶店での雑談も認知症予防には有効な活動と見なされています。

　サービス事業は，これら一般介護予防事業と新規介護認定申請者とを結びつける制度です。介護認定を受けようとする者のうち，明らかに要介護状態の者

は従来通り介護保険サービスを受けることになりますが，要支援段階の者は機能回復訓練によって自立生活に戻れる可能性があります。サービス事業では1クール3か月を目途に，域内にある一般介護予防事業実施クラブやサークル，サロンなどを紹介し，そこでの活動を誘導するためのサポートをします。

　これが介護保障の自助・互助の部分で，もとから一般介護予防事業に自発的に参加していた高齢者は要介護というリスクに対して自助を行っていることになりますし，日常生活に支障が出始めた段階で，介護保険給付ではなく，総合事業に誘導された高齢者は仲間に支えられることになりますので互助ということになります。つまり地域包括ケアとは，共助である介護保険制度の前に，自助と互助の仕組みである総合事業（一般介護予防事業とサービス事業）を接続することで自助・互助・共助・公助を連続的に実現することを目指しています。ちなみに，公助は生活保護などの公的費用で要介護者に衣食住と医療介護サービスを提供する部分のことを指します。

4 ── 新しい総合事業の概要

　それでは新しい総合事業がどのようにして介護保険給付の訪問介護や通所介護を代替するサービスを提供できるのか，その方法と内容について説明します。

　図2-5を見てください。まず介護保険制度全体の中での総合事業の位置づけですが，従来の介護給付や介護予防給付と並ぶ地域支援事業の1分野として実施されます。財源構成もフォーマルサービスである介護給付や予防給付と同じですから，利用者が全額自己負担するとか，ボランティアの参加者等（つまり介護予防事業参加者）がサービスを無償で提供する訳ではありません。さらに従来の介護給付や予防給付が全廃された訳でもありません。あくまでも予防給付の訪問介護と通所介護に相当する部分が地域支援事業として実施されることになったという解釈です。

　では何が変わったのでしょうか。まず，総合事業の対象者は，65歳以上の高齢者のうち明らかに要介護1以上と判定できる者を除いた残りのすべての者

図2-5 地域支援事業

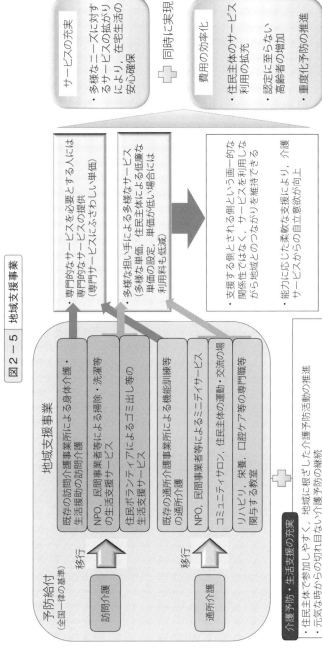

出所：厚生労働省老健局振興課「介護予防・日常生活支援総合事業の基本的な考え方」（基礎資料・HP用）。

となります。そして，介護サービスの利用を望む者には，従来，2次介護予防事業対象者を把握するのに用いられていた「基本チェックリスト」を適用し，状態が重いと判断されれば要支援認定の手続きに進み，逆に状態が軽いと判断されれば一般介護予防事業の対象となり，その中間の者にはサービス事業が適用されます。

　要支援者には従来通り予防給付が提供されますが，予防通所介護と予防訪問介護は地域支援事業に移管されましたので，これらのサービスは要支援者も介護保険給付ではなく，地域支援事業（総合事業）として利用します。

　他方，一般介護予防事業は，従来の2次介護予防事業で認められていた通所型介護予防事業と訪問型介護予防事業をサービス事業に移管しますので，一般介護予防事業のみの対象者は，サービス事業の通所サービスや訪問サービスを利用できません。

　そして，総合事業で提供されるサービスは全国一律のフォーマルサービスではなく，それぞれの地域の介護資源を活用した多様なサービスへの移行を可能にしています。

　表2-2を見てください。総合事業で提供されるサービスの種類について見ますと，①訪問型サービス，②通所型サービス，③その他生活支援サービス，そして④介護予防ケアマネジメントの4つがあります。このうち①訪問型サービスと②通所型サービスは，同表に示されたように，サービス内容に応じてさ

表2-2 新しい総合事業における訪問型サービスと通所型サービス

	訪問型サービスの種類	通所型サービスの種類	種別の概念	提供主体
現行相当	訪問介護	通所介護	現行の介護予防サービスに相当	訪問介護職員（介護事業者の従業員）
多様なサービス	訪問型サービスA	通所型サービスA	緩和した基準によるサービス	主に雇用労働者（＋ボランティア）
	訪問型サービスB	通所型サービスB	住民主体による支援	ボランティア主体
	訪問型サービスC	通所型サービスC	短期集中サービス	保健・医療の専門職（市町村）
	訪問型サービスD	－	移動支援のみ	ボランティア主体

出所：厚労省老健局『全国介護保険担当課長会議資料　平成26年7月28日（月）』より筆者作成。

らに細分化され，想定されるサービスの提供主体も異なってきます。

　「現行相当」の訪問介護と通所介護は，現行の予防給付に相当するもので，すでにこれらのサービスを利用している者で継続して利用する場合や，認知機能の低下などのために訪問介護員によるサービスが必要な場合（訪問介護），「多様なサービス」の利用が難しい場合（通所介護）などを想定しています。これらのサービスはこれまで通り指定事業者がサービスを提供することとされ，運営基準や報酬単価も基本的に従来通りとなります。

　「多様なサービス」のうち訪問型サービスＡと通所型サービスＡは，現行の訪問介護と通所介護の運営基準をやや緩和してサービスを提供するものです。どの程度運営基準を緩和するのかについては報酬単価の設定も含めて各自治体が設定することになっていますが，ガイドラインには法令上必ず遵守すべき事項に加えて参考例も具体的な数値を挙げて示されており，自由に緩和することを想定したものではありません。また，提供主体は主に雇用労働者（通所型はこれにボランティアも可）とされており，これは指定事業者への兼業委託に加えてフィットネスクラブ等の営利企業や団体への委託を想定しているものと推測することができます。

　訪問型サービスＢと通所型サービスＢは，住民主体の自主活動として行う生活援助等（通所型は自主的な通いの場）とされています。こちらは運営基準を大幅に緩和し，主に住民ボランティアがサービスを提供できるようにしています。

　訪問型サービスＣと通所型サービスＣは，短期集中予防サービスで，３から６か月間，保健師やリハビリ専門職等医療関係者によって提供されます。

　訪問型サービスＤは，住民ボランティアによる移送前後の生活支援で，運営基準は訪問型サービスＢに準じるとされています。

　③その他生活支援サービスについては，表２−３に示したように，サービス内容によって３つに分かれています。国はこれらのサービス提供の目的を「民間事業者などによる市場でのサービスを補足するもの」としており，「見守り」を除いて有料有償制のボランティアサービスによって提供されるものと想定されています。

表2−3 | 新しい総合事業におけるその他の生活支援サービス

サービスの種類	サービス内容	提供主体
配食	栄養改善を目的とした配食や一人暮らし高齢者に対する見守りとともに行う配食など。	有料有償ボランティア？
見守り	定期的な安否確認および緊急時の対応。	住民ボランティアなど
その他	訪問型サービスや通所型サービスと一体的に提供される生活支援であって，地域における自立した日常生活の支援に資するサービスとして市町村が定める生活支援。	有料有償ボランティア？

(注)「配食」と「その他」の提供主体は資料に明記されていないが，同資料では千葉県流山市の有料有償制ボランティアを例示している。
出所：厚労省老健局『全国介護保険担当課長会議資料　平成26年7月28日（月）』より筆者作成。

　最後に，④介護予防ケアマネジメントは，ケアプランの作成サービスのことです。こちらも利用するサービス内容に応じてケアマネジメントAからCの区分がありますが紙面の制約上説明を省略します。

　いずれにせよ地域包括ケアシステム構築の鍵は，表2−2で示した「多様なサービス」と住民の「通いの場」の接続が鍵であり，これがうまく繋がらなければ総合事業に参加した高齢者は再び自宅への引きこもりに逆戻りする可能性が高いと言えるでしょう。そして，この「通いの場」は住民が自発的に活動しているサークルやサロンとなりますが，これらの活動主体は必ずしも自治体が組織しなければならないものではなく，多くの地域では発見することができるものと言えるでしょう。

5── 実施状況

　本稿執筆時点において，厚生労働省のホームページには同省の委託研究と思われる総合事業の実施調査の結果が掲載されていました。NTTデータ経営研究所がまとめた報告書で，全国1,741市町村に対して，介護予防・日常生活支援総合事業および生活支援体制整備事業の令和元年6月時点の実施状況についてアンケート調査を実施し，1,719市町村から回答を得た（回収率98.7％）結果です。

　これを見ますと，新しい総合事業の実施状況は「従前相当以外の多様なサービスを実施している市町村は，訪問型サービスで1,051市町村（61.1％），通所型サービスで1,193市町村（69.4％）である。」（同報告書10ページ）ということです。

　図2−6を見てください。訪問型サービスと通所型サービスにおいて，共に従前相当のサービスを実施している自治体が94％以上あるのは当然のことでしょう。要介護1以上の要介護者には介護保険給付のサービスが提供される訳ですから，これらのサービス基盤は整っていることに加えて，介護予防事業におけるボランティアの参加率は通常，高くても十数パーセントあれば多い方です。国も従前相当サービスをすべて新しいタイプに置き換えることができるとは到底，考えていないと思います。

　このことを踏まえた上で内訳を見ますと，訪問型通所型とも介護職員以外の労働者（スポーツジムのインストラクター等）を雇用できるA型の開設が多くな

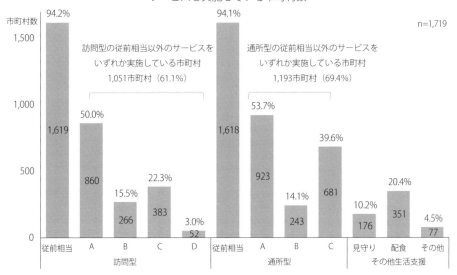

図2−6　サービスの実施状況

サービスを実施している市町村数

出所：株式会社NTTデータ経営研究所　令和元年度「介護予防・日常生活支援総合事業及び生活支援体制整備事業の実施状況に関する調査研究事業」。

っているのがわかります。次いで，自治体の雇用する保健・医療の専門職（医師，歯科医師，保健師，看護職員，理学療法士，作業療法士，言語聴覚士，管理栄養士，歯科衛生士，健康運動指導士等）が従事できる C 型が多くなっています。

　我々の関心が最も高い B 型は十数パーセントの開設状況で，ボランティア参加率の実情を知っている者からすれば決して低い数字ではありませんが，一般的には未だ十分に浸透しているとはいえないという印象を受けるかもしれません。

　その他生活支援サービスでは配食サービスを実施している自治体が 20％程度あり，これは介護予防事業とも関連した取り組みといえるでしょう。

　他方，サービスの利用者数の推移を見てみると，A 型 B 型のサービスは徐々に浸透してきていることがわかります。図 2 − 7 を見てください。平成 29 年6 月における訪問型サービスの利用者数の合計 123,000 人強のうち，介護保険給付による予防訪問介護を利用していた人は 68,000 人強おり，約 55％を占めていました。しかし，平成 30 年 4 月からは介護予防給付による訪問介護のフォーマルサービスは受けられなくなり，従前相当サービスもしくは A 型からD 型までの新形態のサービスがすべて代行することになりました。その結果，調査に答えた市町村では，令和元年 3 月分で利用者合計数約 13 万人のうち，約 107,000 人（82.2％）は従前相当サービスでしたが，残りの 23,000 人強（17.8％）はボランティアもしくはフォーマルではない民間スタッフが提供するサービスを利用したことを示しています。

　同じことは通所型サービスについても言えます。平成 29 年には利用者合計数 182,000 人強のうち，85,000 人がフォーマルサービスを利用していましたが，平成 30 年からは全廃されました。もっとも通所介護は人気サービスで，利用者数が増え続けているために，新形態の A 型と B 型の利用者数が平成 30 年にはそれぞれ約 25,000 人と約 2,300 人へと大きく増えましたが，従前相当サービスも 183,000 人まで増え，結果的にフォーマルな事業者によるサービスは減りませんでした。しかし，令和元年には利用者合計数が若干増えたにも係わらず，A 型と B 型の利用者数が約 26,000 人へと約 3,000 人増えたのに対して，従前相当サービスは頭打ちとなったことがわかります。

図2-7 サービスの利用者数の推移

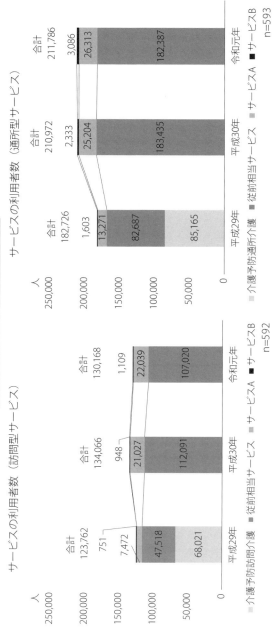

サービスの利用者数（訪問型サービス）

サービスの利用者数（通所型サービス）

※平成29年度、平成30年度、令和元年度の3年間の調査に回答した1,588市町村のうち、従前相当サービス、サービスA、サービスBの利用者数を把握している市町村（訪問型592、通所型593）を母数とする。

※平成29年度の利用者数は平成29年6月、平成30年6月、平成31年3月の利用者数は介護保険事業状況報告（平成29年8月）における、平成29年6月の利用者数を引用している。

※平成29年度の介護予防訪問介護、介護予防通所介護の利用者数は介護予防日常生活支援総合事業の実施状況に関する調査研究事業。

※令和元年度の利用者の実施市町村には市町村外に所在する事業所（団体）からサービスを受けている利用者の数も含む。

※総合事業の実施市町村で要支援認定の有効期間が残っている者については、要支援認定の有効期間が終了するまで介護予防訪問介護・介護予防通所介護を利用しているため、複数のサービスを利用している利用者は重複することもあり得る。（平成30年3月末まで最長12ヶ月間）

※サービスごとの利用者数を計上しているため、複数のサービスを利用している利用者は重複することもあり得る。

出所：株式会社NTTデータ経営研究所 令和元年度「介護予防・日常生活支援及び生活支援体制整備事業の実施状況に関する調査研究事業」。

　以上の通り，民間シンクタンクの実施調査でも新しい総合事業が介護保険の
フォーマル事業者のサービスを抑制している効果は認められると同時に，要支
援段階での機能回復訓練等の利用者数も決して減らしていないことがわかりま
す。

6 —— むすび

　以上見てきたように，地域包括ケアは，限られた資源である介護保険のフ
ォーマルなサービスを万遍なく提供するのではなく，より必要度の高い要介護
者に優先的に提供するために，要支援段階，つまり機能回復訓練等によって健
常者に戻ることが可能な高齢者に対しては，それぞれの地域で利用できる人材
を活用したインフォーマルなサービスを提供することによって，結果的に要介
護期間を短くする試みといえます。従来の行政の考え方からすれば，ともすれ
ば予算不足，人材不足によるサービス範囲の縮小や切り捨てが危惧されるとこ
ろを，自助や互助の仕組み作りを行政が支援することによって，地域ができる
ことは地域で行うという考え方です。

　要介護者の多くは住み慣れた地域での介護を求めており，地域包括ケアを進
めることは，単に財政や介護職員不足という理由だけでなく，利用者のこうし
た願望にも応えるものです。

　公的年金のように純粋に所得移転するプログラムや，医療サービスのように
専門家がサービスを提供しなければ意味のないプログラムでは同じような取り
組みは難しいと思いますが，コア（core）の部分はフォーマルサービス（介護保
険給付）で，周辺（ペリフェラル peripheral）の部分はインフォーマルサービス（地
域支援事業）で，そして，外皮（ハル hull）の部分は地域社会（住民のアイデンテ
ィティ）であるようなイメージを持って頂ければよいのかもしれません。

【注】
1）　朝日新聞デジタル 2020 年 1 月 11 日記事を参照してください。
2）　平成 26 年 6 月から平成 29 年 3 月までが準備期間で，平成 29 年 4 月から本格実施
　　されました。

3） Youtube などの動画サイトで各地域の活動が紹介されています。「介護予防体操」
などの用語で検索してみてください。

参考文献

株式会社 NTT データ経営研究所『介護予防・日常生活支援総合事業及び生活支援体
制整備事業の実施状況に関する調査研究事業　報告書』（令和元年度老人保健事業
推進費等補助金 老人保健健康増進等事業）令和 2 年（2020 年）3 月。

三菱 UFJ リサーチ＆コンサルティング『新しい総合事業の移行戦略—地域づくりに向
けたロードマップ』（平成 27 年度厚生労働省老人保健事業推進費等補助金 老人保健
健康増進等事業『地域支援事業の介護予防・日常生活支援総合事業の市町村による
円滑な実施に向けた調査研究事業』）平成 28（2016）年 3 月。

第 3 章

地方創生
—日本版経済特区ではない—

1 —— はじめに

　地方創生と聞いて構造改革特区を思い浮かべる読者は，政府の経済政策に少なからず関心をもってきた人といえるでしょう。確かに，地方創生は構造改革特区を発展させた政策と見なすこともできますが，地方創生と構造改革特区とでは，背後にある経済思想に差異があると思います。その差異とは，地方創生における問題の核心は，その財源である地方交付税制度のあり方に行き着くと思います。この意味で地方創生の議論は，単に社会保障改革の範囲に留まらず，第 1 章で論じた人口激減時代の「まちづくり」を政府としてどのように対策していくのかということにあると思います。

　構造改革特区は，よく知られているように，中国の経済特区を真似して作られた 2002（平成 14）年に成立した「構造改革特別区域法」にもとづく政策です。政策の趣旨は，全国一律の規制を特例的に緩和して民間企業投資を呼び込もうとするもので，政府の役割は主に，特定区域内の規制緩和と，応募してきた自治体や民間企業の便宜を図って縦割り行政の弊害を抑制するワンストップ行政です。ただし起業や既存事業者の事業拡大への財政的な支援は限定的で，税制上の優遇処置を施す程度でした。

　つまり構造改革特区の考え方は，教育や福祉，運輸などの分野で，利用者保護などのためにかかっている法的規制を緩和することで，資金をもっている事業体に投資することを促す政策でした。そして，何よりも成功すれば，全国的に同規制を緩和するためのパイロット実験という意味がありました。

　したがって，構造改革特区では，株式会社設置の小中学校や高等学校，公共設置・民間運営（PFI）の刑務所，株式会社による病院経営など倫理的に疑問を感じさせたり，容易にトラブルが起きることが事前に予想できたりする実験も試されました。

　しかし，こうした社会実験を経て，時代は観光立国推進基本法の施行[1]，観光庁の創設[2]，へと動き出したことと相まって，地域雇用創出政策が脚光を浴びるようになりました。

　地域雇用創出政策とは，文字通り地域における雇用創出を目的とした政策ですが，いわゆる地方産業政策とか地域振興政策とか呼ばれた昭和期の地域経済政策とは少し手法が違います。昔の地域経済政策は，高度経済成長期において，三大都市圏や太平洋ベルト地帯などと呼ばれた地域で確立された工業化のモデルをそのまま地方に移植する（つまり工場を地方に分散する）ことを試みた政策のことで，その結果として，各地に無数の工業団地が造営されました。これらの工業団地の特徴は，全国一律の規格で製造される大量生産品の工場を集積していることで，地域の特性がほとんど加味されていないだけでなく，これら地域間で競合が生じていました。

　これに対して，その後の地域雇用創出政策は，大分県の「一村一品運動」に代表されるように，それぞれの地域固有の資源や強みを生かした地域ブランドを確立し，オンリーワンの生産物を販路に乗せて売上を得ることを目的としています。生産物の多くはもともと地域の特産品で，ブランド戦略によって差別化されていますから持続的な競争力が見込めます。

　これら地産地消の生産物が，今，ツーリズムのおもてなしやふるさと納税の返礼品として日の目を見始めている訳で，地域の活性化だけでなく，日本の文化的な多様性をわかりやすい形で示すことにもなり，豊かな気分にしてくれているのではないでしょうか。

2 ── 地域雇用創出政策の沿革

　地域雇用創出政策の起源は，実質的には1980年代には既成事実として地方独自に存在していたと思いますが，国の政策としては，形式的には，1987（昭和62）年4月に施行された「地域雇用開発等促進法」にまで遡ることができるでしょう。なぜなら同法で用いられる地域雇用開発助成金は雇用保険を財源としたものであり，税金からの支出ではなかったからです。このことは地域雇用創出政策の性格を端的に表していると私は考えます。

▌地域雇用開発促進法の改正 [3]

　政府は，2007（平成19）年6月に地域雇用開発促進法を改正し，雇用機会が著しく不足している地域等における自主的な雇用創出を支援する制度を始めました。

　改正された地域雇用開発促進法では，雇用機会が不足している地域内に居住する労働者の雇用を促進するために，当該地域の関係者の自主性および自立性を尊重しつつ，地域雇用開発のための措置を講じることを目的とする法律であると述べられています。そして，この事業は雇用保険の関連2事業の1つである雇用安定事業として実施されています。

　同法はまず，表3－1に示すように，雇用機会が不足する地域で同法が適用される地域を2つに分類しています。同意雇用開発地域とは，雇用機会が著しく不足し，地域内での就職が困難な地域のことで，都道府県が策定した地域雇用開発計画について厚生労働大臣の同意を得た場合に指定されます。政策単位となる地域の広さは，公共職業安定所（ハローワーク）の管轄区が基本となります。この地域の雇用情勢は相当劣悪で，労働力人口に対する求職者数の割合が全国平均より高いにもかかわらず，有効求人倍率が全国平均の3分の2以下の地域とされます。

　また，自発雇用創造地域とは，雇用機会が相当程度に不足しているために，当該地域内で就職することが困難な地域のことで，有効求人倍率が全国平均以

| 表 3 − 1 | 地域雇用開発促進法における地域の類型 |

地域の類型	地域の要件	地域単位
同意雇用開発促進地域	地域内に居住する求職者の割合が相当程度に高く，かつ，その求職者の総数に比し著しく雇用機会が不足しているため，求職者がその地域内で就職することが著しく困難な状況にあること（具体的には，過去 3 年間の労働力人口に対する求職者数の割合が全国平均以上であること，及び一般又は常用有効求人倍率が全国平均の 3 分の 2 以下であること）。また，これらの状態が相当期間にわたり継続することが見込まれること。	公共職業安定所の管轄（これを労働市場圏と呼ぶ）を基本とする。
同意自発雇用創造地域	地域内に居住する求職者の割合が相当程度に高く，かつ，その求職者の総数に比し相当程度に雇用機会が不足しているため，求職者がその地域内で就職することが困難な状況にあること（具体的には，過去 3 年間の一般又は常用有効求人倍率が全国平均以下であること）。また，これらの状態が相当期間にわたり継続することが見込まれること。市町村，事業主団体等の関係者が，地域の特性を生かして重点的に雇用創出を図る分野（地域重点分野）及びその分野における雇用創出の方策について検討するための協議会を設置しており，かつ，市町村が雇用創出に資する措置を講じ，又は講ずることとしていること。	市町村単位（複数市町村，県の参加も可）

出所：鎌田（2013）表 4 − 2 を転載。

下と同意雇用開発地域と比べてやや緩やかに設定されています。ただし，この自発地域の同意指定には，市町村が政策単位となり地域雇用創造協議会等を組織し，地域特性を活かした地域雇用創造計画を示し，コンテスト方式により厚生労働大臣に選抜される必要があります。

　2012（平成 24）年 10 月時点での適用状況は，同意雇用開発促進地域が 35 道府県 166 地域（令和 3 年 10 月時点では 15 道県 29 地域），同意自発雇用創造地域が 33 道府県 112 地域（令和 2 年 4 月時点では 11 道府県 17 地域）存在し，両方に重複して指定されている自治体も少なくありません。なお同意自発雇用創造地域は，2018（平成 30）年度第 2 次募集をもって，新規実施地域の募集は終了しました。

　同意雇用開発促進地域に指定されると地域雇用開発助成金が利用できるようになります。地域雇用開発助成金は，計画区域内において事業所を設置・整備し，地域求職者を雇い入れる事業主への助成を行うもので，設置・整備費用や雇入れ人数に応じた奨励金が支給されます。

　他方，自発雇用創造地域では時系列的に，地域雇用創造事業（パッケージ事業）と地域雇用創造実現事業（パッケージ関連事業）とが実施され，両者は2012（平成24）年度から統合され実践型地域雇用創造事業となりました。実践型地域雇用創造事業の内容は次の4つのメニューから構成されていました。

① 　雇用拡大メニュー（事業者向け）・・・事業の拡大，新事業の展開等を支援します。例として，能力開発のためのセミナーの開催，研修の実施，労務管理等に関する相談などがあります。
② 　人材育成メニュー（求職者向け）・・・地域で求められている人材を育成するための支援です。例として，地域内外の講師によるセミナーの開催，先進地派遣研修の実施，専門的人材の育成などがあります。
③ 　就職促進メニュー・・・上記①②のメニューを利用した求職者・事業主などを対象に地域求職者の就職を促進する支援です。例として，求人情報の収集・提供，就職面接会の開催，求職者に対する相談などがあります。
④ 　雇用創出実践メニュー・・・上記②で育成した求職者を雇用し，地域産業及び経済の活性化等に資する事業を実施するための支援です。例として，観光資源を活用した観光商品の開発，開発した商品のネットによる販売促進などがあります。

　これらの事業の事業期間は3年間で，一地域当たりの事業費は各年度2億円（雇用情勢の悪い地域の複数の市町村で実施する場合は2.5億円）を上限として，地域雇用創造協議会に委託して実施していました。

▌雇用創出効果の計測

　地域雇用創出政策の特徴の1つは，雇用創出効果の評価指標に，アウトプッ

ト指標の他にアウトカム指標が採用されていることです。アウトプット指標
が，目標達成のために雇用拡大メニューや人材育成メニュー，就職促進メニ
ューなどで利用企業や利用者にどれだけのサービスを提供するのかについての
活動目標（どれだけ努力するのかの指標）であるのに対して，アウトカム指標と
はそうした行政活動によってどれだけの雇用創出効果があるのかについての成
果目標（成果指標）のことです。

　厚生労働省ホームページには，「平成29年度　実践型地域雇用創造事業事例」
として沖縄の宮古島市が取り上げられていましたので，参考事例として表3
－2（次頁）に掲載しました。同市は地域雇用創造事業の常連で，過去にもた
びたび事業を展開してきました。

　同表に示したように，同市では2015（平成27）年度から「広めよう地域の"宝"
!!　総力をあげて挑む宮古島地域力の向上・産業の活性化・雇用の創造!!!!
～宮古島地域雇用創造プロジェクト～」と銘打って事業を開始しましたが，こ
れは2012（平成24）年度に採択された事業を継承したものと言えるでしょう。
アウトプット指標とアウトカム指標は，同表の目標雇用創出規模の欄に示され
ています。

　なお同市は，2018（平成30）年度（2次）にも「地域の絆で挑む，持続的な地
域資源の活用成長による宮古島地域雇用創造プロジェクト」が沖縄県では唯
一，実践型雇用創造事業として採択されています。

3── まち・ひと・しごと創生法の概要

　2014（平成26）年11月に内閣府の管轄となる「まち・ひと・しごと創生法」
が制定されました。同法の目的は，第1条に明確に示されていますが，「我が
国における急速な少子高齢化の進展に的確に対応し，人口の減少に歯止めをか
けるとともに，東京圏への人口の過度の集中を是正し，それぞれの地域で住み
よい環境を確保して，将来にわたって活力ある日本社会を維持していくために
は，国民一人一人が夢や希望を持ち，潤いのある豊かな生活を安心して営むこ
とができる地域社会の形成，地域社会を担う個性豊かで多様な人材の確保及び

表3-2 宮古島市の実践型雇用創造事業

事業開始年度	プロジェクト名	プロジェクトの目標（注1）	目標雇用創出規模（注2）
平成24年度（2次）	見つめ直す地域の"宝"!! 地域の"宝"を発見・創造すれば地域力が向上する。～自発的地域活性化実践プロジェクト～	本市は、農業、漁業等を基幹産業とした地域である。当該地域は、島内に一定の雇用枠を提供するような規模の企業がないため、就業希望者は沖縄本島や県外へ流出せざるを得ない。こうした課題に対応するため、地域の強みを牽引する六次産業分野、観光分野の振興に取り組んでおり、六次産業に求められる営業力、企画力、IT活用力等を有する人材を育成するとともに、観光関連産業に求められるマーケティング技能、戦略的リピート率を向上させる能力等を有する人材を育成するセミナー等を実施することにより、雇用機会の拡大を目指す。	平成26年度までに雇用創出者数241人（累計）、事業を実施するために雇い入れる地域求職者数4名。
平成27年度（1次）	広めよう地域の"宝"!! 総力をあげて挑む宮古島 地域力の向上・産業の活性化・雇用の創造!!!～宮古島地域雇用創造プロジェクト～	「宮古島スイーツコンテスト」を開催し、地域の食材を活かした特産品を開発する。地域事業者への波及による雇用創出を実現する。また、民泊事業の拡大や地域の特性を活かしたMICEメニューの開発による観光関連産業等の雇用の創出を実現する。	【アウトプット指標】 ＜平成27年度＞ 雇用拡大 56社（計画）111社（実績）201.9%（達成率） 人材確保 110人（計画）107人（実績）97.3%（達成率） 就職促進 50人（計画）10人（実績）20.0%（達成率） ＜平成28年度＞ 雇用拡大 55社（計画）111社（実績）201.8%（達成率） 人材確保 154人（計画）101人（実績）65.6%（達成率） 就職促進 50人（計画）33人（実績）66.0%（達成率） 【アウトカム指標】 ＜平成27年度＞ 就職創業者数 56人（計画）55人（実績）98.2%（達成率） ＜平成28年度＞ 就職創業者数 70人（計画）71人（実績）101.4%（達成率）

（注1）各採択地域の事業概要についての説明の中から筆者が要約したもの。
（注2）平成29年度のデータは実績データが利用できなかったために省略。
出所：厚生労働省HP（職業安定局地域雇用対策室「実践型地域雇用創造事業」の第一次、第二次採択地域）より筆者が作成。

地域における魅力ある多様な就業の機会の創出を一体的に推進すること（以下「まち・ひと・しごと創生」という）が重要となっていることに鑑み，まち・ひと・しごと創生について，基本理念，国等の責務，政府が講ずべきまち・ひと・しごと創生に関する施策を総合的かつ計画的に実施するための計画（以下「まち・ひと・しごと創生総合戦略」という）の作成等について定めるとともに，まち・ひと・しごと創生本部を設置することにより，まち・ひと・しごと創生に関する施策を総合的かつ計画的に実施すること」とされています。つまり第1章で論じた今後の生産年齢人口の急減や，それに伴う後期高齢者の比率の異常な高まりなどの問題に取り組むための「まちづくり」の法律です。

■ 何を行うのか

　まず，同法では，国が「長期ビジョン」や「総合戦略」（国の総合戦略）を示すと共に，各都道府県と市区町村には，努力義務ですが，国の方針を踏まえて5か年の計画目標や施策（以下では，地方版総合戦略と呼ぶ）を立案することを求めています[4]。国の第I期の計画期間は2015（平成27）年度から2019（令和元）年度まででしたが，地方版総合戦略の策定状況は2020（令和2）年4月1日時点で47都道府県，1,712市区町村が策定済みでした。

　こうした状況を踏まえて，国は2019（令和元）年12月に第II期の「総合戦略」を策定し，2024（令和6）年度までの目標と施策の方向性を示しました。

　そして，地方が各自の創生総合戦略にもとづいて事業を行うための財源として，国は2つの制度を用意しました。地方創生のための新型交付金の創設と，従来からある地方交付税の改変および充実です。前者が，選ばれた地方公共団体や自治体が特定の事業を行うためだけに使用できる特定補助金であるのに対して，後者は，地方交付税の一部として配布されますから，使途が自由な一般財源という違いがあります。

■ 新型交付金

　新型交付金は，表3－3に示したように，2014（平成26）年度に「地方創生先行型交付金」として，パイロット的に1,700億円の予算規模で実施されまし

た。対象事業分野は，地方自らが行う先駆的な取り組みや先進的で優良な取り組み，または既存事業の隘路を発見し，打開する取り組みなどとなっていますが，交付対象分野を国が示した上で，国が対象事業を選定するものとされました。

　しかし，まだこの時点では，地方版総合戦略の策定が始まったばかりであることに加えて，次項に説明する「まち・ひと・しごと創生事業費」（地方交付税）が用意されていませんでしたから，地方への好循環拡大に向けた緊急経済対策（平成26年12月27日閣議決定）として，基礎交付分は，地方創生をスタートアップする観点から，人口，財政力指数等の客観的基準に基づいて地方版総合戦略を策定する地方公共団体や自治体に交付（12,866事業）され，上乗せ分は，タイプⅡが2015（平成27）年10月までに地方版総合戦略を策定した都道府県および市町村に対して1,000万円を上限として交付（1,549事業）されました。

　これに対して，上乗せ分のタイプⅠは，他の地方公共団体や自治体の参考となる先駆的事業に対し，外部有識者の評価を行った上で，地方版総合戦略に関する優良施策の実施（1,038事業）を支援することになりました。

　これらの新型交付金は事業費の50％を補助するもので，残りの50％は地方自らの負担となります。この意味で，地方創生の新事業を新型交付金で始めようとする団体や自治体は，新たな財源を用意する必要がありますが，必ずしも地方負担分をすべて自主財源で賄う必要はなく，特別交付税など地方財政措置の対象になるとされています。

　「地方創生先行型交付金」は，2015（平成27）年度に「地方創生加速化交付金」となり，財政規模は1,000億円に減額されましたが，ある程度恒久的な交付金制度として，表3−3に示したような対象事業分野が決定されました。大分野だけを列挙しますと，「地方へのひとの流れ」，「働き方改革」，「しごと創生」，および「まちづくり」の4分野です。

　「地方創生加速化交付金」はさらに，2016（平成28）年度からは財政規模は1,000億円のままで「地方創生推進交付金」と改称されましたが，これに加えて，地方版総合戦略にもとづく自主的・主体的な地域拠点づくりなどの事業のうち，ローカルアベノミクス，地方への人材還流，小さな拠点形成などに資す

表 3 - 3　新型交付金

第 1 期分	実施年度	内　　　容	予算規模
地方創生先行型交付金	2014	基礎分 1,400 億円（執行額 1,396 億円，12,866 事業） 上乗せ分 300 億円　タイプⅠ（執行額 236 億円，1,038 事業） 　　　　　　　　　　　タイプⅡ（執行額 67 億円，1,549 事業）	1,700 億円
地方創生加速化交付金	2015	A．地方へのひとの流れ 　（A-1. 生涯活躍のまち　A-2. 移住・人材） B．働き方改革 　（若者雇用対策，ワークライフバランスの実現等） C．しごと創生 　（C-1. ローカルイノベーション　C-2. 農林水産 　　C-3. 観光振興） D．まちづくり 　（D-1. 小さな拠点　D-2. まちづくり（コンパクトシティ）） 総事業数 3,568　1 事業当たりの実績額平均 2,516 万円	1,000 億円
地方創生推進交付金	2016 〜	2015 年度と同じ項目 総事業数 1,493　1 事業当たりの実績額平均 2,809 万円	1,000 億円
地方創生拠点整備交付金	2016 〜	2015 年度と同じ項目	900 億円

出所：内閣官房・内閣府総合サイト HP「地方創生」資料より筆者作成。

る，未来への投資の実現につながる先導的な施設整備を支援する「地方創生拠点整備交付金」900 億円が別途創設されました。具体的には，平均所得の向上，雇用創出，生産額の増加，生産性向上，移住者の増加，出生率の向上等の重要業績評価指標（KPI）で，十分な地方創生への波及効果が期待できる施設の整備を支援するものです。

■ まち・ひと・しごと創生事業費

　「まち・ひと・しごと創生事業費」は，国から地方へ配分される地方交付税の一部に，地方創生に関連する事業費として「地域の元気創造事業費」と「人口減少等特別対策事業費」を盛り込んだものです。地方交付税については次節で改めて説明しますが，ここでは地方公共団体や自治体が人件費などの経常費にも自由に使える使い勝手の良い財源のことだと理解しておいてください。

　財政規模は毎年度総額 1 兆円ですが，配分方法は 2 つの事業費ともに，地方交付税の一部ですから，人口を基本とした上で，自主財源に困窮している地方

| 表3－4 | まち・ひと・しごと創生事業費 |

まち・ひと・しごと創生事業費の内訳	平成 27 年度	令和 2 年度
地域の元気創造事業費	4,000 億円	4,000 億円
行革努力分	3,000 億円	2,000 億円
地域経済活性化分	900 億円	1,900 億円
地域経済活性化分（特別交付税）	100 億円	100 億円
人口減少等特別対策事業費	6,000 億円	6,000 億円
取組の必要度	5,000 億円	3,800 億円
取組の成果	1,000 億円	2,200 億円

出所：平成 27 年度は鎌田素史（2015）図表 2 より，令和 2 年度は総務省算定方法の資料より作成。

公共団体や自治体に一定の算式にもとづいて配分されます[5]。

　表3－4には 2015（平成 27）年度と 2020（令和 2）年度における両事業費の予算規模が示されています。「地域の元気創造事業費」には，行政改革努力分と地域経済活性化分とがあり，それぞれの算定指標は年度によって違いがありますが，前者はラスパイレス指数や経常的経費削減率などによって算定され，後者は第 1 次産業産出額（道府県）・農業産出額（市町村）や製造品出荷額，小売業年間商品販売額，日本人延べ宿泊者数・外国人延べ宿泊者数（道府県）などによって算定されます。

　2015（平成 27）年度と 2020（令和 2）年度との比較では，行政改革努力分から地域経済活性化分へと算定需要額のシフトが見られます。これは当該地方公共団体や自治体の対策の成果がより重視されるように誘導しているものと考えることができるでしょう。

　また，「人口減少等特別対策事業費」には，取組の必要度と取組の成果とがありますが，算定指標は共通の項目が少なくなく，人口増減率や転入者人口比率，若年者就業率，女性就業率などで算定されます。ただし取組の必要度と成果の違いは，前者が現状の数値が悪い地方公共団体や自治体に基準財政需要額を割り増しするのに対して，後者は全国平均との比較で伸び率が高い地方公共団体や自治体の基準財政需要額を割り増しすることです。

2015（平成27）年度と2020（令和2）年度との比較では，取組の必要度から取組の成果へと算定需要額のシフトが見られます。こちらも当該地方公共団体や自治体の対策の成果がより重視されるように誘導しているものと考えることができるでしょう。

4 ── 地方交付税改革なのか

「まち・ひと・しごと創生法」は，各地方が自主的に地元産業の活性化を図る地域雇用創出政策の有用性を認め，それをさらに拡大，体系化した政策パッケージのように捉えることもできますが，他方で，地域雇用開発助成金とは明らかに財源が異なり，特に「まち・ひと・しごと創生事業費」では地方交付税を財源としています。確かに，「まちづくり」は衣食住だけでなく，すべての分野に関わることですから，一社会保障分野の仕事で収まる話ではなく，地方分権や地方自治全般にまたがる政策が必要だと思います。その意味で，地方創生を地方交付税で支援することは理に適っているのですが，私の素朴な疑問として「これは地方交付税改革として機能しているのか」という別の問いが湧いてきます。以下で，この点について少し議論してみましょう。

（1）地方交付税制度とは何か

読者の中には，地方交付税という名前は知っていても，具体的な仕組みや目的，そして，そもそも何が問題になっているのかについてはあまり馴染みがない方もみえるかもしれません。そこで，以下ではこれらの点について少し説明しますが，地方交付税制度は非常に複雑で難解ですから，詳しくは地方財政の別の文献を参照してください[6]。

▌財源格差問題

まず，政府は，さまざまな公共サービスの提供を住民から委託されていますが，これらを行うための財源として主に租税を徴収しています。有名な税目は，所得税，法人税，消費税などですが，これらはすべて国税（ただし消費税は税率

10％のうち 7.8％分）で，地方公共団体や自治体にはこれらの税収が直接入ることはありません。

　地方公共団体や自治体の自主財源は地方税ということになりますが，前者の主要な税目は，住民税，事業税，地方消費税（税率10％のうち 2.2％分）などがあり，後者は，住民税，固定資産税，そしてかなり税収額が少なくなりますが，市町村たばこ税などがあります。

　問題は地方税の税収額が国税に比べて少ないことに加えて，地方税は地域間で人口や企業数の格差が大きく，それがそのまま税収格差になって現れることです[7]。地方公共団体や自治体が提供すべき公共サービスがある程度，全国一律で同じようなものであることを考える時，こうした地方税収不足と税源の偏在は，深刻な財源格差の問題となって現れてきます。

▌地方譲与税と地方交付税

　そこで，財源格差を緩和する方法として用いられてきた制度が地方譲与税や地方交付税です。地方譲与税とは，本来，地方税に属すべき税源を，形式上いったん国税として徴収し，これを国が地方公共団体や自治体に対して譲与する制度のことで，現在，消費譲与税・地方道路譲与税・石油ガス譲与税・航空機燃料譲与税・自動車重量譲与税・特別とん譲与税の 6 種類がありますが，2019（令和元）年度（決算ベース）の譲与額は総額 2 兆 6,000 億円程であり規模が大きいとは言えません[8]。

　これに対して，地方交付税とは，これも本来，地方の税収入とすべきでものですが，団体間の財源の不均衡を調整（財政調整機能と呼ぶ）し，すべての地方公共団体や自治体が一定の水準を維持しうるよう財源を保障する見地（財源保障機能と呼ぶ）から，国税として国が代わって徴収し，一定の合理的な基準によって再配分する制度であり，現在，所得税及び法人税の 33.1％，酒税の 50％，消費税の 19.5％，そして，地方法人税の全額が充てられています。

　2019（令和元）年度（決算ベース）の地方交付税の交付額は 16 兆 7,000 億円程で，地方公共団体と自治体の歳入合計約 103 兆 2,000 億円の 16.2％に相当します。ちなみに，地方税額は総額約 41 兆 2,000 億円で歳入合計の 39.9％でした。

▌地方交付税制度の仕組み

　では財源格差を緩和する効果が大きい地方交付税は地方公共団体や自治体にどのように配分されるのでしょうか。これはよく知られているように，基準財政需要額と基準財政収入額との差額分を交付するとしばしば説明されます。ちょうど，生活保護制度における生活保護費が生活保護基準額と被保護者の収入認定額との差額で決定されるようにです。

　しかし，地方交付税の交付額の決定は，実務的にはもっと複雑です。図3－1をご覧ください。普通交付税の場合を取り上げて説明しましょう。

　まず，基準財政収入額ですが，標準的な地方税収入見込額の原則75％として算出します[9]。つまり地方税収のうち25％分は交付税額算定のベースから控除されます。

　次に，基準財政需要額は，行政サービス提供に必要なさまざまな項目について，単位費用（測定単位当たりの金額），測定単位（職員数や高齢者人口など），および補正係数（寒冷地補正や段階補正など）をそれぞれ定め，これら3要素の掛け算として算定しますが，実はこれらの3要素の構成内容や数値の取り方は毎年変更される可能性があります。特に補正係数は毎年改定されます。

　したがって，ある自治体の職員数，人口などがあまり変わらなくとも，基準財政需要額は毎年伸び縮みしますので，普通交付税額も変動し得ることになります。

図3－1	基準財政需要額と基準財政収入額

出所：筆者作成。

▌地方財政計画

　基準財政需要額の伸び縮みの幅を決定する要因が地方財政計画です。地方財政計画とは，図3－2に示したように，地方交付税法第7条の規定にもとづき毎年作成される地方公共団体や自治体の歳入と歳出の計画ですが，これは実際の見込額ではなく，国が定める「標準的な水準」における金額を推計したものです。

　この収支の見込み額の差が歳入歳出ギャップ，つまり（振替前）財源不足額となります。この不足額を，上で示した地方交付税の財源である所得税や法人税等の法定率分で賄うことができるように，基準財政需要額を算定する必要があります。しかし，基準財政需要額の圧縮には限度がありますから，どうしても法定率分で不足するのであれば，国と地方が折半で赤字債券を発行して調達することになります。これの国の負担分が特例加算と呼ばれ，特例国債で賄われますが，地方の負担分は臨時財政対策債と呼ばれ，同図歳入側の地方債の中に埋め込まれます。当然，その分だけ交付税額は圧縮されることになります。

　こうして地方交付税の総額が決定されると，図3－1に戻って，各地方公共

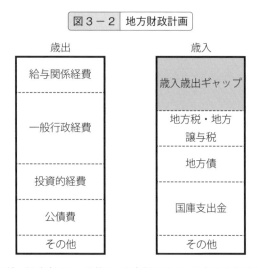

図3－2　地方財政計画

出所：総務省 HP　政策 ＞ 地方行財政 ＞ 地方財政制度 ＞
地方交付税　資料より筆者作成。

団体や自治体の財源不足額にもとづいて交付税が配分されることになりますが，その際，臨時財政対策債を発行する地方公共団体や自治体には，交付税の代わりにその発行可能額が与えられ，基準財政需要額が臨時財政対策債に振り替えられることになります（同図の破線部分）。

▌臨時財政対策債問題

　臨時財政対策債は，発行した地方公共団体や自治体の赤字公債残高として残ります。当然，償還期限が来れば利払いを含めて元本を返済しないといけませんが，それを誰がどのように返済するのかについては，地方財政論者の中でも認識が不明確です。総務省の見解はホームページに掲載されていますが，「その元利償還金相当額については，全額を後年度地方交付税の基準財政需要額に算入することとされ，各地方公共団体の財政運営に支障が生ずることのないよう措置されています」というものです[10]。

　これを素直に解釈すれば，臨時財政対策債は本来，国が発行すべき特例債を地方が一時的に立て替えておき，いずれ地方交付税で償還するように読めます。しかし，2020（令和2）年度末時点で約54兆円あった臨時財政対策債残高をすべて償還できるとは思いませんし，また，償還する必要もないと思いますが，国が，今後も地方財政計画で地方公共団体や自治体の事業について，自らが必要と推計した財源不足額に対して，交付税財源の国税の法定率分では賄えそうにないことが問題の本質であると思います。

（2）改革の方向性

　以上の通り，「まち・ひと・しごと創生法」による地方の活性化策は，地方自らの判断で自らの強みを生かした方法を用いて雇用創出するという部分については地域雇用創出政策と似ていますが，雇用創出を図ろうとする事業者に単純に補助金を支給する地域雇用開発助成金とは異なり，新型交付金でも「まち・ひと・しごと創生事業費」でも地方公共団体や自治体が独自の負担をする必要があります。果たして，限界集落や消滅都市に突き進む地域の地方公共団体や自治体にそうした負担を求めることが可能なのでしょうか。

　もちろん「まちづくり」は雇用創出以外にもさまざまな地方行政の結果として出来上がるものですから，地方創生に税金を財源とした地方交付税やマッチング補助金を充てたいのは理解できますが，消滅しそうな地域には別の手法も必要だと考えます。

■ 自治体版自助・互助・共助・公助

　そこで，本書の基本理念に立ち返りますと，社会保障改革に自助・互助・共助・公助という重層的な取り組みをすることの重要性を思い出して頂きたいと思います。どうも今回の「まち・ひと・しごと創生法」の理念は，やや画一主義を意識し過ぎている印象を受けます。共助であれば一律の規格が全国に適用されるべきでしょうが，消滅しそうな地域に適用されるべき手法は公助です。社会保障分野の視点から提言させてもらうとすれば，公助は，補論第１章で説明しているように，ニード原理（需要の原理）にもとづいて制度を構築すべきだと思います。

　また，共助を超えて，さらにより以上の自主的な地域の活性化に取り組みたい意欲的な地方公共団体や自治体に対しては，互助や自助の仕組みも必要だと思います。つまり，必ずしも毎年の税収を財源としない資金が利用できることが望ましいと考えます。イメージとしては，国際社会において発展途上国の経済開発に携わる世界銀行やアジア開発銀行のような役割の存在です。

　実際，本章の執筆のための資料収集の過程で初めて知ったのですが，内閣府は金融庁に対して，銀行によるコンサルティング業務に関する問い合わせ（まち・ひと・しごと・創生本部事務局から金融庁への照会）を行っています[11]。これは，地方創生推進交付金事業に当たって，多くの地方公共団体や自治体が企画書の作成をコンサルティング会社に委託しているという批判を受けてのことだと思いますが，もちろん役所が自らの役割を放棄して丸投げすることは論外でしょうが，持続的な施策のためには地元金融機関の支援はむしろ必要でしょう。つまり，いつまでも新型交付金で新規事業を支え続ける訳にはいきませんから，どこかの時点で採算を見極め，事業継続の是非を判断しないといけないからです。

　しかし，商業銀行はリスクを嫌いますから，いきなり地元金融機関の支援だけでは革新的なアイディアを政策に乗せることは難しいでしょう。リスク許容度を上げるためには，たとえば日本政策金融公庫の新創業融資制度のような制度につなげられる互助部分（マッチング業務だけでもよいかもしれません）を用意すべきではないでしょうか。

▌デザイン思考

　そこで最後に，「まちづくり」の進め方に対する1つの考え方を紹介したいと思います。それはデザイン思考と呼ばれる手法で，「まちづくり」のような唯一絶対の正解が存在しない企画に適した考え方だと思います[12]。

　デザイン思考を扱った書籍はすでに数多く刊行されていますが，中でもアメリカの著名デザイン開発会社の最高経営責任者（CEO）であるティム・ブラウン氏の著書『デザイン思考が世界を変える』は，デザイン思考の理論と呼ぶべき内容を描いています。

　それによると，デザイン思考は与えられた制約の中でイノベーションを生み出すアイディアを見つけ出す方法ですが，単に夢想的で自由奔放なアイディアを好き勝手に出すこととは違い，予め制約条件を厳密に設定し，それを満たすアイディアを複数比較検討することにより成功する実現可能なアイディアを見つける思考方法です。

　制約条件には，①技術的実現性，②経済的実現性，そして，③有用性があります。技術的実現性とは，現在またはそう遠くない将来に技術的に実現可能なアイディアであるという条件です。技術的に実現不可能なアイディアでは絵に描いた餅に過ぎません。経済的実現性とは，持続可能なビジネスモデルの一部となり得るアイディアであるという条件です。長期に渡って採算がとれなければ，その場しのぎのアイディアといわれても仕方ありません。そして，有用性は，人々にとって合理的で役に立つアイディアであるという条件です。日本企業の製品開発でしばしば批判されることですが，ハイテクな機能であっても，それがほぼ永久に使われないものであれば有用な機能とはいえません。これは利用者のニーズを絞り込んでいない証拠です。

　一般にこれら３つの制約条件はしばしば両立しないことがあり，デザイン思考はこれらの制約のバランスを考えて，試行錯誤しながらアイディアを絞っていく作業のことです。

　これを地方創生にあてはめれば，技術的実現性は，その地域で利用できる資源や人材がいることといえるでしょう。ロケットで地域おこしをしたいと思っていたとしても，それを実現できる技術が手に入る見込みが無ければ不可能です。

　経済的実現性は，恐らく地方創生で最も重要な制約だと思いますが，いくら地域に特産品があったとしても，補助金なしで採算がとれるようにならなければ，事業としての継続は見込めません。この意味で，地元金融機関が融資できるか否かは重要な経済的実現性のテストとなるでしょう。

　そして，有用性は一番判断が難しいかもしれませんが，思い込みではなく第三者的なリサーチにもとづいたニーズの把握が必要なのかもしれません。地元住民が考える自らの強みと第三者から見たその地域の強みは一致しないかもしれません。もちろん第三者の目として誰を想定するのかという判断もあります。その意味で，ターゲットを明確に意識することが必要かもしれません。

5 —— むすび

　2006（平成 18）年，北海道の夕張市が財政破綻しました。もともと炭鉱で栄えた同市は，1959（昭和 34）年には約 116,000 人の人口規模がありました。炭鉱業という主力産業を失った後，農産物のブランド化（夕張メロン）や観光業へのシフトなど地域振興政策を試みてきましたが，活性化はならず，破綻時には人口が 13,000 人余りとなっていました。今，夕張市と同じことが全国各地で起こる可能性が危惧されています。

　こうした中，国はようやく民間投資を呼び込むための規制緩和（構造改革特区）ではなく，衰退した地域を活性化するための地方創生に乗り出しました。しかし，上で論じたように，現行の地方創生は地方にも応分の負担を求めるもので，既に再起不能になりつつある一部地域には残念ながら手遅れの感があり

ます。平成の大合併で自治体の数は3,200余りから1,700余りへと半減しましたが，再度そこから過疎化が進展したり，財政力指数が悪化し始めたりした自治体も見受けられます。零細自治体を統合しただけでは改善できないということではないでしょうか。

　私の専門分野は社会保障ですので，本章の文脈では地域雇用開発促進法までが守備範囲となります。地方創生は，この手法とは正直，似て非なるものと感じます。その最大の原因は，新型交付金1,900億円がマッチング補助金であって助成金ではないこと，そして，それ以外は地方交付税の仕組みしかないからだと思います。地方交付税は全国一律の制度ですから，全国一律の底上げを意図した政策に適用すべきものだと考えることができるでしょう。

　地方交付税は共助であって公助と互助の部分が無いか不足しています。消滅しそうな町のすべてを公助で支えることはできませんが，地域のいくつかの拠点は戦略的に支える必要があると思います。

　さらに，創生事業を発展させたい意欲的な地方公共団体や自治体に対しては，新型交付金に続く中長期借り入れや投資してもらえる制度が必要でしょう。その資金の出所自体は日本政策金融公庫等の政策銀行でも良いかもしれませんが，衰退した地域の零細な事業者がすべて自分1人で融資に漕ぎ着けることは難しいので，適切なマッチング制度が必要でしょう。そして，事業者と広告媒体とをつなげるマッチング制度も必要でしょう。こうした地域の支援（互助部位）があって，初めて地方の零細事業者は市場と向き合うことができると思います。

【注】
1）　2007（平成19）年1月に施行されました。
2）　2008（平成20）年10月に設置されました。
3）　本項は鎌田（2013）の一部を加筆修正したものです。
4）　「まち・ひと・しごと創生法」では，都道府県（第9条）と市区町村（第10条）に
　　　対して，それぞれ創生総合戦略を定めるよう努めなければならないと表記されています。
5）　算式は他の基準財政需要額の算定と類似の，「単位費用×想定単位（ここでは人口）
　　　×段階補正×経常態様補正Ⅰ（行革努力分又は取り組みの必要度分）＋経常態様補

正Ⅱ（地域経済活性化分又は取り組みの成果分）」という大変煩雑なものです。

6）コンパクトですが，臨時財政対策債までしっかりと説明している文献として，森（2013）を紹介しておきます。

7）2016（平成 28）年度決算額ですが，租税総額 98 兆 3,487 億円のうち国税額が 58 兆 9,563 億円（59.9％），都道府県税額が 18 兆 2,784 億円（18.4％），そして市町村税額が 21 兆 2,784 億円（21.6％）という構成になっています。

8）2004（平成 16）年度から 2006（平成 18）年度の期間，一時的に所得譲与税が存在しましたが，こちらは最大で 3 兆円の規模がありました。

9）標準的な地方税収見込み額とは，地方税法に定める法定普通税を，標準税率をもって，地方交付税法で定める方法により算定した収入見込額のことです。

10）総務省ホームページから政策 ＞ 地方行財政 ＞ 地方財政制度 ＞ 地方債 ＞ Q&A のページで閲覧できますが，具体的な償還方法については明記されていません。

11）平成 29 年 12 月 11 日付けの内閣官房まち・ひと・しごと創生本部事務局発行資料を参照してください。

12）デザイン思考がなぜ「まちづくり」に適した手法なのかの説明については鎌田（2020）を参照してください。

参考文献

大分大学経済学部編『地域ブランド戦略と雇用創出』白桃書房　2010 年。

鎌田繁則「主観的科学としての都市情報学」都市情報学研究会編『都市情報学入門』の第Ⅰ部第 1 章　創成社　2020 年。

鎌田繁則「地域間の雇用格差と地域雇用創出政策」森　徹・鎌田繁則編著『格差社会と公共政策』第 4 章　勁草書房　2013 年。

鎌田素史「地方創生の取組への財政支援—新型交付金とまち・ひと・しごと創生事業費—」『立法と調査』2015 年 12 月号（ナンバー 371）。

ティム・ブラウン著　千葉敏生訳『デザイン思考が世界を変える—イノベーションを導く新しい考え方』早川書房　2014 年。

名護市国際情報通信・金融特区創設推進プロジェクトチーム／大和証券グループ金融特区調査チーム『金融特区と沖縄振興新法』商事法務　2002 年。

労働省職業安定局編著『地域雇用開発をめざして—地域雇用開発助成金活用の仕方—』財団法人労働法令協会　1987 年。

労働政策研究・研修機構編『地域雇用創出の新潮流　統計分析と実態調査から見えてくる地域の実態』独立行政法人労働政策研究・研修機構　2007 年。

労務行政編『雇用創出を伴う地域再生を目指して—地域再生 50 の先行事例—』労務行政　2004 年。

森　徹「地域間の財政力格差と地方交付税」森　徹・鎌田繁則編著『格差社会と公共政策』第 3 章　勁草書房　2013 年。

第**4**章

働き方改革
―社会保障改革の1丁目1番地―

1── はじめに

　日本の労働法行政の大転換ともいわれる同一労働同一賃金を柱とする「働き方改革関連法」が，2020（令和2）年4月，コロナ禍ということもあり，意外なほどひっそりと施行されました。これは2013（平成25）年4月の有期労働者の無期転換ルール（労働契約法第18条）施行時における大騒ぎ（いわゆる「無期転換逃れ」の横行）とは大違いでした。

　同一労働同一賃金という標語については，私も1つの思い出があります。2003（平成15）年当時，まだ駆け出しの研究者であった私は，新聞社から原稿依頼を受けました。テーマは自由に選択できたのですが，小泉政権下で新自由主義的な改革の嵐が吹き荒れていた中，産業界は終身雇用・年功序列制度を骨格とする日本型雇用モデルの廃止を求める一大キャンペーンを繰り広げていました。そのための手法として成果主義の導入も広く報道されていましたが，もう1つの手法として，ダッチモデル（オランダ型雇用モデル）と呼ばれるジョブシェアやワークシェア導入の案もありました。つまり終身雇用・年功序列制度を止めて，同一労働同一賃金を前提とした労働者の非正規雇用化を受け入れるという案です。

　この時私は，人的資本理論の観点から，同一労働同一賃金とはいえ，非正規雇用化の考え方に反対する原稿を投稿しました。「もし終身雇用・年功序列制度を崩せば，日本企業は非熟練労働者の集団になる」と指摘したのです。

　果たして，2008年のリーマンショックを境に，派遣切りや雇止めが横行し，大変な社会問題となり，新自由主義的な機運は，成果主義を含めて，一気に萎みました。

　私は，社会保障分野の研究者として，新自由主義的な考え方にはある種の危うさを感じていました。労働力は商品でも部品でもありません。企業の都合に合わせて切り売りすることなどできません。人の一生には若い時もあれば，老人になる時もある訳ですから，ライフサイクルや子育て，身内の介護等を考慮しない新自由主義の無機質感は，人間の本性と相いれないと思います。

　今回，改めて登場した同一労働同一賃金を柱とする「働き方改革」は，もし想定通りに機能すれば，人の一生を前提にした雇用モデルに少し近づくと思います。そして，何よりも労働力のひっ迫は，2003（平成15）年当時の状況と大きく異なります。限られた仕事をみんなでシェアするための非正規雇用化ではなく，むしろ日本経済全体で不足する労働力を確保するために，老若男女誰でも働ける人は，働ける時に働ける分だけ働くことができる社会（これを政府は「一億総活躍社会」と呼ぶ）にするために，非正規雇用者と正規雇用者とをシームレスにつなぐ改革です。

　コロナ禍前の状況ですが，24時間営業を売り物にするコンビニ店やファストフード店が深夜労働者を確保できずに深夜営業を取り止めるという現象が起きました。我々は，第6章で取り上げる「外国人労働者の受け入れ」と合わせて，日本経済の息の根を止めることにもなり兼ねない労働力不足に対処するために，働き方改革に真剣に取り組まざるを得ないことを認識しなければなりません。

2 —— 働き方改革とは何か

　さて，前節で私は，政府が標榜する「働き方改革」の中心が同一労働同一賃金にあるかのように説明を始めましたが，そもそも「働き方改革」とは何を意

図したものなのでしょうか。

　「働き方改革」の定義については，ほとんどの刊行物で 2017（平成 29）年 3 月に発表された政府の「働き方改革実行計画」に挙げられた工程表を引用して説明しています。図 4 － 1 に示したものがその工程表の扉のページに書かれた図です。工程表には，同図の 1 番右の列に示された対応策①〜⑲の各々について，

図 4 － 1　働き方改革実現のための工程表

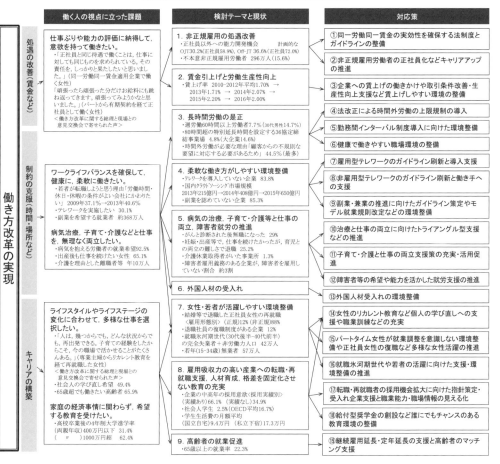

働く人の視点に立った課題	検討テーマと現状	対応策
仕事ぶりや能力の評価に納得して，意欲を持って働きたい。 ・「正社員と同じ待遇で働くことは，仕事に対しても同じものを求められている。その責任を，しっかりと果たしたいと思いました。」（同一労働同一賃金適用企業で働く女性） 「頑張ったら頑張った分だけお給料にも跳ね返ってきます。頑張ってみようかなと思いました。」（パートから有期契約社員を経て正社員として働く女性） <働き方改革に関する総理と現場との意見交換会で寄せられた声>	**1．非正規雇用の処遇改善** ・正社員以外への能力開発機会　計画的なOJT30.2%(正社員58.9%)、Off-JT 36.6%(正社員72.0%) ・不本意非正規雇用労働者　296万人(15.6%)	①同一労働同一賃金の実効性を確保する法制度とガイドラインの整備
		②非正規雇用労働者の正社員化などキャリアアップの推進
	2．賃金引上げと労働生産性向上 ・賃上げ率　2010〜2012年平均1.70%　→ 2013年1.71%　→　2014年2.07%　→ 2015年2.20%　→　2016年2.00%	③企業への賃上げの働きかけや取引条件改善・生産性向上支援など賃上げしやすい環境の整備
	3．長時間労働の是正 ・週労働60時間以上労働者7.7%(30代男性14.7%) ・80時間超の特別延長時間を設定する36協定締結事業場 4.8%(大企業14.6%) ・時間外労働が必要な理由「顧客からの不規則な要望に対応する必要があるため」44.5%(最多)	④法改正による時間外労働の上限規制の導入
		⑤勤務間インターバル制度導入に向けた環境整備
		⑥健康で働きやすい職場環境の整備
ワークライフバランスを確保して，健康に，柔軟に働きたい。 ・若者が転職しようと思う理由「労働時間・休日・休暇の条件が良い会社にかわりたい」2009年37.1%→2013年40.6% ・テレワークを実施したい 30.1% ・副業を希望する就業者 約368万人	**4．柔軟な働き方がしやすい環境整備** ・テレワーク実施している企業 83.8% ・国内クラウドソーシング市場規模 2013年215億円→2014年408億円→2015年650億円 ・副業を認めていない企業 85.3%	⑦雇用型テレワークのガイドライン刷新と導入支援
		⑧非雇用型テレワークのガイドライン刷新と働き手への支援
	5．病気の治療，子育て・介護等と仕事の両立，障害者就労の推進 ・がんと診断された後無職になった 29% ・妊娠・出産等で、仕事を続けたかったが、育児との両立の難しさ25.2% ・介護休業取得者がいた事業所 1.3% ・障害者雇用義務のある企業が、障害者を雇用していない割合 約3割	⑨副業・兼業の推進に向けたガイドライン策定やモデル就業規則改定などの環境整備
病気治療，子育て・介護などと仕事を，無理なく両立したい。 ・病気を抱える女性の就業希望92.5% ・出産後も仕事を続けたい女性 65.1% ・介護を理由とした離職者 年 約10万人		⑩治療と仕事の両立に向けたトライアングル型支援などの推進
		⑪子育て・介護と仕事の両立支援策の充実・活用促進
		⑫障害者等の希望や能力を活かした就労支援の推進
	6．外国人材の受け入れ	⑬外国人材受入れの環境整備
ライフスタイルやライフステージの変化に合わせて，多様な仕事を選択したい。 ・「人は、幾つからでも、どんな状況からでも、再出発できる。子育ての経験をしたからこそ、今の職場で活かせることがたくさんある。」(専業主婦からリカレント教育を経て再就職した女性) <働き方改革に関する総理と現場との意見交換会で寄せられた声> ・社会人の学び直し希望 49.4% ・65歳超でも働きたい高齢者 65.9%	**7．女性・若者が活躍しやすい環境整備** ・結婚等で退職した正社員女性の再就職 <雇用形態別> (正規)12% (非正規)88% ・退職社員の復職制度がある企業 12% ・就職氷河期世代(30代後半〜40代前半)の完全失業者＋非労働力人口 42万人 ・若年(15〜34歳)無業者 57万人	⑭女性のリカレント教育など個人の学び直しへの支援や職業訓練などの充実
		⑮パートタイム女性が就業調整を意識しない環境整備や正社員女性の復職など多様な女性活躍の推進
	8．雇用吸収力の高い産業への転職・再就職支援，人材育成，格差を固定化させない教育の充実 ・企業の中高年の採用意欲(採用実績別) (実績あり)66.1% (実績なし)8.7% ・社会人率 2.5%(OECD平均16.7%) ・学生生活費の月額平均 (国立自宅)9.4万円 (私立下宿)17.3万円	⑯就職氷河期世代や若者の活躍に向けた支援・環境整備の推進
家庭の経済事情に関わらず，希望する教育を受けたい。 ・高校卒業後の4年制大学進学率 (両親年収)400万円以下 31.4% (　〃　)1000万円超 62.4%		⑰転職・再就職者の採用機会拡大に向けた指針策定・受入れ企業支援と職業能力・職場情報の見える化
		⑱給付型奨学金の創設など誰にでもチャンスのある教育環境の整備
	9．高齢者の就業促進 ・65歳以上の就業率 22.3%	⑲継続雇用延長・定年延長の支援と高齢者のマッチング支援

（左端縦帯：働き方改革の実現／処遇の改善（賃金など）／制約の克服（時間・場所など）／キャリアの構築）

出所：働き方改革実現会議『働き方改革実行計画』（平成 29 年 3 月 28 日働き方改革実現会議決定）資料より。

2ページ目以降にいつまでに何をどこまで行うのかがそれぞれ計画されています。

　一見した所，大変多岐にわたっており，今考えられる日本の労働市場の課題を単に列挙しただけのようにも見えます。しかし，同資料の本文を読みますと，冒頭に「今後の取組の基本的考え方」として，「日本経済再生に向けて，最大のチャレンジは働き方改革である。「働き方」は「暮らし方」そのものであり，働き方改革は，日本の企業文化，日本人のライフスタイル，日本の働くということに対する考え方そのものに手を付けていく改革である」（本文1ページ目）と説明しており，いわゆる日本型雇用慣習（あるいは雇用モデル）と呼ばれる終身雇用・年功序列制度を崩すための改革であることがわかります。つまり同図に示された19の対応策は，この改革を行うための手段の列挙であって，それぞれの対応策自体が目的ではないことは明らかです。

　それでは終身雇用・年功序列制度はなぜ崩さなければならないのでしょうか。そして，終身雇用・年功序列制度を崩した後の労働者の働き方はどうなるのでしょうか。もしこの改革が2003（平成15）年当時と同じように，単にジョブシェアやワークシェアを促すための全労働者の非正規雇用化であるとすれば，日本は一億総活躍社会ではなく，一億総未熟練労働者社会となり，数十年後には低開発国に転落するのは間違いないでしょう。

　そこで，脱終身雇用・年功序列制度後の日本経済で労働生産性をどのように確保するのかが問題となってきます。正規雇用者が過労死するほど頑張って築き上げた現在の日本の労働生産性を，非正規雇用労働者が多数を占める労働市場に転換して，尚且つ今以上に労働生産性が高い社会にしなければ，改革の結果，日本は没落したということになってしまいます。

　しかし，上述の「実行計画」では，正規雇用者中心の現在の日本の雇用モデルを念頭に，労働生産性向上のシナリオを次のように描いています。「長時間労働は，健康の確保だけでなく，仕事と家庭生活との両立を困難にし，少子化の原因や，女性のキャリア形成を阻む原因，男性の家庭参加を阻む原因になっている。これに対し，長時間労働を是正すれば，ワーク・ライフ・バランスが改善し，女性や高齢者も仕事に就きやすくなり，労働参加率の向上に結びつく。経営者は，どのように働いてもらうかに関心を高め，単位時間（マンアワー）

当たりの労働生産性向上につながる。さらに，単線型の日本のキャリアパスでは，ライフステージに合った仕事の仕方を選択しにくい。これに対し，転職が不利にならない柔軟な労働市場や企業慣行を確立すれば，労働者が自分に合った働き方を選択して自らキャリアを設計できるようになり，付加価値の高い産業への転職・再就職を通じて国全体の生産性の向上にもつながる。(改行)働き方改革こそが，労働生産性を改善するための最良の手段である」(本文2ページ目)。

　果たしてこうしたバラ色のシナリオは可能なのでしょうか。いいえ，私の見解では，日本型雇用モデルは既に限界に来ており，早晩崩壊せざるを得ないでしょう。日本型雇用モデルは超少子化社会が進展しているという事実から明らかなように，出生率の低下や未婚率の上昇という代償と引き換えに労働生産性を高めてきた雇用モデルです。

　こう考えるとわかりやすいかもしれません。かつて日本企業は公害を垂れ流して生産性を高めてきました。公害は外部費用で市場ではコストとしてカウントされませんでした。出生率の低下や未婚率の上昇も企業からすれば外部費用に過ぎないのです。「実行計画」が説く労働生産性とは，それらの外部費用を内部化した上での生産性だと思います。

　そこで，今，我々が取り得る選択肢は3つしかなく，①このまま日本型雇用モデルを続けて社会崩壊を招く，②これまでのように雇用の非正規化を単に労働コスト削減の手段と解釈して，しばらくはコスト競争に耐えるが，やがては熟練労働者や先端技術者がいなくなり，低開発国になる，そして，③終身雇用・年功序列制度に替わるキャリアアップ制度を確立し，働き方の柔軟性と労働生産性を両立する新しい方法を見つける，のいずれかを選ばなければならないということだと思います。

3 ── 長時間労働是正の必要性

　まず，日本の長時間労働の現状を正しく認識した上で，長時間労働の温床となっている日本型雇用モデルがどうして立ち行かなくなっているのか，その状

況を説明しましょう。

▌日本の長時間労働の現状

　近年では，すっかり若者の間で「社畜」などという不快な用語が定着するようになった日本の長時間労働ですが，政府は決して手をこまねいて座視してきた訳ではありません。古くは週休２日制の導入や祝祭日の増加，そして近年では育児休業休暇や介護休業休暇の充実，さらには年間総労働時間の抑制にも取り組んできました。では年間総労働時間が諸外国並みに抑制されてきたのであれば，なぜ「社畜」などという用語が生まれたのでしょうか。それを解く鍵が政府の統計資料の作り方にあります。

　一般的に諸外国との比較に用いられるデータは，表４－１のような雇用者（被用者）全体の１年間の総労働時間の平均値です。これを見ると，日本の年間総労働時間の推移は，他国（韓国を除く）がほぼ横ばいであるのに対して，一貫して減少しているように見えます。2012年と2018年との比較では，59時間も減少しており，これは６年間で3%以上も減少したことを示しています[1]。

表４－１　雇用者の年間総労働時間の国際比較

国名	2012	2013	2014	2015	2016	2017	2018	2012年と2018年との比較
日本	1,765	1,746	1,741	1,734	1,724	1,720	1,706	-59
アメリカ	1,790	1,789	1,790	1,790	1,786	1,785	1,792	2
カナダ	1,726	1,721	1,718	1,718	1,714	1,705	1,721	-5
イギリス	1,501	1,509	1,515	1,502	1,515	1,515	1,513	12
ドイツ	1,301	1,292	1,299	1,303	1,298	1,300	1,305	4
イタリア	1,580	1,567	1,566	1,570	1,581	1,581	1,586	6
オランダ	1,348	1,353	1,362	1,356	1,367	1,365	1,365	17
ベルギー	1,431	1,429	1,426	1,423	1,425	1,429	1,433	2
スウェーデン	1,425	1,419	1,418	1,419	1,432	1,419	1,424	-1
韓国	2,098	2,071	2,047	2,058	2,033	1,996	1,967	-131
メキシコ	2,325	2,335	2,337	2,348	2,348	2,348	2,347	22

出所：労働政策研究・研修機構（JILPT）『データブック国際労働比較2019』から一人当たり平均年間総実労働時間（雇用者）のデータを引用。

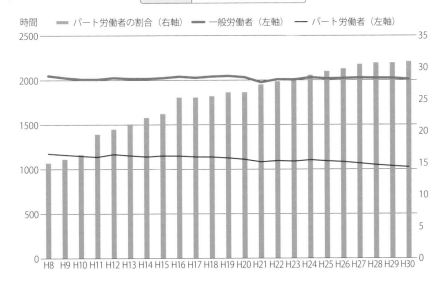

図 4 - 2　年間総労働時間の推移

（資料）厚生労働省「毎月勤労統計調査」事業規模 5 人以上。
出所：大阪労働局 HP　労働市場データより筆者作成。

　しかし，このデータは我々の長時間労働に対する実感を反映していません。
その理由は，同表のデータにはフルタイムで働く一般労働者とパートタイムで
働くパート労働者の両方を含む（常用労働者の）平均値が示されているからです。
　図 4 - 2 を見てください。同図は厚生労働省の『毎月勤労統計調査』という
資料から作成されたものですが，フルタイムで働く一般労働者の年間総労働時
間は 1996（平成 8）年と比較してもほとんど変化していないことが読み取れま
す。他方で，全労働者に占めるパート労働者の割合は 15％強（平成 8 年）から
30％強（平成 30 年）に倍増していることからわかるように，これが労働者全体
の平均値を押し下げる役割を果たしていることは明らかです。
　以上のことから，日本の企業等の年間総労働時間は，正規雇用者については
失われた 20 年間を通してほとんど変化していないのに対して，統計上はパー
ト労働者を始めとする非正規雇用者の割合が増えたことで，その分だけ見かけ
上短くなったのに過ぎないと結論づけてよさそうです。

法定労働時間と残業問題

　それでは正規雇用者の労働時間は長過ぎるのでしょうか。労働基準法では法定労働時間を定めています。法律では労働時間を1日当たり8時間，1週間当たり40時間と定めており，それを超えて労働者を働かせることは禁止されています（32条）。しかし，この規定には抜け道があり，従業員の過半数を代表する労働組合との合意があれば，行政官庁への届け出の上で1か月45時間以

表4-2 時間外労働時間の規制

労働基準法	規制内容	今回の改正
第32条	使用者は，労働者に，休憩時間を除き**1日8時間**，1週間について**40時間**を超えて，労働させてはならない。【本則】	－
第35条	使用者は，労働者に対して，毎週少くとも1回，もしくは4週間に4日以上の休日を与えなければならない。【本則】	－
第36条	使用者は，労働者の過半数で代表する労働組合との書面による協定をし，厚生労働省令で定めるところによりこれを行政官庁に届け出た場合においては，その協定で定めるところによつて労働時間を延長し，又は休日に労働させることができる。【三六（サブロク）協定】	－
同4項	限度時間は，1ヵ月について**45時間**，1年について**360時間**（3ヵ月を超える期間を定めて労働させる場合は，1ヵ月について42時間，1年について320時間）とする。	－
同5項	業務量の大幅な増加等に伴い臨時的に限度時間を超えて労働させる必要がある場合において，1年について**720時間**を超えない範囲内に限る。ただし，1ヵ月に45時間（3ヵ月42時間）を超える月数は1年に**6ヵ月以内**に限る。【特別条項】	6ヵ月以内**無制限**から720時間以内に規制強化。一部産業は遅れて実施又は適用除外。
同6項	1ヵ月について労働時間を延長して労働させ，及び休日において労働させた時間は**100時間未満**であること。複数月平均では1ヵ月当たりの時間は**平均80時間**を超えないこと。	過労死等防止対策推進法（平成26年11月施行）にもとづく違反企業の是正指導を実施し，従わない場合の企業名の公表基準の厳格化。
第37条	労働時間を延長し，又は休日に労働させた場合においては，その時間又はその日の労働については，通常の労働時間又は労働日の賃金の**25%以上50%以下**の範囲内で計算した割増賃金を支払わなければならない。ただし，当該延長して労働させた時間が1ヵ月について**60時間を超えた場合**においては，その超えた時間の労働については，通常の労働時間の賃金の計算額の**50%以上**の率で計算した割増賃金を支払わなければならない。	中小企業で60時間を超えた場合，従来は適用猶予だったが，50%以上加算を適用（2023（令和5）年4月から）。

出所：筆者作成。

内，年間 360 時間以内の時間外労働を認めています（36 条）。これがいわゆる
36（サブロク）協定です。

　36 協定には更に例外（特別条項）が認められており，繁盛期など臨時的特別
な事情がある場合には，1 か月 100 時間未満，年間 720 時間以内で複数月平均
80 時間以内を限度として時間外労働ができることになっています。

　もし労働基準法で定められた法定労働時間を遵守したとすれば，それだけで
も，盆正月等を含めて年間 52 週を働いた場合，年間 2,080 時間が総労働時間
となります（年次有給休暇等は第 5 節で説明します）。

　図 4 − 2 に示された一般労働者のデータは，一応，1 年間をトータルで見た
場合には法定労働時間の制約に辛うじて収まっているように見えます。しか
し，盆正月等のまとまった休暇は国民行事で，親戚付き合いや家族サービスの
面から考えても会社から離れなければ社会生活は成立しませんし，ゴールデ
ンウィークや各種祝日もスポーツ・文化活動を一切犠牲にして働き続けるこ
とは無理でしょう。もしある程度社会慣習に従って祝祭日を休むのであれば，
その分，1 日 8 時間という規定を超えて，時間外労働をする日が無ければ年間
2,080 時間にはなりません。法定祝日だけで年間 16 日あり，その他にお盆休み
や年末年始の休みもあることから，年間 20 日以上はある休日分の労働は，平
日の残業や休日出勤で補うことになります。

　さらに言えば，そもそも図 4 − 2 に示されたデータは平均値であり，当然法定
労働時間分の 2,080 時間を超えて時間外労働をしている労働者もいるはずです。

日本型雇用モデル

　日本型雇用モデルにつきましては，その起源に諸説ありますが，第二次世界
大戦後急速に広まったことを考えると，戦前の日本の軍隊組織の経験を移植し
たものではないでしょうか。戦前の日本は，時代によっても異なりますが，概
ね農林魚業者と自営業者が合わせて 8 割から 5 割近くを占めており，民間企業
等に従事している被用者はあまり多くはありませんでした。それが戦後の経済
成長の過程で，就業人口の構成は 9 割が被用者へと変化していきました。

　終戦当時の平均的な日本人にとって，知っている大組織の労務管理の方法は

軍隊や行政官僚の組織形態しかなく，ゆえに，平社員，主任，係長，課長，部長，局長という縦割りの軍隊さながらの企業組織になっていったのは止むを得ないことだったのでしょう。実際，高度経済成長期の日本企業の従業員は企業戦士と呼ばれ，軍隊顔負けの働きぶりだったことは有名でした。そして，軍隊がそうであったように，定年退職後の企業戦士には恩給ならぬ退職金で報いるという慣習ができ上がったのだと思います。

　さて，このように恐らくは自然発生的に成立した日本型雇用モデルは，経済学的には企業内労働市場と呼ばれる制度です。通常，外国の企業は，塗装工や板金工，経理係にプログラマー，デザイナーなど職能ごとに労働者を採用し，途中で業務が変わることはありません。経営管理部門も同じで，経営者は最初から経営者としてMBA取得者を雇用し，平社員から経営者に上り詰める人は，皆無ではありませんが一般的でもありません。このように職能ごとに必要な人材を社外から調達して雇用する制度を外部労働市場と呼びます。

　しかし，日本の企業内労働市場では，毎年4月1日に新規学卒者を一斉に採用し，総合職と呼ばれる採用枠で採用されると，数年ごとの職場ローテーションを経ながら業務内容も営業から経理，経理から人事へと替わったりします。近年では技術職で採用された人が営業職に替わることも珍しくありません。このように企業内労働市場では，自社内の他の部署から必要な人材を調達することが特徴となっています。

▎ 終身雇用・年功序列制度は正しく理解されているのか？

　この職場ローテーションの過程で職階も変化します。つまり昇進していくのです。この点については，マスコミの扇動もあるのでしょうか，終身雇用・年功序列制度について，特に若年層に誤解があるように思います。

　終身雇用制度とは定年年齢まで雇用が保証されていること[2]，そして，年功序列制度とは勤続年数に応じて昇進し，自動的に報酬も上がっていくことと捉え，昭和の時代の企業戦士は能力とは無関係に雇用と昇給が保証されていた運の良い人達という解釈がそれです。

　企業内労働市場は決してそんな楽園ではありません。むしろ自社の従業員間

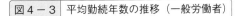

図4-3 平均勤続年数の推移（一般労働者）

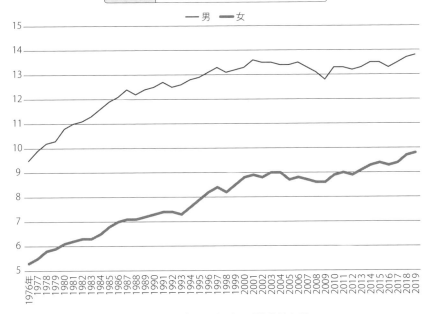

(注) 産業計，企業規模計，学歴計，年齢階級計の平均勤続年数。
出所：厚生労働省「賃金構造基本統計調査」より筆者作成。

で過当競争を促す可能性が極めて高い制度だと認識すべきです。この点を理解
しないと，今回の「働き方改革」の意義や目的を理解することはできません。

　まず図4-3をご覧ください。この図は1976（昭和51）年から2019（平成
31）年までのフルタイム労働者の男女別平均勤続年数を示したものです。男女
ともにほぼ一貫して勤続年数が伸び続けていることが読み取れると思います。
この事実は，昭和の時代の労働者が終身雇用で，本人が希望すれば定年まで同
じ職場で働き続けたというイメージに反するものです。非正規雇用者の割合が
高い現代の方が余程勤続年数が長くなっています。

　終身雇用制度なのに勤続年数が短かったことは，キャリアパスを考えれば別
に不思議な話ではありません。新規学卒で一斉に採用されて，年齢とともに昇
進するにしても，平社員を統率する係長の席は平社員の数分の一しかありませ
ん。課長は係長の席のまた数分の一です。部長も同じです。そして，支社（支店）

の中から特に抜擢された人は本社（本店）の役職に就きますが，もちろん本社（本店）は1つだけしかありません。

　要するに平社員として入社した人が全員その会社で昇進できる訳ではないということです。では入社した会社で昇進が遅れた人はどうなったのでしょうか。答えは簡単で，自分より後に入社した人に役職で抜かれ，後輩の部下になるしかなかったはずです。

　外部労働市場では MBA を出た若者が外から管理職や経営者として入社してきます[3]。しかし，内部労働市場では同じ日に入社した仲間の中から昇進して自分の上司になる人が現れる訳です。もっとも高度経済成長期の日本では，未だ大卒者の割合が低かったことから，大卒者は優先的に昇進し，中卒採用者や高卒採用者は同じ競争条件で競争した訳ではないと思っていたことでしょう。そこで，尚更，自分より若造に抜かれた悔しさや不公平感は増幅され，転職や独立の誘因になったはずです。もちろん傍系系列会社に転出した人も多かったはずです。

　これでもあなたは終身雇用・年功序列制度が一生涯身分を保証する楽園だと思いますか。年功序列制度は年齢とともに自動的に給料が上がるのではありません。キャリアパスに応じて昇給する制度に過ぎないことをよく理解してください。

▍長時間労働の誘因

　次に終身雇用・年功序列制度が従業員間の過当競争を生み出し，長時間労働の誘因になっていることについて説明します。

　同じ日に入社した従業員（特に総合職）全員に昇進の機会があるとすれば，皆さんはどのように昇進の栄誉を勝ち取ろうとしますか。

　大きな裁量権が与えられていて，結果責任を取る覚悟のある人なら仕事の成功でアピールできるかもしれません。しかし，日本企業は軍隊組織，官僚組織ですから，どんな仕事をするのにも直属上司の承諾が必要です。部下の仕事の成否は，そのまま上司の責任にもなります。中間管理職の彼らもさらなる昇進を目指している訳ですから，部下の失敗の責任を取らされたくはありません。結果的に，社長や執行役員からの特命の業務でもない限り，平社員や下級管理

職に大きな裁量権が与えられるはずはありません。

　そこで普通の従業員は，自分を人事評価する直属の上司に対して，または会社に対して，忠誠心をアピールするように努めると思います。その典型が長時間の残業や休日出勤です。国は，この見立てを示唆する１つの面白い資料を提示しています[4]。

　図４－４をご覧ください。同図は従業員が自分の上司について，残業をする部下をどのように評価するのかを勝手にイメージしたデータです。自分の上司が残業する部下を「頑張っている人」とか「責任感が強い人」と肯定的に評価していると考えている部下は残業時間が長くなり，「仕事が遅い人」とか「残業代を稼ぎたい人」と否定的に評価していると考えている部下は残業時間が短くなる傾向が読み取れます。つまり自分の人事評価を気にして残業時間を調整している節が見て取れるのです。

　これについては，現在の論点（企業内労働市場が有する過当競争の誘因）と少しずれますが，同じ出所の調査資料の図４－５と併せて考える必要があるかもし

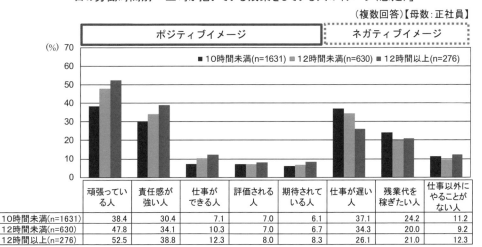

図４－４　長時間労働者の意識

一日の労働時間別「上司が抱いている残業をしている人のイメージ（想定）」

（複数回答）【母数：正社員】

ポジティブイメージ　　　　　　ネガティブイメージ

■10時間未満(n=1631)　■12時間未満(n=630)　■12時間以上(n=276)

	頑張っている人	責任感が強い人	仕事ができる人	評価される人	期待されている人	仕事が遅い人	残業代を稼ぎたい人	仕事以外にやることがない人
10時間未満(n=1631)	38.4	30.4	7.1	7.0	6.1	37.1	24.2	11.2
12時間未満(n=630)	47.8	34.1	10.3	7.0	6.7	34.3	20.0	9.2
12時間以上(n=276)	52.5	38.8	12.3	8.0	8.3	26.1	21.0	12.3

資料出所：「ワーク・ライフ・バランスに関する個人・企業調査報告書」（平成26年5月　内閣府）。

図 4－5　長時間労働の職場の特徴

一日の労働時間別　職場の特徴

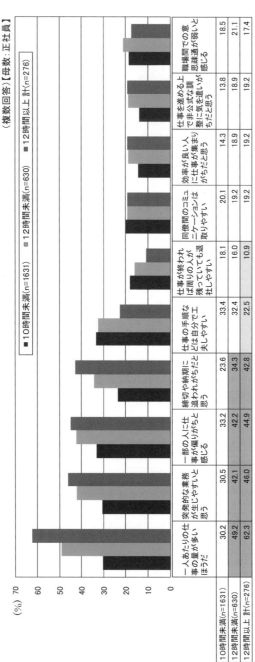

（母数：正社員）

（複数回答）

■10時間未満(n=1631)　■12時間未満(n=630)　■12時間以上 計(n=276)

	一人あたりの仕事の量が多いほうだ	突発的な業務が生じやすいと思う	一部の人に仕事が偏りやすいと感じる	締切や納期に追われがちだと思う	仕事の手順など自分でどは工夫しやすい	仕事が終われば周りの人が残っていても退社しやすい	同僚間のコミュニケーションは取りやすい	効率が良い人に仕事が集まりがちだと思う	仕事を進める上で非公式な調整に気を遣いがちだと思う	職場間での意思疎通が弱いと感じる
10時間未満(n=1631)	30.2	30.5	33.2	23.6	33.4	18.1	20.1	14.3	13.8	18.5
12時間未満(n=630)	49.2	42.1	42.2	34.3	32.4	16.0	19.2	18.9	18.9	21.1
12時間以上 計(n=276)	62.3	46.0	44.9	42.8	22.5	10.9	19.2	19.2	19.2	17.4

※■は、10時間未満労働者に対して5%水準で有意に高い
※□は、10時間未満労働者に対して5%水準で有意に低い

資料出所：「ワーク・ライフ・バランスに関する個人・企業調査報告書」（平成26年5月内閣府）。

れません。図4−5では，残業時間の長い人になぜ長いのか，あるいは残業時間の短い人になぜ短いのかを尋ねた資料です。

　残業時間が有意に長い人は，「1人あたりの仕事量が多い」とか，「突発的な業務が生じやすい」，「一部の人に仕事が偏っている」など外的要因，もっと言えば会社や上司，同僚など他人の責任にしているのに対して，残業時間が有意に短い人は，「仕事の手順などは自分で工夫できる」や「仕事が終われば他人の目を気にせず退社できる」など自分の創意工夫や意識次第だと指摘しているのです。

　話を元に戻しますと，企業内労働市場は強烈な出世競争を誘発します。長時間労働というわかりやすい形でアピールすることが競争に有利だと判断すれば，長時間の残業どころか，サービス残業すら厭わないという従業員を生み出すのではないでしょうか。

▌過労死と大人の引きこもり問題

　高度経済成長期において，この企業内労働市場の競争誘因は日本企業の競争力を担保する最大の強みでした。しかし，このシステムの前提になっているのは，次から次へと湧き出る人材の存在です。毎年4月になると大量の新規学卒者が入社してくることが，この競争システムを支えていたことに気づくべきでしょう。

　ところが1990年代に入ると，日本経済は長期不況に直面し，体力が弱った企業は正規雇用者の採用を抑制し，当面の労働力を確保するために非正規雇用者の割合を高めました。この結果，正規雇用者の中から幹部候補者を選別し，育成する代わりに，正規雇用者は全員，基幹従業員として非正規雇用者を補う役割を負うことになりました。つまり正規雇用者は平社員であったとしても非正規雇用者を管理したり，労働力が足りなければ自分が穴埋めしたりする形で，会社の業績への責任を負う立場になったのです。

　この傾向は2000年代に入り，さらに少子化による若年人口の減少により加速されました。本章の冒頭にも触れましたが，夜間営業のためのアルバイトが集まらなければ，管理責任を負わされた正規雇用者が穴埋めするしか方法はあ

りません。そして，その人手不足を補うのは，昔より数の減った正規雇用者です。

　さらに企業のコンプライアンス重視，社員の自己評価義務付けなど確実に昔より業務量が増えた職場で，正規雇用者の負担が増加したのは事実でしょう。今後益々就業者に占める正規雇用者の割合が低下することが予想される中で，正規雇用者だけに経営責任を押し付ける日本型雇用モデルをいつまで続けることができるのかは相当な疑問です。

　出世競争を繰り広げる正規雇用者が「うつ病」や「引きこもり」，そして最終的には「過労自殺」などの精神障害に陥るケースが格段に多くなってきたのは当然でしょう。この点につきましては次章で労働災害に関する私なりの分析を掲載してありますので，そちら（特に「雇用形態別分析」）を一読してください。いずれにせよ深刻な少子高齢化が進行している日本社会において，従来の雇用モデルを維持することが不可能になりつつあるという兆候に気づいてもらいたいと思います。

4 —— 同一労働同一賃金改革

　1990年代から2000年代までの失われた20年間を通じて，日本経済では雇用の非正規化が進んできたのは紛れもない事実です。この理由の大部分は，前節までに議論してきたように，不足する若年正規雇用者を女性労働者や定年退職後の高齢者で埋めるために非正規雇用者の割合が高まったからですが，いわゆる就職氷河期世代の少なからぬ労働者が，今なお希望しても正規雇用者に転換されていないことも原因の1つでしょう。

　また，第6章で議論しますが，約40万人にもなる技能実習生（研修目的で訪日している外国人）を実質的に非正規雇用者として働かせているという実態もあります。

　こうした中，日本の雇用モデルには，正規雇用者と非正規雇用者との間に深刻な待遇格差があるという主張や指摘が多く出されています。前節で私は，正規雇用者に会社の業績への責任が押し付けられることで，正規雇用者に深刻な精神障害が増加していると書きましたが，ここでいう待遇格差とは，正規雇用

者の責任や負担の重さを考慮したとしても，非正規雇用者が正規雇用者に比べて不当に低い待遇で働かされ，虐げられているという主張です。もし非正規雇用者に対して何らかの差別的な待遇があるとすれば，政府が標榜する一億総活躍社会，つまり働ける人は誰でも働いてもらうことは適いませんし，良質な外国人労働者が日本で働くことを忌避しますから，早急に是正する必要があるでしょう。

▎待遇格差判断の難しさ

　正規雇用者と非正規雇用者との間の待遇格差はかなり見えづらいものです。給料を時給換算したときの時給格差，ボーナスの格差，そして，その結果としての年収の格差は両者間でかなり明確に数字に表れていますが，勤務時間の長さや責任の範囲や重さ，求められる役割等を無視して議論することは非現実的です。

　初歩的な経済学に出てくる限界理論にもとづけば，1日4時間しか働かない人も，1日8時間働く人も完全に代替的で，同じ労働市場で時給が決まるのであれば同じ時給になりますが，両者の役割は異なり，完全には代替できないと考えれば，別々の市場均衡となり，時給が異なるはずです。

　また，ボーナスは一般に企業業績を強く反映して支給されますから，基幹労働者である正規雇用者は年収に占めるボーナスの割合が高く，年収が不安定になりがちです。他方，非正規雇用者はボーナスの割合が低く，変動幅の大きい残業時間も少ない（非正規雇用者に長時間残業を課している企業もありますが）ので，安定的な収入が保証されているとも考えられます。

　以上の通り，正規雇用者と非正規雇用者との間の待遇格差を，何をもって不合理と判断するのかは，かなり難しい問題と言えるでしょう。そこで，政府は，今回の「働き方改革関連法」を施行するにあたって，「同一労働同一賃金ガイドライン」（平成30年12月28日）を発表し，具体的に不合理な待遇格差となる場合とならない場合とを例示しています。

　以下では，「ガイドライン」がどのような考え方にもとづいて作成されたのかについて説明したいと思います。

不合理な待遇格差とは

　まず「働き方改革関連法」のうち同一労働同一賃金を規定した部分は「パートタイム・有期雇用労働法」[5)] と「労働者派遣法」の改正にありますが，これらの改正では，正規雇用者と非正規雇用者との間の一切の待遇格差を禁じた訳ではないということを認識しておかなければなりません。つまり「働き方改革」は，正規雇用者と非正規雇用者との間の役割分担までも無くすことを意図した改革ではありません。不合理な待遇格差を禁止しているだけです。

　では不合理な待遇格差とは何でしょうか。政府は，これを考えるための基準として「均衡待遇」と「均等待遇」という2つの原則を打ち出しています。この2つの基準のいずれか一方でも破れば，それは不合理な待遇格差ということになります。

均衡待遇の原則

　「均衡待遇」の原則とは，①職務内容，②職務内容・配置の変更範囲，③その他の事情，を考慮して不合理な待遇格差を禁止するという考え方です。まず，用語の説明をしておきましょう。職務内容とは，業務の内容と責任の程度の両方を加味した内容です。このうち業務の内容は，いわゆる業務の種類（職種）のことで，販売職，事務職，製造工，印刷工などの違いを言います。これに対して責任の程度とは，「単独で契約締結可能な金額の範囲」，「管理する部下の人数，決裁権限の範囲」，「トラブル発生時や臨時，緊急時に求められる対応の程度」，「ノルマの有無」等の違いを指します。

　次に，職務内容・配置の変更範囲とは，いわゆる転勤，人事異動，昇進などの有無や範囲の差を指し，制度として相違があるか否かだけではなく，実態として相違があるか否かによって判断するとしています。

　最後に，その他の事情とは，職務の成果，能力，経験などのことで，合理的な労使慣行，労使交渉の経緯によって判断されるものとしています。

　「均衡待遇」は，これらの違いを考慮しても合理的に説明のつかない待遇格差を禁止するという原則です。

　具体的には，例えば，あるショッピングモールの紳士服売り場で働く責任者

が正社員（A氏）で，婦人服売り場で働く責任者が有期契約社員（B氏）であったとしたら同じ職務内容と見なされます。

　しかし，このショッピングモールが全国展開しており，A氏は業務命令で別のショッピングモールに転勤する可能性があるのに対して，B氏には当該ショッピングモールでの採用（つまり転勤しないこと）が雇用契約に明記されているのであれば，A氏とB氏の間には，職務内容・配置の変更範囲において役割の違いがあるといえます。

　問題は，このような場合に合理的な待遇格差として認められるものは何かということでしょう。すぐに思い浮かぶのが，ショッピングモール業界は競争が激しく，その地域から撤退して新しい地域に進出する可能性がある同社にとって，当該店舗でのA氏の経験は新天地での大きなスキルとなることから，投資的な人件費を払ってでも雇いたいはずです。

　以上を総合的に考慮すれば，A氏には業績に連動しない給与表を適用し，B氏には業績と連動する歩合給を適用したとしても一概に不合理だということにはならないでしょう。ただし，歩合給を設定する以上は，B氏がどんなに好業績を生み出してもA氏の年収に及ばないのであれば，2人の待遇の違いは身分制度と考えることができるかもしれません。

▌均等待遇の原則

　「均等待遇」の原則とは，①職務内容，②職務内容・配置の変更範囲，がそれぞれ同じならば差別的な取り扱いを一切禁止するという考え方です。この原則は単に「均衡待遇」の原則の裏返しのことを言っているのではありません。例えば，役職手当や皆勤手当，通勤手当や出張旅費，食事手当等は雇用形態とは関係のない報奨あるいは報償のはずです。

　正規雇用の役職者に役職手当が支給されている時，有期雇用労働者やパート労働者にも役職を付け，責任を負わせるのであれば，非正規雇用者であっても同手当を支給するのが当然で，非正規であることを理由に支給しないのは理不尽です。

　同じように，皆勤手当，通勤手当や出張旅費，食事手当等も正規雇用者にそ

れらの制度を導入しているのであれば，非正規雇用であることを理由に支給しないことは説明できません。

　ただ本原則で，同一の①職務内容，②職務内容・配置の変更範囲ならば，と条件を付けているのは，待遇格差の比較対象を同じ職務内容の正規雇用者又は別の雇用形態の非正規雇用者に限定するためです。例えば，多くの企業では出張旅費の計算で，上級管理職と一般労働者との間で宿泊ホテルや公共交通機関の乗車券でランクに差を付けている場合がありますが，これを非正規雇用者も含めてすべて同一のランクにすることまでを求めている訳ではありません。

　あくまでも同じ職務内容の労働者には，雇用形態を問わず同じ処遇をするという，経済学における水平的公平の概念が適用されるという意味で，絶対平等主義の立場に立つことを要求する原則ではありません。

▌新しいキャリアパスの構築に向けて

　では今回の同一労働同一賃金改革を受けて，日本型雇用モデルはどのように変わろうとしているのでしょうか。代表的な非正規雇用の形態には，パート労働，有期雇用労働，派遣労働の3つがありますが，前2者はパートタイム・有期雇用労働法，そして最後は労働者派遣法によってそれぞれ保護されています。今回の改革が法の趣旨に照らして厳格に適用されれば，従来の日本型雇用モデルをかなり抜本的に変える効果があると思います。

　パート労働者および有期雇用労働者への対応と派遣労働者への対応とでは若干の違いがありますが，まず，非正規雇用者は事業主に対して，待遇格差を感じた場合には説明を求めることができます（パートタイム・有期雇用労働法第14条第2項）。もちろん説明を求めた労働者への不利益取扱いは禁止です（同法同条第3項）。

　加えて，同法第15条には待遇格差の判断の目安として，厚生労働大臣が各項目について具体的な指針（通称「ガイドライン」）を策定することが明記されています。「ガイドライン」には，具体的な項目について，不合理な待遇格差となる場合とならない場合とを例示していますが，基本給，昇給，ボーナス（賞与），各種手当，福利厚生，教育訓練などの項目を挙げて説明しています。た

だし，各種手当のうち，退職手当，住宅手当，家族手当等については各企業の労使協議に委ねるとしています（非正規雇用者はこれらの手当の対象外と言っている訳ではありませんので誤解のないように！）。

　ここで注目すべきは，昇給と役職手当，教育訓練です。「ガイドライン」には，基本給は非正規雇用者であっても成果報酬制度でない限りは勤続年数や経験を反映したものでなければならないことが明記されています。これに合わせて，役職手当，教育訓練についても同一の職務内容であれば同一の，違いがあれば違いに応じた実施を行わなければならないと明記されています。

　このことから読み取れることは，「ガイドライン」では非正規雇用者を必ずしも補助労働者としてのみ位置づけているのではなく，パート労働者や有期雇用労働者を管理職として任用したり，あるいはスキルアップに応じて昇給したりして報いる姿勢です。この姿勢は次に説明する派遣労働者の労使協定方式の資料を見ると，より鮮明に示されています。

▌派遣先均等均衡方式と労使協定方式

　ここまでのパート労働者および有期雇用労働者の待遇格差に関する説明は，派遣労働者にもそのまま適用されます。この場合を「派遣先均等均衡方式」と呼びます。

　しかし，派遣労働者の特殊性は，労働者派遣法によって，同一の部署で3年を超えて働くことができないという派遣年限の3年ルールにあります。パート労働者や有期雇用労働者は，たとえ1年ごとの契約更新であったとしても，2013（平成25）年に導入された無期転換ルールによって5年勤務すれば無期雇用となることが可能で，キャリアアップという意味では正規雇用者に一歩近づきますが，派遣労働者は3年毎にキャリアがリセットされる可能性があります。

　システムエンジニア（SE）などのIT技術者などの場合には，むしろ派遣労働の方が一般的な雇用形態で，当然，研修や経験とともにスキルアップしているはずですが，3年ルールによって前職のキャリアが待遇に反映されない可能性が危惧されます。そこで，今回の改正で労働者派遣法（30条の4）には「労使協定方式」という選択肢が用意されました。

　「労使協定方式」は，派遣先事業主が労働者の過半数を代表する労働組合と労使協定を結び，派遣労働者の待遇を定める方式で，賃金額が厚生労働省令で定める同種の業務に従事する一般労働者の平均的な賃金と同等以上であることが条件となります。そして，厚生労働省令で定められる一般労働者の賃金水準は，経験年数ごとに示された基本給や賞与額（ともに時給換算）の他に，通勤手当，退職金なども具体的な金額が示されており，これらのデータにもとづいて労使間で協定対象派遣労働者の待遇を決定することになります。

　もちろん各企業は「派遣先均等均衡方式」と「労使協定方式」を選択あるいは併用することができるのですが，なぜこうした方式が必要になったかと言えば，表4－3に示したように「派遣先均等均衡方式」では自社の同じ職務内容の正規雇用者（比較対象労働者）の待遇と比較することになりますから，派遣先企業は派遣元企業にこれらのデータを示さなければなりません。「労使協定方式」を選択すれば，厚生労働省が示した一般労働者の賃金水準にもとづいて待遇を決定できますから，教育訓練や福利厚生を除いて自社の内部データを派遣元企業に提示する必要がありません。

　いずれにせよ派遣労働者の待遇は，派遣元企業と派遣先企業との間の労働者

表4－3 派遣先から派遣元への情報提供義務の違い

【派遣先均等均衡方式の場合】
派遣先は次の①〜⑤のすべての情報を提供
①比較対象労働者の職務の内容，職務の内容及び配置の変更の範囲並びに雇用形態
②比較対象労働者を選定した理由
③比較対象労働者の待遇のそれぞれの内容（昇給，賞与その他の主な待遇がない場合には，その旨を含む。）
④比較対象労働者の待遇のそれぞれの性質及び当該待遇を行う目的
⑤比較対象労働者の待遇のそれぞれを決定するに当たって考慮した事項
【労使協定方式の場合】
派遣先は次の①〜②のすべての情報を提供
①派遣労働者と同種の業務に従事する派遣先の労働者に対して，業務の遂行に必要な能力を付与するために実施する教育訓練（法第40条第2項の教育訓練）
②給食施設，休憩室，更衣室（法第40条第3項の福利厚生施設）

出所：厚生労働省・都道府県労働局『平成30年労働者派遣法改正の概要＜同一労働同一賃金＞』000594487.pdf.

派遣契約という形で明記明示されますから，キャリアに応じた処遇を曖昧なままにすることはできません。人材派遣会社が派遣労働者のキャリア形成と，それに応じた具体的な待遇の保障に積極的に手を貸すのであれば，従来，中間搾取（ピンハネ）というイメージしかなかった同業界にも少しは明るい展望が開けるのかもしれません。

5 ── 育休・有給休暇の取得

　第2節で述べたように，「働き方改革」の最終目標は従来の日本型雇用モデルを壊し，社会にとって持続可能な新しい雇用モデルを再建することです。このためには，労働者のライフサイクルに合わせた柔軟な働き方が約束されていなければなりません。そこで避けて通れないのが育児介護休業や有給休暇の取得の問題です。これらは育児介護休業法や労働基準法などの法律で保障されている休業休暇制度ですが，現場では取得が難しいと言われているようです。

　主要な制度の概要は表4−4の通りですが，「育児休業」，「子の育児休暇」，および「育児目的休暇」はいずれも育児介護休業法に定められた，親が育児をするために必要な休業あるいは休暇の権利です。いずれも休業あるいは休暇期間中の賃金の支払いは義務付けられていませんが，「育児休業」の場合には雇用保険から育児休業給付が支給されます。

　「育児目的休暇」は男性労働者が育児に参加する目的で休暇を取得する制度で，育児介護休業法では努力目標になっており，すべての企業で導入されている訳ではありません[6]。「育児休業」と「子の育児休暇」は，労働者が取得を申請すれば使用者は拒めません。

　2022（令和4）年4月からの改正では，「育児休業」は男性労働者に対して取得を促すことが求められ，そのための措置として，従業員千人以上の企業では，男性の「育児休業等の取得率」等を公表することが決められました。

　「介護休業」と「介護休暇」は，労働者が要介護状態となった家族を介護するために取得する休業あるいは休暇です。これらも賃金の支払いは義務付けられていませんが，「介護休業」の場合には雇用保険から介護休業給付が支払わ

80

表4－4　日本の法定休業休暇制度

制度名	根拠法律	規定内容	賃金の支給
育児休業	育児・介護休業法（令和3年6月改正）第5条	労働者が、原則、子が1歳（最長2歳）になるまでの期間取得可能であった休業に加え、今回新たに出生後8週間以内に4週間までの休業も別に取得可能。更に、従来の育休部分も2分割可能になったことにより、合計3回に分けて取得可能。従来は引き続き雇用された期間が1年以上あることが取得要件であったが、この条項を廃止されたために、子が1歳6か月までの間に契約が満了することが明らかな場合を除き、新規非正規雇用者も取得可能。男性労働者の取得率公表を義務化（従業員千人以上）。	雇用主に賃金等の支払い義務はないが、労働者は雇用保険の育児休業給付金の対象。
子の介護休暇	同第16条の2	小学校就学前までの子を養育する労働者は、1年について5労働日（就学前の子が2人以上の場合は、10労働日）を限度として、負傷や疾病にかかった子の世話又は疾病の予防をするための休暇を取得可能。	賃金の支払いは任意。
育児目的休暇	同第24条	男性労働者が育児に関する目的で利用できる休暇制度（いわゆる配偶者出産休暇や子の行事参加のための休暇など）で、会社の規定に定めることで創設可能（努力義務）。有期契約労働者も対象とすることができる必要。	賃金の支払いは任意だが、雇用主は両立支援等助成金（出生時両立支援コース（育児目的休暇））を利用可能。
介護休業	同第11条	子が小学生になるまでの間、利用できる制度であることが望ましい。大企業は連続14日以上、中小企業は連続5日以上取得できるように制度設計しなければならないが、労働者は1日単位で取得可能。労働者が要介護状態（負傷、疾病または身体上もしくは精神上の障害により、2週間以上の期間にわたり常時介護を必要とする状態）にある対象家族を介護するための休業で、対象家族1人について最大93日まで1回〜3回に分けて取得可能。介護休業開始予定日から起算して93日を経過する日から6か月を経過する日までに、その労働契約が満了することが明らかでない者に限り、当該申出をすることができる。	雇用主に賃金等の支払い義務はないが、労働者は雇用保険の介護休業給付金の対象。
介護休暇	同第16条の5	労働者が要介護状態（負傷、疾病または身体上もしくは精神上の障害により、2週間以上の期間にわたり常時介護を必要とする状態）にある対象家族を介護する労働者は、要介護状態にある対象家族の介護などの理由で要介護状態になった家族を介護することになった労働者に対してとりうる休暇。対象家族1人について最大5労働日（対象家族が2人以上の場合は10労働日）取得可能。	賃金の支払いは任意。
年次有給休暇	労働基準法（平成30年7月改正）第39条	雇い入れの日から6か月間継続して全労働日の8割以上出勤した際に10日付与。以後、勤務継続年数に応じて20日まで増加。パート労働者など非正規雇用者は、週所定労働日数と継続勤務年数に応じて付与日数が決まる。2019（平成31）年4月からは付与日数10日以上の労働者には、使用者が1年間に5日取得を義務づけるように改正。怠った場合には罰則。	平均賃金、又は所定労働時間働いた場合に支払われる通常の賃金、標準報酬月額の30分の1等で計算した賃金の額を支払わなければならない。

出所：筆者作成。

れます。いずれも労働者が取得を申請すれば使用者は拒めません。

　最後に，「年次有給休暇」は労働基準法に定められた有給の休暇制度です。1年間に付与される休暇日数は勤続年数に応じて，正規雇用者が10日〜20日で，非正規雇用者は週所定労働日数と勤続年数に応じて1日〜15日となります。2019（平成31）年4月から年間10日以上付与されている労働者に対して，使用者が時季を指定して5日以上取得させることを義務づけ，これに違反すると企業には罰金が科されるようになりました。

　以上の通り，特に「育児休業」と「年次有給休暇」では，政府は法的強制力をもって休業取得率あるいは休暇取得率を高めようとしています。それでは，これらの取得率は政府が取得を義務付けるほど低いのでしょうか。もしそうだとしたら，その原因はどこにあるのでしょうか。

▎育児休業取得率

　図4−6には，1996（平成8）年から2020（令和2）年までの育児休業取得率の推移が男女別に示されています。同図から明らかなように，女性の育児休業取得率は2007（平成19）年以後80％を超えているのに対して，男性のそれは2016（平成28）年まで5％にも届きませんでした。出産育児は女性の役割という役割分担が定着していたことを如実に示しています。

　男性労働者が「育児休業」等を積極的に取得してこなかった理由について，厚生労働省は次のように分析しています。「育児休業を利用しなかった人について，育児休業制度を利用しなかった理由を見ると，「男性・正社員」では，「会社で育児休業制度が整備されていなかった」が27.5％，「育児休業を取得しづらい雰囲気だった」が25.4％，「業務が繁忙で職場の人手が不足していた」が27.8％，「自分にしかできない仕事や担当している仕事があった」が19.8％となっている」[7] と書かれています。

　しかし，前2つの理由については，女性労働者はそれぞれ30％と37％となっており，男性より高い割合を示しています。したがって，これらの理由は男性労働者が育児休業を取らなかった特有の理由とはいえません。

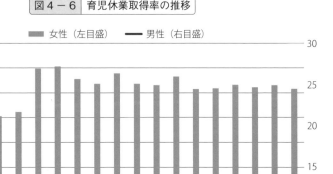

図4-6 育児休業取得率の推移

(注) 平成23年度は岩手県, 宮城県, 福島県を除く。
出所：厚生労働省「令和2年度雇用均等基本調査」より筆者作成。

■ 年次有給休暇の取得率

　図4-7には, 1996 (平成8) 年から2020 (令和2) 年までの年次有給休暇取得率の推移が示されています。同図を見てすぐにわかるように, 年次有給休暇の付与日数も取得日数も年によるバラツキは小さく, ゆえに取得率もほぼ50％前後で安定的に推移してきました。

　日本の労働者の年次有給取得率が他国に比べて異常に低いのかどうかは, 公的な国際比較の統計資料が入手できませんので明確にはわかりませんが, 論理的に考えれば, 与えられた権利を常に50％しか行使しないのは何らかの原因があるとしか言いようがありません。

　年次有給休暇を取得しない理由について, 独立行政法人労働政策研究・研修機構 (JILPT) は, 表4-5 (84ページ) に示したような最新のアンケート結果とその分析を公表しました。

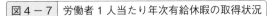

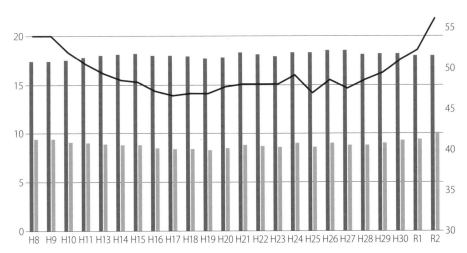

図4－7　労働者 1 人当たり年次有給休暇の取得状況

（注）調査日は，平成 11 年度以前は 12 月末日現在，12 年度より 1 月 1 日現在であるので，
　　　H12 年のデータはない。
出所：厚生労働省「就労条件総合調査」各年度版より筆者作成。

　同表から明らかなように，年次有給休暇を残す最大の理由は，「病気のため
に残しておく」とか「急な用事のために残しておく」という日本人特有の心配
症の部分がよく現われています。しかし，病気や冠婚葬祭などに対する休暇は，
少し福利厚生の整った企業であれば年次有給休暇とは別に用意されていること
が多く，それらを気にして年間 10 日間程度も休暇を残したまま権利を行使し
ないのは多過ぎるような気がします[8]。また，もし本格的に治療を行う必要が
あるのであれば，公的医療保険の休業給付を受給しながら休業することもでき
るはずです。

　他方，同表には「休んでもすることがない」，「子どもの学校や部活と日程が
合わない」，「配偶者や友人と日程が合わない」などの他の調査とは異なるユ
ニークな設問項目も用意されています。

　驚くことに，これらの設問に回答者は強くネガティヴな回答（E 欄）を寄せ

| 表4−5 | 年次有給休暇を取り残す理由 |

A＝そう思う　B＝ややそう思う　C＝どちらとも言えない
D＝どちらかと言えばそう思わない　E＝そう思わない　F＝無回答

	A	B	C	D	E	F	A＋B	D＋E
病気のために残しておく必要があるから	43.6	26.9	11.5	4.5	11.0	2.6	70.5	15.5
急な用事のために残しておく必要があるから	44.7	29.4	10.0	3.8	9.4	2.6	74.1	13.2
仕事の量が多すぎて休んでいる余裕がないから	16.3	22.2	25.0	13.5	19.9	3.1	38.5	33.4
休みの間，仕事を引き継いでくれる人がいないから	15.9	23.8	23.6	14.3	19.3	3.1	39.7	33.6
休むと職場の他の人に迷惑になるから	19.9	31.8	23.4	10.3	11.8	2.7	51.7	22.1
職場の周囲の人が取らないので取りにくいから	10.3	15.3	24.6	18.8	27.7	3.4	25.6	46.5
現在の休暇日数で十分だから	10.4	17.8	29.5	15.6	23.5	3.2	28.2	39.1
休んでもすることがないから	4.0	7.4	16.9	13.9	54.3	3.5	11.4	68.2
子どもの学校や部活動のため，休みの時期が合わないから	2.7	4.3	25.8	8.3	54.0	5.0	7.0	62.3
配偶者や友人と休みの時期に合わないから	3.3	8.1	25.1	11.2	48.3	3.9	11.4	59.5
交通費や宿泊費，レジャーなどにお金がかかるから	6.4	11.8	24.1	11.4	42.7	3.6	18.2	54.1
休むと仕事から取り残されるような気がするから	3.6	9.8	20.6	16.3	46.1	3.5	13.4	62.4
上司がいい顔をしないから	6.6	8.7	21.8	16.5	43.0	3.3	15.3	59.5
勤務評価等への影響が心配だから	6.6	9.5	22.0	15.4	43.1	3.4	16.1	58.5

（注）影を付けたのは筆者。
出所：独立行政法人労働政策研究・研修機構『調査シリーズ No.211　年次有給休暇の取得に関するアンケート調査（企業調査・労働者調査）』。

ています。これをどのように解釈したら良いのでしょうか。普通に考えれば，例えば，中学生以下の子どもがいる家庭では，平日，子どもが学校に通っている日に親だけが休暇を取得し，レジャーに出掛けることはできないでしょう。また，「休んでもすることがない」という設問に約7割もの否定的な回答を寄せていますが，これらの労働者は休暇をどのように過ごしているのでしょう

か。さらなる調査が望まれます。

■ 異なる母集団のデータを分析することの難しさ

　JILPT は表4-5の結果についてより詳細に分析しています。例えば，同表では年次有給休暇を取り残す理由として「上司がいい顔をしないから」という設問項目が挙げられており，これに対して59.5%の労働者が否定的な回答を寄せています。この数字を見る限り，上司の顔色を窺って年次有給休暇の申請を見送ることは，取り残しの理由としては該当しないように思えます。

　しかし，報告書本文を読むと，「週単位の実労働時間別でみると，労働時間が長くなるほど，「休むと職場の他の人に迷惑になるから」「休みの間仕事を引き継いでくれる人がいないから」「仕事の量が多すぎて休んでいる余裕がないから」「職場の周囲の人が取らないので年休が取りにくいから」「上司がいい顔をしないから」などの割合が高くなる。一方，労働時間が短くなるほど「急な用事のために残しておく必要があるから」「病気のために残しておく必要があるから」「現在の休暇日数で十分だから」などの割合が高くなる。」(66ページ)と分析されており，労働時間の長い労働者は「上司がいい顔をしないから」年次有給休暇を取らないという状況になっていることがわかります。

　これは私の個人的な見解かもしれませんが，特に男性労働者の場合には，育児休業や年次有給休暇を取りたがらない理由の1つに「家事をやりたくないから」ということがあるように思います。「休んでもすることがない」という設問に強く否定的な回答をした背景には，「休めば家事をすることになるけど・・・」だから「休んでもすることがない」という理由で年次有給休暇を残すことはないとアピールしているのではないでしょうか。人間の深層心理の複雑さを感じます。

6 ── むすび

　コロナ禍で急速に進んだテレワークやリモートワークは「働き方改革」にも大きな影響を及ぼすでしょう。本稿では特に裁量労働制（ホワイトカラー・エグ

ゼンプション）や勤務間インターバル規制について説明しませんでしたが，こ
れらはコロナ禍前には少なからず議論の対象になっていました。在宅勤務が市
民権を得ることができれば，裁量労働制や勤務間インターバル規制はより自然
な形で導入することができるでしょう。

　私たちは「働き方改革」の真の目的が脱日本型雇用慣習であることをしっか
りと認識し，単なる人件費削減や（外部費用を無視した）労働生産性の向上に問
題を矮小化してはいけません。多くの人にとって働くということは人生そのも
のですから，なぜ人は働くのかという視点に立ち戻って，この問題にアプロー
チしていく必要があるでしょう。その意味で，今回の「働き方改革」は，正規
雇用者の長時間労働是正，同一労働同一賃金（つまり正規雇用と非正規雇用のシー
ムレス化），そして労働者の休業取得改善等が中心で，少し改革の視点，新しい
雇用社会の展望が足りないといわざるを得ません。

　特に年次有給休暇の5日間の取得義務化については違和感を持ちます。育児
休業について，上司が男性労働者に声がけすることを義務化することはその通
りだと思いますが，有給休暇の場合は，なぜ労働者が喜んで休暇を取ろうとし
ないのかを理解することもなしに強制的に休ませることは，問題の本質に蓋を
しているようにも思えます。この辺りが改革の視点に欠けている部分で，2025
年以降の改革を見据えて，従来の知見に囚われない発想が必要だと思います。

　私が若い頃，当時の知識人の中には「欧米人にとって労働は（神がアダムと
イブに与えた）罰だが，日本人にとって労働は悦びだ」と分析している人が多
くいました。しかし，今，私はこの分析を次のように言い換えたいと思います。
「労働は罰であるかもしれないが，暇（ひま）を持て余すのもまた罰である」と。
社会保障改革のさらなる進展に向けて，この話は第9章で論じたいと思います。

【注】
1）　元の資料では2011年からの推移が記載されていましたが，2011年はご承知のよう
　　に，日本では東日本大震災があった特殊な状況であったことから割愛しました。
2）　終身雇用の正しい理解は，「雇用期間に定めがない労働契約」，つまり無期雇用です。
　　雇用期間に定めがないからと言って，終身あるいは定年年齢まで雇用を保証してい
　　る訳ではありませんが，被用者側は当然，当面雇用が続くことを期待していますし，

この期待は正当なものと思われます。これに対して,「雇用期間に定めがある労働契約」は有期雇用と呼びます。

3 ）　ただし MBA に入学する学生は新規学部卒生ではなく，社会経験を積んだ人が推奨されています。就職未経験者が MBA で勉強しても机上の空論にしかならないからです。

4 ）　内閣府「ワークライフ・バランスに関する個人・企業調査報告者」平成 26 年 5 月。

5 ）　パートタイム・有期雇用労働法の正式名称は,「短時間労働者及び有期雇用労働者の雇用管理の改善等に関する法律」です。

6 ）　「育児目的休暇」の導入は「くるみん」認定のための条件（認定基準 5）の 1 つに入っていますが，平成 30 年度末で「くるみん」認定企業数は 3,085 社でした。

7 ）　厚生労働省 雇用環境・均等局職業生活両立課「男性の育児休業の取得状況と取得促進のための取組について」（令和元年 7 月 3 日）を参照してください。

8 ）　同報告書では，病気目的で年次有給休暇を 1 日以上取得した者の割合は全体の44.9％であると指摘しています（68 ページ）。加えて,「おおむね健康である」者の病気目的の平均取得日数が 1.4 日であるのに対して,「不定期に通院」者は 2.4 日,「定期的に通院」者は 4 日となっています（68 ページ）。

参考文献

鎌田繁則「定昇廃止と日本型雇用モデルの選択」『中部経済新聞　社会人のための経済学』中部経済新聞社　2003 年 2 月 25 日号。

厚生労働省『雇用均等基本調査』各年度版。

厚生労働省『就労条件総合調査』各年度版。

厚生労働省 雇用環境・均等局職業生活両立課「男性の育児休業の取得状況と取得促進のための取組について」令和元年 7 月 3 日資料。

厚生労働省職業安定局派遣・有期労働対策部企画課『同一労働同一賃金の実現に向けた検討会　報告書』（0000155434.pdf）厚生労働省 HP 資料（官邸審議資料）2017 年3 月。

厚生労働省・都道府県労働局『平成 30 年労働者派遣法改正の概要＜同一労働同一賃金＞』（000594487.pdf）厚生労働省 HP 資料　2020 年 4 月。

立花則子・本合暁詩・（株）リクルートマネジメントソリューションズ経営企画部編著『組織を動かす働き方改革』中央経済社　2017 年。

働き方改革実現会議『働き方改革実行計画』2017（平成 29）年 3 月 28 日。

水町勇一郎『「同一労働同一賃金」のすべて　新版』有斐閣　2019 年。

労働政策研究・研修機構編『非正規雇用の待遇差解消に向けて』JILPT 第 3 期プロジェクト研究シリーズ No.1　2017 年。

労働政策研究・研修機構『年次有給休暇の取得に関するアンケート調査（企業調査・労働者調査）』調査シリーズ No.211　2021 年 7 月。

第5章

労働者災害としての
過労死について

1 —— はじめに

　2015（平成27）年12月に大手広告代理会社に勤める女性エリート新入社員が自殺した事件はまだ記憶に新しいことと思います。この女性は翌年9月に労働災害による過労死と認定されました。近年，この会社に限らず，従業員が過労死するまで働いてしまう事件が後を絶たず，政府が「働き方改革」を提唱する理由の1つになっていることは否定できない事実でしょう。

　しかし，私にとって理解し難いのは，なぜ従業員が死ぬまで働き続けてしまうのかということです。確かに上記の会社の場合には花形産業のトップ企業で，高給でも知られていますが，死んでしまっては自尊心も満たされませんし，所得を手にし，使うこともできません。上司や同僚に相談できる環境，あるいは休暇を取ったり休職をしたりする制度はなかったのでしょうか。そして，もっと大きな視点で見れば転職するという選択肢はあり得なかったのでしょうか。これらの疑問にまともに答えられない限り，労働者本人が1人で問題を抱え込むことになり，今後も過労死問題は根絶できないと思います。

　本章では労働災害としての過労死問題を取り上げますが，上記のような過労による自殺は，本来であれば災害や事故ではないと思います。といいますのは，

災害はたとえ予期できたとしても防げないものですし，事故とは予期せぬ不可抗力によって発生するものです。過労による自殺は，働き続けることを止めることができずに，その状況から逃れるための手段として自殺したのですから，死は決断した結果であり，事件と呼ぶのが正しい表現でしょう。そうした過労自殺事件と労働災害一般との間の性質の違いも意識しながら，労働災害とは何か，そして，それに対応する労働者災害補償保険（以下では，労災保険と呼ぶ）の考え方，特にその中核をなす労働災害認定（以下では，労災認定と呼ぶ）の仕組み，そして，最近の状況等を説明してみましょう。

2── 労災認定の状況と最近の傾向

　補論第4章で説明しましたように，労災保険の適用を論じる上で最大の難関は，労災認定です。労働者が労働災害に遭った場合に，使用者に故意過失があり，使用者がこれを認めれば民事賠償として処理される可能性があります。しかし，故意過失がない場合や使用者が故意過失を認めない場合には，労働者は所轄労働基準監督署に対して労災申請することになります。労働基準監督署は，その申請内容にもとづいて調査を行い，業務災害や通勤災害に該当するか否かを判断し，その結果により労災保険の支給が決定されます。これらの関係は図5－1に示した通りですが，補論第4章で説明していますので，そちらを参照してください。

図5－1 ｜ 労働災害と補償との関係

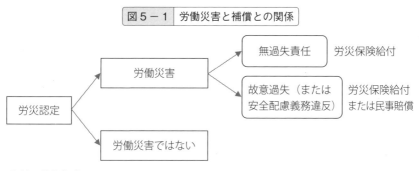

出所：筆者作成。

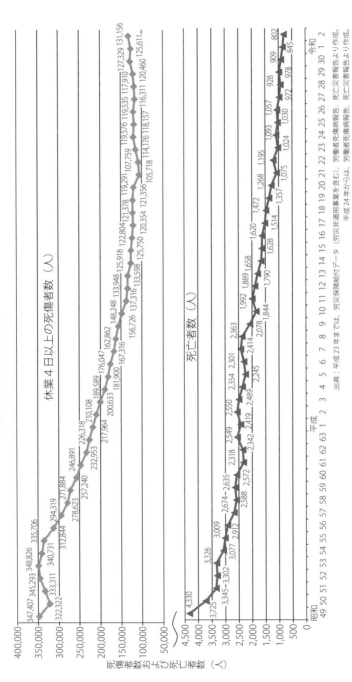

図 5 − 2 労災認定死傷者数の推移

休業 4 日以上の死傷者数 (人)

死亡者数 (人)

死傷者数および死亡者数（人）

出典：厚生労働省労働基準局安全衛生部安全課『令和 2 年労働災害発生状況』令和 3 年 4 月 30 日付資料を一部改変。

出典：平成 23 年までは、労災保険給付データ（労災非適用事業を含む）、労働者死傷病報告、死亡災害報告より作成。平成 24 年からは、労働者死傷病報告、死亡災害報告より作成。

さて，こうした経緯を経て労災認定された近年の死傷者の総数は，図5－2に示したように，ここ数年，年間12万人前後で推移しています。このうち死亡者数は年間1,000人をやや下回る程度で，長期的にはやや減少傾向にあります。

しかし，これとは別に，厚生労働省は『過労死等の労災補償状況』を公表しています。同統計資料は，過重な仕事が原因で発症した脳・心臓疾患や，仕事による強いストレスなどが原因で発病した精神障害の状況について，労災請求件数や労災保険の支給決定件数などを毎年，取りまとめたものです。

2014（平成26）年11月から施行された過労死等防止対策推進法では，第2条に「過労死等」とは，「業務における過重な負荷による脳血管疾患若しくは心臓疾患を原因とする死亡若しくは業務における強い心理的負荷による精神障害を原因とする自殺による死亡又はこれらの脳血管疾患若しくは心臓疾患若しくは精神障害をいう」と定義しており，この統計資料は過労死等につながる労働災害を特に把握しようとするもの（同法第14条）といえるでしょう。

▌労災申請と認定状況の推移

『過労死等の労災補償状況』は，「脳・心臓疾患に関する事案の労災補償状況」と「精神障害に関する事案の労災補償状況」とに分けて集計しています。

図5－3aと図5－3bに，1997（平成9）年から2019（令和元）年までの労災申請と認定状況の推移を示しました。まず図5－3aは「脳・心臓疾患に関する事案」で，業務による明らかな過重負荷を受けたことにより発症した脳梗塞や脳内出血，心筋梗塞，心停止などの脳・心臓疾患件数を示しています。同図から明らかなように，請求件数は年度により変動があるものの，この23年間で約500件から約1,000件へと倍増しました。これに対して，労災保険の支給決定件数，すなわち労災認定された件数は必ずしも増加傾向にあるとは言えず，同じく過労死と認定された件数も年間100件程度から150件程度の間で推移しています。

次に図5－3bは「精神障害に関する事案」で，仕事内容や職場環境が原因で，心的外傷後ストレス障害（PTSD）などを発病した精神障害の件数を示してい

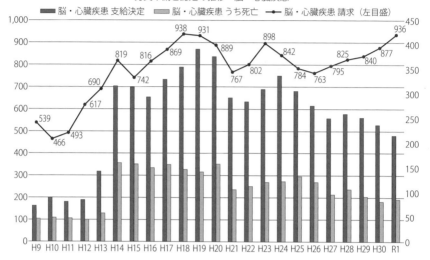

図5－3a　労災申請と認定の推移～脳・心臓疾患～

労災申請と認定の推移～脳・心臓疾患～

出所：厚生労働省『過労死等の労災補償状況』各年度版より筆者作成。

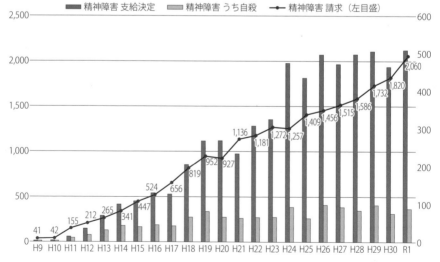

図5－3b　労災申請と認定の推移～精神障害～

労災申請と認定の推移～精神障害～

出所：厚生労働省『過労死等の労災補償状況』各年度版より筆者作成。

ます。同図から明らかなように，請求件数は，この 23 年間で 41 件から 2,000
件超へと 50 倍に増加しました。これに連動して，労災保険の支給決定件数，
すなわち労災認定された件数も急増しており，同じく過労死（過労自殺および自
殺未遂）と認定された件数も年間 100 件近くで高止まりしています。

3 ── 過労死の要因別分析

　以下では，『過労死等の労災補償状況』の分類と概ね対応する雇用者数のデー
タ（総務省『就業構造基本調査』）が得られる平成 29 年度の労災申請と認定状況
について，雇用形態別（ただし申請件数データは利用不可），時間外労働時間数別
（ただし申請件数データは利用不可），職種別，および年齢階級別の分析を行い，
どんな傾向が見られたのかを説明します。

▎雇用形態別分析

　前章では日本型雇用モデルが正規雇用者に過重な負担を強いるシステムであ
ることを説明しましたが，その証拠は労災認定の状況にも見て取れます。
　正規雇用者（あるいは正規職員）とは，表 5 − 1 に示したように，職場となる
会社に直接雇用され（直接雇用），雇用契約期間に定めがなく（無期契約），フル
タイムで働く労働（終日労働）者のことを呼びますが，この直接雇用，無期契約，
終日労働の 3 つの条件のうち 1 つでも条件が満たされない雇用契約の労働者の
ことを便宜上，非正規雇用者（非正規職員）と呼んで区別しています。直接雇
用に対して間接雇用の場合には派遣労働者，無期契約に対して有期契約の場合

表 5 − 1　雇用形態の 3 区分

雇用方法		雇用契約期間		労働時間	
直接雇用	間接雇用	無期雇用	有期雇用	終日労働	短時間労働
雇用主と職場が同じ	派遣労働者（雇用主が別会社に派遣して仕事させる）	雇用期間に定めがない	契約社員・嘱託社員（雇用期間に定めがある）	所定労働時間が 1 日 8 時間	短時間労働者（いわゆるパート労働者，アルバイト）

出所：筆者作成。

	総数（人）	うち女性（人）	総数（%）	うち女性（%）
正規の職員・従業員	34,513,700	11,211,400	61.8	43.4
パート	10,324,000	9,166,900	18.5	35.4
アルバイト	4,393,300	2,204,300	7.9	8.5
労働者派遣事業所の派遣社員	1,418,900	879,300	2.5	3.4
契約社員	3,032,200	1,404,000	5.4	5.4
嘱　託	1,193,200	464,000	2.1	1.8
その他	964,100	529,500	1.7	2.0
合計	55,839,400	25,859,400	100	100

表5−2　雇用形態別雇用者数（会社役員を除く）

出所：総務省『就業構造基本調査』2017（平成29）年より筆者作成。

　を契約社員とか嘱託社員，終日労働に対して時間割で働く場合をパート労働者とかアルバイトと呼んでいるのがそれです。

　総務省が5年ごとに実施している大規模労働調査『就業構造基本調査』では，2017（平成29）年における雇用形態別の労働者数（役員を除く雇用者数）は表5−2に示された通りでした。同表から明らかなように，約5,580万人いる雇用者のうち6割以上は正規雇用者でしたが，女性に限って見れば，正規雇用者は4割強で，短時間労働者（パートとアルバイトの合計）とほぼ同じ割合でした。

　他方，表5−3には同年度の雇用形態別の「脳・心臓疾患に関する事案」と「精神障害に関する事案」の労災補償支給決定件数を示しました。支給決定件数とは，労災と認定された申請のうちで当該年度に支給することが決定された件数のことです。

　同表を見ると，「脳・心臓疾患」「精神障害等」のいずれについても圧倒的に正規職員・従業員に多く発生していることが読み取れます。この傾向は，男女の区分に関係なく，また，労災死に至った場合でも同じです。

　表5−2で見た日本の雇用者（会社役員を除く）数の構成割合では，全体としては正規職員・従業員が6割，女性に限って見れば4割強でしたから，過労に

表 5 - 3　雇用形態別の労災認定状況

単位：人

H29 年度　支給決定件数	脳・心臓疾患	うち女性	精神障害等	うち女性	脳・心臓疾患＋精神障害等	うち女性
正規職員・従業員	241	14	459	131	700	145
契約社員	4	0	18	10	22	10
派遣労働者	3	1	4	2	7	3
パート・アルバイト	3	2	19	14	22	16
その他（特別加入者等）	2	0	6	3	8	3
合計	253	17	506	160	759	177
（うち死亡）						
正規職員・従業員	90	2	95	3	185	5
契約社員	0	0	2	0	2	0
派遣労働者	1	0	0	0	1	0
パート・アルバイト	0	0	1	1	1	1
その他（特別加入者等）	1	0	0	0	1	0
合計	92	2	98	4	190	6

（注）特別加入できる方の範囲は，中小事業主等・一人親方等・特定作業従事者・海外派遣者の 4 種に大別されます。
出所：厚生労働省『過労死等の労災補償状況』平成 29 年度版より筆者作成。

関わる労災の案件は，明らかにその割合以上に，正規職員・従業員に集中していると考えることができそうです。

　そこで，表 5 - 2 と表 5 - 3 のデータにもとづいて，同じ属性の雇用者 10 万人当たりの過労死に関わる案件の発生率を求めてみると，その結果は表 5 - 4 のようにまとめることができます。

　正規雇用者・従業員の支給決定件数は，「脳・心臓疾患」が 10 万人当たり約 0.7 人，「精神障害等」が同 1.3 人となっており，合わせて同約 2 人です。また，労災死と認定されて支給決定された件数は，「脳・心臓疾患」が同 0.26 人，「精神障害等」が同 0.275 人となっており，合わせて同約 0.54 人です。

　これらの数値がどの位の水準なのかを知るために，他の発生率と比較しますと，例えば 2017（平成 29）年中の我が国の交通事故死亡率は人口 10 万人当たり 2.91 人でしたが，東京都に限って言えば同 1.20 人でした（警察庁『道路の交通に関する統計』より）。

単位：10万人当たり人

H29年度　支給決定件数	脳・心臓疾患	うち女性	精神障害等	うち女性	脳・心臓疾患＋精神障害等	うち女性
正規職員・従業員	0.698	0.125	1.330	1.168	2.028	1.293
契約社員	0.095	0	0.426	0.535	0.521	0.535
派遣労働者	0.211	0.114	0.282	0.227	0.493	0.341
パート・アルバイト	0.020	0.018	0.129	0.123	0.149	0.141
その他（特別加入者等）	0.207	0	0.622	0.567	0.830	0.567
合計	0.453	0.066	0.906	0.619	1.359	0.684
（うち死亡）						
正規職員・従業員	0.261	0.018	0.275	0.027	0.536	0.045
契約社員	0	0	0.047	0	0.047	0
派遣労働者	0.070	0	0	0	0.070	0
パート・アルバイト	0	0	0.007	0.009	0.007	0.009
その他（特別加入者等）	0.104	0	0	0	0.104	0
合計	0.165	0.008	0.176	0.015	0.340	0.023

（注1）特別加入できる方の範囲は，中小事業主等・一人親方等・特定作業従事者・海外派遣者の4種に大別されます。
（注2）分母となる雇用者数は会社役員を除く数。
出所：厚生労働省『過労死等の労災補償状況』平成29年度版より筆者作成。

　また，他国の死亡災害発生率との比較では，イギリスが人口10万人当たり0.8人（2015年），オーストラリアが同1.6人（2017年），ドイツが同1.0人（2015年），フランスが同2.6人（2015年），スウェーデンが同1.0人（2016年）などでした（いずれも中央労働災害防止協会JISHAの資料で原データはILOより）。これらのデータは本来，図5−2の労災認定死亡者の総数と比較すべきもので，2017（平成29）年の認定死亡者総数978人にもとづいて発生率を計算すれば，日本の死亡災害発生率は1.75人となります。

　日本の場合，死亡災害発生率全体の数値が異常に高い訳ではありませんが，労災認定死亡災害が，正規雇用者・従業員に極端に偏っていることが問題と言えそうです。

時間外労働時間数別分析

　長時間の時間外労働は過労による労働災害発生の原因として最も疑われるも

のです。第 4 章第 3 節で説明したように，労働基準法では，1 日当たり 8 時間，1 週間当たり 40 時間を法定労働時間として定めており，それを超えて労働者を働かせることは禁止されています (32 条)。しかし，2019 (令和元) 年 3 月までの旧法では，36 (サブロク) 協定があれば，1 か月 45 時間以内，年間 360 時間以内の時間外労働を認めていただけではなく，違反しても罰則はありませんでした。さらに，36 協定の特別条項では，繁盛期など臨時的特別な事情がある (6 か月以内の) 場合には，無制限に時間外労働をさせることができることになっていました。

　さて，表 5 - 5 は，雇用形態別分析と同じ手順で求めた時間外労働時間数別の雇用者 10 万人当たりの支給決定件数発生率です。ただ時間外労働時間数別の雇用者数データの都合から，雇用者数は表 5 - 3 や表 5 - 4 と異なり，規則的就業者のみを集計しています。この理由から，表 5 - 5 の合計欄に示された発生率は表 5 - 4 の合計欄 (脳・心臓疾患＋精神障害等は示していない) に示された発生率よりも僅かに低くなっています[1]。

　同表を見ると，単純に時間外労働時間数が長いほど発生率が高まる訳ではな

表 5 - 5 ｜ 時間外労働時間数別の労災発生率

単位：10 万人当たり人

H29 年度　支給決定件数		脳・心臓疾患	うち女性	精神障害等	うち女性
	80 時間未満	0.026	0.004	0.355	0.276
	80 時間以上 100 時間未満	4.022	1.233	1.314	1.028
ひと月の時間外労働時間数	100 時間以上 140 時間未満	7.676	2.649	5.893	5.298
	140 時間以上	3.983	2.703	8.298	7.432
	合計	0.454	0.071	0.923	0.664
	(うち死亡)				
	80 時間未満	0.012	0.004	0.074	0.009
	80 時間以上 100 時間未満	1.513	0.000	0.438	0.206
	100 時間以上 140 時間未満	2.869	0.442	1.706	0.000
	140 時間以上	0.996	0.000	2.324	0.676
	合計	0.164	0.008	0.179	0.017

(注) 分母となる雇用者数は規則的就業者のみの数。
出所：厚生労働省『過労死等の労災補償状況』平成 29 年度版より筆者作成。

いことがわかります。最も発生率が高いのは，「脳・心臓疾患」欄では 1 か月 100 時間以上 140 時間未満ですが，女性に限定すると同 140 時間以上にピークがあることがわかります。他方，「精神障害等」欄では，男性を含む場合も女性だけに限定した場合でも，1 か月 140 時間以上にピークがあることがわかります。

　しかし，同表には示していませんが，1 か月 80 時間以上 100 時間未満の時間外労働でも，「脳・心臓疾患」欄と「精神障害等」欄を合計すると，雇用者 10 万人当たり支給決定件数が 5 人超，死亡者数が 1.95 人に達することが容易に計算でき，先の東京都内の交通事故死亡率よりずっと多くなっていることがわかります。

　このことから政府が過労死ラインを，「発症する 1 か月前から発症時点までの残業時間が 100 時間，発症する 2 から 6 か月前から発症時点までの 1 か月あたりの残業時間が 80 時間」と主張していることは十分に根拠があると考えられます。

▌ 職種別分析

　職種とは，2009（平成 21）年 12 月に総務省が設定した日本標準職業分類表にもとづく職業の職種別分類です。労災データについては，厚生労働省が 2012（平成 24）年 3 月に改訂した職業分類表にもとづいて集計されており，『就業構造基本調査』（総務省）の分類と完全に一致するものではありません。

　労災データの職種区分は，表 5 - 6 に示した通り，「専門技術職」から「その他」までの 10 区分があります。同表の「脳・心臓疾患」「精神障害等」のそれぞれの合計数には，労災請求件数と労災支給決定件数の雇用者（会社役員を含む）10 万人当たりの発生率が掲載してあります。支給決定件数の合計欄の発生率が表 5 - 4 および表 5 - 5 と異なるのは，雇用者数の集計範囲が前 2 表と異なるためです。

　まず，請求件数と支給決定件数の発生率を見ると，「脳・心臓疾患」欄の請求件数合計では雇用者 10 万人当たり 1.419 人であるのに対して，「精神障害等」欄のそれは同 2.925 人と倍以上になっています。しかし，支給決定件数合計で

表5－6　職種別の労災発生率

単位：10万人当たり人

平成29年度

職種区分	請求件数				支給決定件数			
	脳・心臓疾患	うち女性	精神障害等	うち女性	脳・心臓疾患	うち女性	精神障害等	うち女性
専門技術職	0.960	0.261	4.203	3.979	0.245	0.040	1.274	1.105
管理職	3.621	1.431	5.466	5.722	1.503	0.477	2.733	0.477
事務職	0.486	0.217	2.461	2.429	0.112	0.013	0.494	0.422
販売職	1.322	0.518	3.035	2.713	0.391	0.091	0.674	0.488
サービス	1.358	0.817	2.987	2.472	0.515	0.163	1.001	0.817
輸送・機械運転	7.837	1.475	4.684	14.749	4.127	1.475	1.948	2.950
生産工程	0.851	0.426	2.654	2.172	0.125	0.043	0.701	0.426
運搬・清掃・包装等	1.458	0.835	1.482	0.783	0.148	0	0.321	0.157
建設・採掘	3.772	1.931	3.027	0	0.326	0	1.677	0
その他	1.579	0.181	0.643	0	0.409	0	0.088	0
合計	1.419	0.450	2.925	2.583	0.427	0.064	0.855	0.600
（うち死亡）								
専門技術職	0.294	0	0.607	0.121	0.088	0	0.284	0.040
管理職	1.298	0	1.230	0	0.683	0	1.162	0
事務職	0.112	0.038	0.209	0	0.037	0	0.082	0
販売職	0.513	0.122	0.513	0.030	0.162	0.030	0.175	0.061
サービス	0.272	0.143	0.229	0	0.043	0	0.086	0
輸送・機械運転	2.551	0	0.557	0	1.623	1.475	0.093	0
生産工程	0.263	0.085	0.300	0	0.075	0	0.088	0
運搬・清掃・包装等	0.420	0.104	0.074	0	0.099	0	0.025	0
建設・採掘	0.838	0	0.792	0	0.186	0	0.559	0
その他	0.263	0	0.088	0	0.117	0	0	0
合計	0.407	0.067	0.373	0.052	0.155	0.007	0.166	0.015

（注）分母となる雇用者数は会社役員を含む数。請求件数より決定件数の方が多くなる理由は、以前に請求されたが今期決定された事例があるからです。

出所：厚生労働省『過労死等の労災補償状況』平成29年度版より筆者作成。

は前者が 0.427 人で後者が 0.855 人となっており，それぞれ 3 分の 1 以下しか認定されていない実態がわかります。

この傾向は女性に限定した場合にはさらに強く現れており，「脳・心臓疾患」欄の請求件数発生率が 0.45 人，「精神障害等」欄のそれは 2.583 人であるのに対して，決定件数発生率はそれぞれ 0.064 人と 0.6 人になっており，2 割前後しか認定されていません。

ただ「死亡者」だけを取り上げると，「脳・心臓疾患」欄の請求件数発生率は 0.407 人であるのに対して，決定件数発生率は 0.155 人となっており，4 割弱が認定されていますが，この場合でも女性に限ると，認定されているのは 1 割程度となります。これは「精神障害等」欄の場合でも同じで，男性を含む場合が 4 割強認定されているのに対して，女性だけでは 3 割弱しか認定されていません。

次に，各職種の発生率に着目すると，「脳・心臓疾患」欄の請求件数では，男女を問わず「輸送・機械運転」職が飛び抜けて発生率が高くなっており，次いで「建設・採掘」，「管理職」の順になっています。「精神障害等」欄の請求件数では，男性を含む件数では「管理職」が最も発生率が高くなっていますが，女性だけに限定すると「輸送・機械運転」職が飛び抜けて発生率が高くなっています。

「輸送・機械運転」職とは，文字通りトラック運転手やバス運転手，鉄道運転手，それに船舶や重機の操作員なども含まれ，「脳・心臓疾患」発症者が多い職種ですが，女性に限定すると「精神障害等」発症者も多いことがわかります。

これに対して，「管理職」は，男女共に「脳・心臓疾患」と「精神障害等」のいずれにも発症者が多くなっており，長時間労働や責任に伴うストレスが発生率の高さにつながっていると推測できます。

最後に，「専門技術職」が，男女を問わず，意外と「精神障害等」の請求件数発生率，決定件数発生率ともに高くなっていることが読み取れます。

なお過労死問題との絡みでいえば，過労死認定された最も高い発症率の職種は，「脳・心臓疾患」については「輸送・機械運転」職で同職種 10 万人当たり 1.623 人（女性に限定すると 1.475 人），「精神障害等」については「管理職」で同

1.162 人となっています。

年齢階級別分析

　要因別分析の最後は年齢階級別分析となります。表 5 - 7 には，「脳・心臓疾患」「精神障害等」のそれぞれについて，労災請求件数と労災支給決定件数の雇用者（会社役員を含む）10 万人当たりの発生率が掲載してあります。合計欄の発生率が，表 5 - 4 および表 5 - 5 と異なるのは，雇用者数の集計範囲が異なるためです[2]。

　表 5 - 7 を見て最初に気づくことは，「脳・心臓疾患」と「精神障害等」とでは発症する年齢層がかなりずれていることです。労災請求件数で見ても労災支給決定件数で見ても「脳・心臓疾患」の場合は 40 歳以上の発生率が高くなっていますが，「精神障害等」の場合には 20 歳以上 49 歳までの発生率が高く

表 5 - 7　年齢階級別の労災発生率

単位：10 万人当たり人

平成29年度	請求件数				支給決定件数			
年齢階級	脳・心臓疾患	うち女性	精神障害等	うち女性	脳・心臓疾患	うち女性	精神障害等	うち女性
19 歳以下	0	0	1.650	1.528	0	0	0.582	0.382
20〜29 歳	0.181	0.044	3.857	3.824	0.032	0.022	1.211	1.178
30〜39 歳	0.542	0.135	3.776	3.271	0.203	0	1.109	0.736
40〜49 歳	1.536	0.425	3.486	2.992	0.648	0.088	1.055	0.631
50〜59 歳	2.444	0.669	2.680	2.137	0.817	0.093	0.691	0.372
60 歳以上	2.364	1.074	0.653	0.490	0.316	0.117	0.148	0.093
合計	1.419	0.412	2.925	2.365	0.427	0.058	0.855	0.549
（うち死亡）								
19 歳以下	0	0	0.194	0	0	0	0.194	0
20〜29 歳	0.096	0	0.595	0.156	0.021	0	0.170	0.022
30〜39 歳	0.220	0.019	0.525	0.058	0.110	0	0.220	0.039
40〜49 歳	0.494	0.103	0.347	0.059	0.274	0.029	0.240	0
50〜59 歳	0.683	0.074	0.312	0	0.244	0	0.126	0.019
60 歳以上	0.504	0.140	0.119	0	0.069	0	0.030	0
合計	0.407	0.062	0.373	0.048	0.155	0.007	0.166	0.014

（注）分母となる雇用者数は会社役員を含む数。請求件数より決定件数の方が多くなる理由は，以前に請求された分で今期決定された事例があるからです。
出所：厚生労働省『過労死等の労災補償状況』平成 29 年度版より筆者作成。

なっています。この傾向は，死亡者だけを取り上げて見た場合にも基本的に変わりません。

　次に気づくことは，「精神障害等」欄で女性の発生率が，特に20歳代において高くなっていることです。同年齢階級10万人当たりの支給決定率が1.178人という数字は突出しているように見えます。他の年代の女性の発生率は，男性を含めた全体の発生率と比べて少なからぬ差異があることを考えると，これは同年代においてほとんど男女間で差が無いことを含意していますが，責任の重さとか業務量とかが変わらないということなのでしょうか。

　ただし，死亡者だけを取り上げて見た場合には，男女間で大きな差があることも読み取れ，20歳代の「精神障害等」の自殺者は主に男性であることがわかります。図5－3bで見たように，近年，「精神障害等」の労災請求件数は急増しており，特に若年世代男性に対する注意は必要でしょう。

4── むすび

　以上見てきたように，労働災害全体における死亡者数は減少傾向にあるものの，過労死が疑われる「脳・心臓疾患」や「精神障害等」に関する案件は，横ばいないしはむしろ増加傾向にあることがわかりました。特に，雇用形態別では「正規雇用者・従業員」，職種別では「管理職」に加えて「専門技術職」，そして年齢階級別では若年世代に「精神障害等」の発生率が高くなっていることを指摘しました。

　この1つの原因は時間外労働の長さに求められますが，必ずしも残業時間数が長ければ長いほど発生率が高くなっている訳ではないことを知るとき，「精神障害等」の発症を単に労働時間の問題に矮小化することは事実に反していると思います。

　なぜ特定の雇用形態，特定の職種で過労死が指摘されるのか，その点に踏み込んで時間外労働の問題を考えないと，過労死問題の本質的な解決には至らないと思います。

【注】
1 ）　本来は，雇用形態別に分析しようが，時間外労働時間数別に分析しようが，合計数
　　　としては同じ支給決定件数，死亡者数を使っていますので同じ発生率になるはずで
　　　すが，分母となる雇用者数が時間外労働時間数別では規則的就業者に限られ，少な
　　　くなります。
2 ）　ただし表 5 - 6 と表 5 - 7 とは本来，数値が一致しなければなりませんが，「うち
　　　女性」合計欄の発生率が両表で異なるのは，『就業構造基本調査』の推計値の丸め
　　　の誤差によるものと思われます。

参考文献

　　鎌田繁則『社会保障論　経済の視点からみた保険制度』ミネルヴァ書房　2010 年。
　　厚生労働省・都道府県労働局・労働基準監督署『労災保険給付の概要（令和 3 年 3 月）』
　　　　厚生労働省ホームページ。
　　厚生労働省労働基準局『過労死等の労災補償状況』厚生労働省ホームページ「こころ
　　　　の耳　働く人のメンタルヘルス・ポータルサイト」各年度版。
　　厚生労働省労働基準局安全衛生部安全課『令和 2 年 労働災害発生状況』令和 3 年 4 月
　　　　30 日付。
　　中央労働災害防止協会（JISHA）『ILO データによる世界各国の死亡災害発生率（2010-
　　　　2019 年）（労働者 10 万人あたり）』中央労働災害防止協会ホームページ。
　　警察庁『道路の交通に関する統計』e-Stat　2020 年。
　　総務省『平成 29 年就業構造基本調査』e-Stat　2017 年。

第6章

外国人労働者の受け入れ

1 —— はじめに

2018（平成30）年10月，安倍政権はやや唐突とも思えるタイミングで外国人労働者の受け入れ方針を表明したように私には思えました。それまで日本政府は治安などの理由から外国人労働者の受け入れには消極的で，国内のシンクタンクなどからはもちろん，アメリカの政府要人などからも人手不足を補うために早期に開国を求める意見が寄せられていました[1]。

こうした内外の声を受けたのでしょうか，政府は同年11月に出入国管理及び難民認定法（以下では単に入管法と呼ぶ）の改正を閣議決定し，急遽 2019（平成 31）年4月から施行することを強行しました。当然，突然の方針転換には野党だけでなく与党の一部からも反対の声が上がり，改正入管法を実質的な移民受け入れ法だと糾弾しました。政府がそこまでして導入を急いだ政策とはどんなものだったのか，内容を見てみましょう。

2 —— 入管法と在留資格

外国人労働者の日本への入国や滞在は，入管法で規定される在留資格にもとづいて認められます。同法では，「本邦に在留する外国人は，出入国管理及び難民認定法及び他の法律に特別の規定がある場合を除き，それぞれ，当該外国

人に対する上陸許可若しくは当該外国人の取得に係る在留資格（カッコ内省略）又はそれらの変更に係る在留資格をもつて在留するものとする」（第2条の2）としているからです。

　ここでわかり難いのは，上陸許可とか在留資格という用語でしょう。上陸許可とは査証（ビザ）にもとづく入国時の審査結果としての証印のことです。その証印には在留資格と在留期間が記されています。ちなみに，査証は外務省が在外日本大使館や領事館で発給する証書のことで，日本への入国を保証するものではありません。他方，在留資格とは出入国在留管理庁（法務省）が発給する資格で，発給された資格に応じて国内で行える活動内容に制限があります。

　つまり外国人が日本に入国し，在留するためには，有効な旅券（パスポート）と在留資格に見合った査証を所持し，入国時に上陸審査を受けて上陸許可が認められる必要があります。通常の上陸許可証印は旅券に押されますが，中長期在留者にはICチップの入った在留カードが交付されます。

（1）就労が認められる在留資格の種類

　以上のことから，どのような外国人が日本に在留できるかは在留資格によって決まることがわかります。2019（平成31）年3月までの在留資格の種類を示すと表6－1の通りです。

　まず同表の中で「就労が認められる在留資格（活動制限あり）」の在留資格の多くは該当例から対象者が誰であるのか容易に想像できると思いますので，説明を省略します。少しわかり難いのは，「高度専門職」と「技術・人文知識・国際業務」，「技能実習」でしょう。

▌高度専門職

　「高度専門職」とは，高度の専門的な能力を有する人材として法務省令で定める基準に適合する者を指しますが，「高度学術研究分野」，「高度専門・技術分野」，そして「高度経営・管理分野」の3つのカテゴリーがあります。在留資格が認められるか否かは獲得ポイントで判定され，例えば，「高度学術研究分野」では，博士号取得者は30ポイント，修士号取得者は20ポイント，大学

表6-1	在留資格の種類

就労が認められる在留資格（活動制限あり）		身分・地位にもとづく在留資格（活動制限なし）	
在留資格	該当例	在留資格	該当例
外交	外国政府の大使，公使等及びその家族	永住者	永住許可を受けた者
公用	外国政府等の公務に従事する者及びその家族	日本人配偶者等	日本人の配偶者・実子・特別養子
教授	大学教授等	永住者の配偶者等	永住者・特別永住者の配偶者，わが国で出生し引き続き在留している実子
芸術	作曲家，画家，作家等	定住者	日系3世，外国人配偶者の連れ子等
宗教	外国の宗教団体から派遣される宣教師等		
報道	外国の報道機関の記者，カメラマン等	**就労の可否は指定される活動によるもの**	
高度専門職	高度人材	在留資格	該当例
経営・管理	企業等の経営者，管理者等	特定活動	外交官等の家事使用人，ワーキングホリデー等
法律・会計業務	弁護士，公認会計士等		
医療	医師，歯科医師，看護師等	**就労が認められない在留資格（例外あり）**	
研究	政府関係機関や企業等の研究者等	在留資格	該当例
教育	高等学校，中学校等の語学教師等	文化活動	日本文化の研究者等
技術・人文知識・国際業務	機械工学等の技術者等，通訳，デザイナー，語学講師等	短期滞在	観光客，会議参加者等
企業内転勤	外国の事務所からの転勤者	留学	大学，専門学校，日本語学校等の学生
介護	介護福祉士	研修	研修生
興行	俳優，歌手，プロスポーツ選手等	家族滞在	就労資格等で在留する外国人の配偶者，子
技能	外国料理の調理師，スポーツ指導者等		
技能実習	技能実習生		

出所：法務省出入国在留管理庁（ISA）資料より筆者作成。

　卒業者は10ポイント等が与えられ，さらに職歴，年収，年齢，日本語能力（N2以上）等のさまざまな項目の獲得ポイントの結果として，70ポイント以上を獲得すれば在留資格（高度専門職1号）が認められます。

　重要な点は日本で就職していることが条件になっており，最低年収300万円以上が必要で，年収が高くなるほど年収配点も多くなります。1号の在留期間は5年が上限ですが，3年以上在留した時点で条件を満たしている場合には，在留期間が無期限の2号に変更できる道が開けます。

▌技術・人文知識・国際業務

　これに対して「技術・人文知識・国際業務」は，機械工学等の技術者，通訳，デザイナー，私企業の語学教師，マーケティング業務従事者等を想定した外国人材の在留資格です。いわゆる大学の理系課程で学修した内容で就労する場合が「技術」に相当し，文系課程での内容を活かして就労する場合が「人文知識」，外国人特有の思考や感受性を用いて就労する場合が「国際業務」となります。

　重要な上陸許可基準としては，日本または外国の大学で該当する技術または知識を専攻して卒業しているか，10年以上の実務経験を有していることのいずれかの条件に該当することと，日本人が従事する場合に受ける報酬と同等額以上の報酬を受けることです。

　なお在留期間は，5年，3年，1年，あるいは3か月の4区分があり，いずれも更新が可能です。

▌技能実習

　最後は，今回の入管法改正と密接に関係する「技能実習」です。技能実習生制度は2017（平成29）年11月施行の技能実習法により，制度が整えられた比較的新しい制度です。ただし制度の趣旨としては発展途上国等への技術移転を通した国際協力を行うためのもので，外国人労働者を獲得するためのものではありませんでした。実際，公益財団法人国際人材協力機構（JITCO）によると，同制度の起源は1960年代後半頃にまで遡ることができ，海外の現地法人などの社員教育として行われていた研修制度が評価され，これを原型として1993年に制度化されたようです。

　現在，技能実習生の受け入れ方法には，企業単独型と団体管理型の2つの種類があります。企業単独型は日本企業や団体の海外の現地法人，合弁企業や取引先企業の職員を受け入れて技能実習を実施する方式であるのに対して，団体管理型は事業協同組合や商工会等の営利を目的としない団体が技能実習生を受け入れ，傘下の企業等で技能実習を実施する方式です。2019（令和元）年末時点での法務省データによりますと，企業単独型の受け入れが2.4％，団体監理型の受け入れが97.6％（技能実習での在留者数ベース）と圧倒的に後者の割合が

| 表6－2 | 技能実習制度の在留資格 |

	企業単独型	団体監理型
入国1年目 （技能等を修得）	第1号企業単独型技能実習 （在留資格「技能実習第1号イ」）	第1号団体監理型技能実習 （在留資格「技能実習第1号ロ」）
入国2・3年目 （技能等に習熟）	第2号企業単独型技能実習 （在留資格「技能実習第2号イ」）	第2号団体監理型技能実習 （在留資格「技能実習第2号ロ」）
入国4・5年目 （技能等に熟達）	第3号企業単独型技能実習 （在留資格「技能実習第3号イ」）	第3号団体監理型技能実習 （在留資格「技能実習第3号ロ」）

出所：公益財団法人国際人材協力機構（JITCO）ホームページより。

高くなっています。

　表6－2に示した通り「技能実習」の在留資格の種類には3つの区分があります。技能実習1年目の者は職種や作業について特に定めがない技能実習1号となります。最初の2か月間は雇用関係のない状態で，講習（座学）を受け，その後雇用契約を結び，受入企業で実習を受けます。

　技能実習1号から2号への移行には実技試験（技能検定基礎級）および学科試験の受検が必修になります。それらに合格すると，食品製造関係や建設関係などの対象職種（令和2年10月時点で82職種150作業）で実習生として雇用され，最大で2年間在留することができます。

　技能実習3号への移行は実技試験（技能検定3級）の受検が必修となります。この実技試験は原則として2号への移行時と同じ対象職種である必要があり，合格すると，さらに2年間在留することができます。そして，3号修了時までに実技試験（技能検定2級）を受検し，帰国します。

　帰国間際に再び技能検定を受検することは意味がないようにも思えますが，中央職業能力開発協会（JAVADA）によると，技能検定とは，「働く人々の有する技能を一定の基準により検定し，国として証明する国家検定制度」で，技能に対する社会一般の評価を高め，働く人々の技能と地位の向上を図ることを目的として，職業能力開発促進法にもとづき実施される日本人労働者も受検する制度です。

　技能検定は1959（昭和34）年に実施されて以来，年々内容の充実を図り，

2020（令和2）年4月現在111職種について実施されています。試験に合格すると合格証書が交付され，「技能士」を名乗ることができます。職種によって違いがあると思いますが，技能検定2級は概ね日本人の労働者が対象職種で社会人1年目から2年目に求められるレベルと言われています。

（2）身分・地位にもとづく在留資格の種類

　身分・地位にもとづく在留資格は，「永住者」，「日本人の配偶者等」，「永住者の配偶者等」，「定住者」の4種類があり，活動に制限がありませんので日本人と同様に自由に就労することが可能です。

　まず，「永住者」は入管法22条にもとづいて法務大臣が永住を認めるものとされていますが，どのような外国人に認められるのかについての基準は法務省の「永住許可に関するガイドライン」で示されています。

　いくつかの条件がありますが，今回の外国人労働者の受け入れと密接に関わる部分では，「原則として引き続き10年以上本邦に在留していること。ただし，この期間のうち，就労資格（在留資格「技能実習」及び「特定技能1号」を除く。）又は居住資格をもって引き続き5年以上在留していることを要する」（出入国在留管理庁ホームページ「永住許可に関するガイドライン　令和元年5月31日改定」より引用したもの）となっており，後述する通り新しい在留資格「特定技能」が「永住者」に連動するものではないかと関心がもたれています。

　なお上述した「高度専門職」などの高度人材外国人の場合には，「原則10年在留に関する特例」として在留期間の条件は5年より短縮される場合があります。

　また，「永住者」の在留期間は文字通り無制限となっております。

　次に，「日本人の配偶者等」は日本人の配偶者や民法上の特別養子，日本人の子として出生した者，に認められる在留資格で，在留期間は3年又は1年となります。

　そして，「永住者の配偶者等」は「永住者」や入管特例法に定める「特別永住者」の配偶者の在留資格をもって在留する者，又はそれらの子として日本で出生しその後引き続き本邦に在留している者，に認められ，在留期間はやはり

3年又は1年となります。

　最後に,「定住者」は法務大臣が特別な理由を考慮し一定の在留期間（3年以内）を指定して居住を認める者ですが, いわゆる難民（一定範囲の外国人）や日系人移民と中国残留邦人などが対象となります。

（3）就労の可否は指定される活動によるもの：特定活動

　「特定活動」の在留資格は, 他の在留資格に該当しない活動を行う外国人の上陸・在留を認める必要がある場合に用いられる在留資格です。「特定活動」については, あらかじめ法務大臣が公示する類型（公示特定活動）と公示に該当しない類型（非公示特定活動）とがあり, 前者は公示によって上陸基準を示し, 後者は先例により判断することになっています。

　「特定活動」で就労が認められる典型的な類型は経済連携協定（EPA）にもとづく看護師, 介護福祉士候補者, ワーキングホリデー, 外国人建設就労者, 外国人造船就労者等です。在留期間の長さと更新の可否についてはそれぞれの類型によって異なりますが, 3年, 1年, 6か月となっています。

（4）就労が認められない在留資格の種類と資格外活動

　就労が認められない在留資格の種類には,「文化活動」,「短期滞在」,「留学」,「研修」,「家族滞在」などがあります。これらの在留資格は就労が認められていませんので当然, 収入を伴う活動はできません。

　しかし, 入管法第19条では, 許可された在留資格に応じた活動以外に, 収入を伴う事業を運営する活動又は報酬を受ける活動を行おうとする場合には, あらかじめ資格外活動の許可を受けることで認められる場合があることを規定しています。その典型が「留学」で,「資格外活動」の許可を受けることで本来の在留資格の活動を阻害しない範囲内（1週28時間以内等）で報酬を受ける活動が許可されます。

　なお資格外活動の許可は, 証印シール（旅券に貼付）または資格外活動許可書の交付により受けることができます。

　今や留学生の「資格外活動」は外国人労働者受け入れの柱の1つになっており,

すでに無視できない労働力になっているという事実は否定できないでしょう。

3—— 新しい在留資格の追加

　さて，いよいよ本章の中心的テーマである「特定技能」という在留資格について説明します。今回，外国人労働者の受け入れを緩和するという制度変更は，2019（平成31）年4月1日施行の改正入管法により導入された新しい在留資格「特定技能」を追加することで行われました。

　特定技能制度の目的は，「中小・小規模事業者をはじめとした深刻化する人手不足に対応するため，生産性向上や国内人材の確保のための取組を行ってもなお人材を確保することが困難な状況にある産業上の分野において，一定の専門性・技能を有し即戦力となる外国人を受け入れていく仕組みを構築」（法務省ホームページ）することと述べられており，外国人労働者の受け入れ政策であることを明確にしています。

▌特定技能制度の概要

　表6−3に示した通り「特定技能」の在留資格には，「特定技能1号」と「特定技能2号」とがあります。

　「特定技能1号」は，特定産業分野に属する相当程度の知識又は経験を必要とする技能を要する業務に従事する外国人向けの在留資格で，同表に示された14分野での就労が認められています。在留期間は，1年，6か月または4か月で，通算で5年まで更新可能です。

　「特定技能1号」の資格を新たに取得するためには，日本語能力水準と技能水準を試験で確認し，合格する必要がありますが，上述の「技能実習2号」を修了した外国人はこれらの試験が免除されますので，「技能実習2号」を終えた者は「特定技能1号」に無試験で移行できます。

　「特定技能2号」は特定産業分野に属する熟練した技能を要する業務に従事する外国人向けの在留資格で，建設分野と造船・舶用工業分野の2分野で就労が認められています。在留期間は，3年，1年，または6か月で，通算更新年

表6－3　特定技能制度の概要

○ 特定技能1号：特定産業分野に属する相当程度の知識又は経験を要する技能を要する業務に従事する外国人向けの在留資格
○ 特定技能2号：特定産業分野に属する熟練した技能を要する業務に従事する外国人向けの在留資格
特定産業分野：介護、ビルクリーニング、素形材産業、産業機械製造業、電気・電子情報関連産業、建設、造船・舶用工業、自動車整備、航空、宿泊、農業、漁業、飲食料品製造業、外食業
(14分野)
（特定技能2号は下線部の2分野のみ受入れ可）

［就労が認められる在留資格の技能水準］

新たに創設する在留資格

「特定技能2号」

「特定技能1号」

現行の在留資格

「高度専門職（1号・2号）」「教授」「技術・人文知識・国際業務」「介護」「技能」等

「技能実習」

専門的・技術的分野

非専門的・技術的分野

特定技能1号のポイント

○ 在留期間：1年、6か月又は4か月ごとの更新、通算で上限5年まで
○ 技能水準：試験等で確認（技能実習2号を修了した外国人は試験等免除）
○ 日本語能力水準：生活や業務に必要な日本語能力を試験等で確認（技能実習2号を修了した外国人は試験等免除）
○ 家族の帯同：基本的に認めない
○ 受入れ機関又は登録支援機関による支援の対象

特定技能2号のポイント

○ 在留期間：3年、1年又は6か月ごとの更新
○ 技能水準：試験等で確認
○ 日本語能力水準：試験等での確認は不要
○ 家族の帯同：要件を満たせば可能（配偶者、子）
○ 受入れ機関又は登録支援機関による支援の対象外

出所：法務省HP。

数に上限はありません。

「特定技能2号」の資格を新たに取得するためには，技能水準については試験で確認し，合格する必要がありますが，日本語能力水準については試験等での確認は不要とされています。

「特定技能1号」と「特定技能2号」との違いは，①前者が家族等の帯同を基本的に認めていないのに対して，後者は要件を満たせば配偶者や子供の帯同を認めていること，②前者が通算更新年数に上限があるのに対して，後者にはないことです。

この2つの違いについては次のように解釈できるかもしれません。これまで説明してきた就労が認められる在留資格のうち，「教授」，「芸術」，「宗教」，「報道」，「投資・経営」，「法律・会計業務」，「医療」，「研究」，「教育」，「技術・人文知識・国際業務」，「企業内転勤」，「興行」，および「技能」では，本人が資格を満たしている限り在留期間の更新に上限がありませんし，家族の帯同についても本人の扶養を受ける配偶者とその子どもに限り，日本に滞在することが許可されて（「家族滞在」）おり，その在留期間については本人と同じ期間認められてきました。「特定技能2号」の資格を得れば，建設分野と造船・舶用工業分野における外国人労働者も，これらと同等の就労資格を得ることになり，「技能実習生」として我が国に来た外国人も家族と一緒に無期限で日本に暮らすことができる道が開けるということです。

▌受入れ見込み人数

政府は「特定技能」という在留資格の追加に際して今後5年間の分野別受入れ見込み数の最大値を公表しました。2020（令和2）年の新型コロナ感染症拡大以前の試算ですので，今後大幅な変更があるのかもしれませんが，14分野で合わせて34万5,150人となっています。受入れ見込み人数が多い順に，介護分野6万人，外食業分野4万3,000人，建設分野4万人，ビルクリーニング分野3万7,000人，農業分野3万6,500人，飲食料品製造業分野3万4,000人，宿泊分野2万2,000人などとなっています。

厚生労働省「外国人雇用状況」によると，2018（平成30）年10月末時点で

の外国人労働者数は約 146 万人となっています。「特定技能」という在留資格の創設は，外国人労働者の受け入れ人数を現在よりも 25% 近く増やす政策と言えます。

4 —— むすび

外国人労働者の受け入れは若年労働者不足に悩む日本の産業界では不可欠な政策と言えるでしょう。欧州連合（EU）で移民受け入れ政策が政治問題化したことから類推して反対する識者もいますが，外国人労働者の受け入れと移民とは分けて考える必要があるかもしれません。

識者の中には，外国人労働者の受け入れを労働力不足の調整弁にすべきではないという至極まっとうな意見が見られます。もちろん私も同感ですが，日本の若年労働者不足は恒久的なものであり，今後 20 年から 30 年の間に解消される問題とは思えません。

出入国在留管理庁は「永住許可に関するガイドライン（令和元年 5 月 31 日改定）」を公表していますが，申請要件の 1 つに「原則として引き続き 10 年以上本邦に在留していること。ただし，この期間のうち，就労資格（在留資格「技能実習」及び「特定技能 1 号」を除く。）又は居住資格をもって引き続き 5 年以上在留していることを要する」という基準があります。

新しい在留資格である「特定技能」が移民受け入れ法だと揶揄される理由は，この基準に該当するからなのですが，「永住者」とは外国人に認められた日本への在留資格であり，国外退去処分の対象になること，再入国に際しては許可が必要になることも明記されています。

ただ「永住者」が日本国籍を取得することも可能になる訳で，国籍法第 5 条には帰化申請の要件が示されています。これを見る限り，「永住者」は少なくとも形式的には帰化申請が可能なように思えます。「永住者」が出身国の国籍を捨てる覚悟を決めれば帰化できる可能性が高い訳で，当然，移民数のコントロールという政策は統治上必要なことだと思います。

今回の政策転換が拙速だと揶揄される理由はこの辺りにあると思われます。

外国人労働者を受け入れることは，経済を止める覚悟がない限り，不可避なことだと言えますが，帰化申請に対する中長期的な方針の説明がないことが漠然とした不安，あるいは不信感を醸成していると考えられます。

【注】

1）　例えばグレン・S・フクシマ（2016）を参照してください。

参考文献

グレン・S・フクシマ／永久寿夫「アメリカから見た日本」政策シンクタンク PHP 総研　2016-No.32　2016 年 1 月 19 日号。

杉田昌平『改正入管法対応　外国人材受入れガイドブック』ぎょうせい　令和元年 5 月。

藤井　恵／松本雄二／軽森雄二『すっきりわかる！　技能実習と特定技能の外国人受け入れ・労務・トラブル対応』税務研究会出版局　令和元年 7 月。

労働新聞社『まるわかり 2019 年施行入管法〜特定技能資格の創設〜』労働新聞社　2019 年 4 月。

第7章

生活困窮者自立支援
―貧困者対策の本丸になり得るか―

1 ── はじめに

　生活困窮者自立支援制度は 2013（平成 25）年 12 月に導入された比較的新し
い防貧政策です。よく知られているように，日本にはすでに貧困に喘ぐ世帯の
ための最後の砦として生活保護制度（補論第 5 章を参照）がありますが，リーマ
ンショック直後の生活保護受給者の急増を受け，生活保護制度の前段階として
の予防的な救貧対策の必要性が認識されました。

　実際，この制度の一部（住居確保給付金など）は，記憶に新しい新型コロナウ
ィルス感染症拡大による雇用不安の時にも，国や地方政府の緊急支援の取り組
みの 1 つとして，活用されました。

　こうした事情に加えて，2006（平成 18）年に経済協力開発機構（OECD）が
公表した『対日経済審査報告書』において，日本が米国に次ぐ同機構内第 2 位
の貧困大国であるという衝撃的な指摘がなされたことも大きく影響したのかも
しれません。それまでの人々の認識は，日本は世界で最も平等な国の 1 つで，
「一億総中流」という標語を掲げて自画自賛していた訳ですから，国際機関か
ら貧困大国との指摘を受けて政府やマスコミが蜂の巣をつついたような騒ぎに
陥ったことは当然の帰結でした。

　この時に指摘されたのが相対的貧困という概念でした。見た目には貧困状態に見えなくとも，子どもの教育や職業訓練に十分な支出ができなかったり，老若を問わず世間とのつながりが絶たれて孤独死したりする世帯（引きこもり）の存在でした。

　本章では，生活保護制度に加えて生活困窮者自立支援制度があることで，どのように母子家庭や雇用が不安定な世帯などを支援し，自立へと導くことができるのかについて説明したいと思います。

2 ── 絶対的貧困と相対的貧困

　貧困の概念について，経済学では古くから2つの貧困の尺度が用いられ，説明されてきました。1つは絶対的貧困で，もう1つが相対的貧困です。

　絶対的貧困とは，文字通り生活に必要な衣食住が足りていない状態を指します。路上生活者に代表されるように，見た目にもすぐに貧困者だと識別できる状態を指します。この状態は生理学的に生存できない場合を指すだけでなく，日本国憲法第25条が保障する「健康で文化的な最低限度の生活」（ナショナルミニマム）の概念に抵触する場合にも当てはまると考えられており，社会保障の原理（補論第1章を参照）では国民扶助（日本では生活保護制度がこれに相当する）を使って国が救済すべき問題と考えられています。

　これに対して，相対的貧困の定義は，貧困線以下の所得水準で生活する人々という相対的かつ政策的なものです。多くの場合，貧困線は社会の平均所得の半分，あるいは所得分布の中央値の半分程度に設定されます。

　問題は貧困線以下の所得水準の生活者がなぜ貧困者とみなされるのかについての理由です。相対的貧困については，経済協力開発機構だけではなく，国連や世界銀行など多くの国際機関が問題視していますが，多くの場合，「持続可能な開発目標（SDGs）」という標語で有名になった社会の持続可能性（サステナビリティ）と関連付けて説明されます。

　相対的貧困が社会の持続可能性にどのように影響するのかといいますと，私は2つの経路があると考えています。1つは「貧困の連鎖」で，もう1つが「引

きこもり」です。後者については，研究者によっては社会的剥奪（市場から排除されること）という用語を使って説明される場合もあります。

貧困の連鎖

　当然のことですが，親が貧困であればその子ども達も十分な扶養を受けられません。特に教育に対する支出の多寡は，衣食住への支出と違って，貧富の格差によるものなのか，親の教育方針の違いによるものなのか外部からはわかり難い面があります。実際，過度に塾通いさせられる子ども達を見ると，それを恵まれていると感じるよりも「人生は短距離走ではないよ。それでは子どもが潰れてしまう。」といいたくなります。

　しかし，他方で，適切な教育訓練投資を子どもに行うことによって付加価値の高い職業に就きやすくなることは教育経済学の分野の実証研究からも明らかですし，実際，ハローワーク（公共職業安定所）で求職者に勧めるのも公共職業訓練による新しい技能の習得です。公共職業訓練では受講給付金が支給されますが，大学・大学院への進学や学習塾の授業料等には適用されません[1]。衣食住への支出は何とか足りているが，付加価値の高い教育を受けるために高等教育機関に進学ができないことによる雇用機会の喪失，これが「貧困の連鎖」です。

　こうした貧困の連鎖は，特に母子家庭や非正規雇用者の世帯で危惧されています。母子家庭の貧困については，補論第5章の議論も合わせて参照してください。

引きこもり

　「引きこもり」は比較的最近になって注目されるようになった現象で，まだ明確な定義はありません[2]。もともと「引きこもり」は中学生や高校生など不登校生徒を指す言葉として使われていたと思いますが，近年は国の調査でも中高年の「引きこもり」が若者以上に多く存在することがわかってきました。

　内閣府は，過去に満15歳から満39歳までの若年層を対象にひきこもりの実態調査を実施してきましたが，2018（平成30）年度に初めて，満40歳から満

| 表 7 - 1 | 世代別ひきこもり出現率 |

中高年層調査	質問項目	該当人数（人）	回答率	全国の推計数（万人）
準ひきこもり群	普段は家に居るが，自分の趣味に関する用事のときだけ外出する	19	0.58	24.8
狭義のひきこも り群	普段は家に居るが，近所のコンビニなどには出かける	21	0.65	27.4
	自室からは出るが，家からは出ない又は自室からはほとんどでない	7	0.22	9.1
計		47	1.45	61.3
若年層調査	質問項目	該当人数（人）	回答率	全国の推計数（万人）
準ひきこもり群	普段は家に居るが，自分の趣味に関する用事のときだけ外出する	33	1.06	36.5
狭義のひきこも り群	普段は家に居るが，近所のコンビニなどには出かける	11	0.35	12.1
	自室からは出るが，家からは出ない又は自室からはほとんどでない	5	0.16	5.5
計		49	1.57	54.1

出所：内閣府『生活状況に関する調査　概要』平成 30 年度調査より筆者作成。

64 歳までの中高年層を対象とするひきこもりの実態調査を実施しました。「生活状況に関する調査」と呼ばれるサンプル調査ですが，本人 5,000 人と同居する成人家族が対象でした。有効回収数は 3,248 人（回収率 65％）でした。

　この調査結果の概要を，2015（平成 27）年度に行われた満 15 歳から満 39 歳までの若年層の結果と比較する形で示したものを表 7 - 1 に掲載しました。同表に示した通り，「引きこもり」出現率そのものは若年層の方が若干高い数値となっていますが，世代人口が多い分だけ「引きこもり」者数の推計値は中高年層の方が多くなっています。

　「引きこもり」の原因として，同調査では，中高年層の場合は「退職したこと」を挙げる者が 17 人（36.2％），若年層の場合は「不登校（小・中・高等学校）」と「職場になじめなかった」を挙げる者がそれぞれ 9 人（18.4％）と拮抗していますが，経済的要因についてははっきりしていません。

　ただ手掛かりになるのは，表 7 - 2 に示した生計を立てている方法で，「広

中高年層	あなた自身	父	母	配偶者	兄弟姉妹	子	他の家族や親せき	年金受給	生活保護受給	総数(人)
広義のひきこもり群	29.8	21.3	12.8	17.0	6.4	—	2.1	2.1	8.5	47
上記以外	52.2	4.5	2.0	36.9	0.6	0.7	0.1	1.5	0.7	3,201

表7－2 ひきこもり者の家の生計

単位は総数以外は％

出所：内閣府『生活状況に関する調査　集計表』平成30年度調査の設問番号5の回答より筆者作成。

義のひきこもり」群は「それ以外の人」群より生活保護受給者の割合が12倍以上になっており，生活に困窮している世帯が相対的に多いことを暗示しています。

　もちろん「引きこもり」は，必ずしも経済的現象ではなく，環境の変化に順応できなかったり，人間関係に問題を抱えていたりすることが第一義的な要因だと思いますが，経済的窮乏はそうした問題を増幅する可能性はあると言えるのではないでしょうか。

3── 生活困窮者自立支援事業の概要

　生活困窮者自立支援制度は，生活困窮者の自立の促進を図ることを目的とした防貧事業です。生活保護制度（補論第5章）とは異なり，対象者を保護することを目的にしている訳ではありません。そもそも生活困窮者支援法における生活困窮者とは，「就労の状況，心身の状況，地域社会との関係性その他の事情により，現に経済的に困窮し，最低限度の生活を維持することができなくなるおそれのある者をいう（下線は筆者による）」（同法第2条）と定義されており，生活保護法における要保護者とは区別されています[3]。

　それでは同事業の概要について説明して参りましょう。表7－3をご覧ください。生活困窮者自立支援法では，必須事業である「自立相談支援事業」と「住居確保給付金」の支給を通して，本人の状況に応じた必要な支援（任意事業）を行うことを定めています。なお任意事業には，「就労準備支援事業」，「一時生活支援事業」，「家計相談支援事業」，「子どもの学習支援事業」などがあります。

<table>
<tr><td colspan="5" align="center">表 7 − 3 ｜ 自立支援事業の概要</td></tr>
</table>

事業区分	事業名称	事業内容		財源
必須事業	自立相談支援事業	就労その他の自立に関する相談支援，事業利用のためのプラン作成等）を実施する。		国庫負担 3／4
	居住確保支援事業	離職により住宅を失った生活困窮者等に対し家賃相当の「住居確保給付金」（有期）を支給する。		
任意事業	就労準備支援事業	就労に必要な訓練を日常生活自立，社会生活自立段階から有期で実施する。		国庫補助 2／3
	一時生活支援事業	住居のない生活困窮者に対して一定期間宿泊場所や衣食の提供等を行う。		
	家計相談支援事業	家計に関する相談，家計管理に関する指導，貸付のあっせん等を行う。		国庫補助 1／2
	子どもに対し学習の援助を行う事業	生活困窮家庭等の子どもへの学習支援を行う。		
	その他自立促進を図るために必要な事業	その他生活困窮者の自立の促進に必要な事業を行う。		

出所：厚生労働省社会・援護局地域福祉課 生活困窮者自立支援室資料『生活困窮者自立支援制度について』平成 27 年 7 月より筆者作成。

▌自立相談支援事業

　市や福祉事務所を設置する町村（これらをまとめて福祉事務所設置自治体と呼ぶ）は，直営または委託により「自立相談支援事業」を行わなければなりません（同法第 3 条）。

　「自立相談支援事業」とは，生活困窮者から相談を受け，

1 ）本人の抱えている課題を評価・分析（アセスメント）し，そのニーズを把握，

2 ）ニーズに応じた支援が計画的かつ継続的に行われるように自立支援計画を策定，

3 ）自立支援計画にもとづく各種支援が包括的に行われるように関係機関との連絡調整を実施する等，を行うものです。

　具体的には，同法 2 条 2 に列記されているように，①就労の支援その他の自立に関する問題について，相談支援員や就労支援員が相談に応じ，必要な情報提供や助言を行う，生活困窮者に対して，②認定生活困窮者就労訓練事業の利用について斡旋する，③支援の種類や内容を記載した計画を作成し，生活困窮者の自立を図るための支援が一体的かつ計画的に行われるように援助する，と

いうものです。

　このように「自立相談支援事業」自体は，文字通り相談内容に応じた生活困窮者への情報提供と，関係機関との連絡調整を行う事業に他なりませんが，こうした相談業務が必要になる理由としては，住居の確保や一時的な資金の工面，就職先の斡旋など自立に必要な支援策が既存のさまざまな社会保険の関連制度や福祉制度に散らばっており，とても一般住民がそのすべてを網羅し，利用することは困難であることが挙げられます。生活困窮者自立支援事業の利用を考える人は，まず福祉事務所設置自治体が開設する機関（社会福祉協議会や社会福祉法人などの名称）あるいはセンター（生活サポートセンターや自立支援センターなどの名称）にアクセスし，自立相談することからさまざまな支援サービスの適用が始まります。

▎住居確保給付金

　生活困窮者のうち離職またはこれに準ずる理由で経済的に困窮し，住居を失った者や賃借している住宅の家賃が払えなくなった者で，就職を容易にするために住居を確保することが必要と認められる者については，「住居確保給付金」の支給が受けられます。

　支給対象者は，離職後2年以内かつ65歳未満の者であって，現在住居がない者または住居を失うおそれのある者です。

　支給要件としては，収入および資産が一定額以下で，ハローワーク等での就職相談，面接支援等を一定頻度で受けている者となっておりますが，具体的な収入要件や資産要件などの基準額は自治体によって異なります[4]。

　また，支給期間は原則として3か月間ですが，就職活動等の実績に応じて最長9か月まで延長可能となっています。なお支給金額も自治体によって異なります。

▎任意事業

　生活困窮者自立支援法第6条では，「都道府県等は，就労に一定期間を要する者に対して，「就労準備支援事業」，「一時生活支援事業」，「家計相談支援事

業」,「子どもに対し学習の援助を行う事業」, その他自立促進を図るために必
要な事業を行うことができる」(表記法を条文とは変えてあります) とあります。

▌就労準備支援事業

　まず「就労準備支援事業」とは, 雇用による就業が著しく困難な生活困窮者
に対し, 一定の期間内に限り, 就労に必要な知識および能力の向上のために必
要な訓練を行う事業を指します[5]。

　訓練内容は, 生活習慣形成のための指導・訓練 (日常生活自立), 就労の前段
階として必要な社会的能力の習得 (社会生活自立), 事業所での就労体験の場の
提供や, 一般雇用への就職活動に向けた技法や知識の取得等の支援 (就労自立)
の3段階から成ります。

　事業の形式は, 通所によるものや合宿によるもの等を想定していますが, お
よそ6か月から1年程度の期間でプログラムは完了するとしています。

　なお受講対象者には, 生活保護法の「就労自立給付金」対象者も含まれるほ
か, 早期就労が見込まれる者に対しては, ハローワーク (公共職業安定所) の「求
職者支援制度」も受けられます。これらにつきましては次節で説明いたします。

　「就労準備支援事業」は任意事業ですから, すべての自治体が実施している
訳ではありませんが, 2018 (平成30) 年度における厚生労働省のサンプル調査
ではほぼ半数 (48%) の自治体が実施していると回答していました[6]。

▌一時生活支援事業

　「一時生活支援事業」とは, 緊急に衣食住の確保が必要な者に対して, 支援
方針が決定されるまでの間, 衣食住を提供する事業を指します。

　対象者はホームレス等の住居のない, 所得が一定水準以下の生活困窮者とし
ています。

　支援内容は,

　1) 日常生活・健康面での支援として, ホームレス緊急一時宿泊事業 (シェ
　　　ルター) の提供,

　2) 就労に向けた支援として, ホームレス自立支援センターの利用を促す,

3）その他として，福祉サービスの提供が必要な者に対して，福祉事務所等
における支援が受けられるように助言・指導を行う，というものです。

利用期間は原則3か月以内で，利用料は無料です。

ちなみに，「一時生活支援事業」については，2018（平成30）年度における
厚生労働省のサンプル調査では31％の自治体が実施していると回答していま
した[7]。

▌家計相談支援事業

「家計相談支援事業」とは，家計から生活再建を考える者に対して，家計再
建に向けたきめ細やかな相談と，家計再建資金貸付を斡旋する事業です。具体
的には，相談支援を担う「家計相談支援員」を養成し，家計簿の作成等を指導
したり，法テラス等の関係機関へのつなぎを行う他に，必要に応じて一定期間
資金を貸し付けたりします。

生活保護法の改正により福祉事務所の権限が強化され，被保護者の家計管理
を支援する取り組みが導入されましたが，生活困窮者支援制度でも家計の管理
能力を高めることにより，安定した自立生活を実現することが重要です。本事
業は希望する生活困窮者にそれを支援するものです。実施主体としては，自治
体が直営で行うより社会福祉協議会や消費生活協同組合等に委託する場合が多
いようです。

ちなみに，「家計相談支援事業」については，2018（平成30）年度における
厚生労働省のサンプル調査では45％の自治体が実施していると回答していま
した[8]。

▌子どもの学習支援事業

「子どもの学習支援事業」とは，貧困の連鎖を防止するために生活困窮者世
帯等（多くの自治体では生活保護世帯も対象に含む）の子どもに対する学習支援や
保護者への進学助言を行う事業です。対象者や支援内容は自治体によってかな
り異なり，厚生労働省が取り上げた事例を見ても元教員（OB）や大学生を学
習指導員として雇用し，定期的に家庭訪問して学習支援を行う自治体や，学習

塾に委託して定期的に支援教室を開催している自治体もあるようです。

　ちなみに,「子どもの学習支援事業」については,2018（平成30）年度における厚生労働省のサンプル調査で何と約6割（59％）の自治体が実施していると回答していました[9]。

自立支援事業の財政

　上記のような自立支援事業に掛かる費用は,国,都道府県,ならびに福祉事務所設置自治体が支弁することになっていますが,それら費用の国の負担割合は表7-3に示したように,支援事業の種類によって3つに区分されています。

　必須事業である「自立相談支援事業」と「住居確保給付金」については国が費用の4分の3を負担し,任意事業のうち「就労準備支援事業」と「一時生活支援事業」については国が費用の3分の2以内を負担し,「家計相談支援事業」と「子どもの学習支援事業」など残りの事業については国が費用の2分の1以内を負担することになっています。

4 ── 関連制度—求職者支援制度と就労自立給付金—

　さて,以上説明してきました通り生活困窮者自立支援制度は,生活保護制度と自立生活との間を橋渡しする役割が込められた制度であることがおわかり頂けたと思います。そして,安定した自立生活を営むためには雇用の確保と継続が不可欠です。そのために国は生活困窮者支援制度の発足に合わせて2つの新制度を連動する形で導入しました。それが「求職者支援制度」と「就労自立給付金」の創設です。

求職者支援制度

　「求職者支援制度」とは,2011（平成23）年10月に施行された求職者支援法（職業訓練の実施等による特定求職者の就職の支援に関する法律）にもとづいて実施される雇用保険を受給できない失業者に対する就職支援制度のことです。

　雇用保険を受給する権利がある失業者については,同制度がさまざまな給付

を用意していました（補論第3章を参照）が，例えば，雇用保険に加入できなかった者（フリーターなど），雇用保険の失業給付（基本手当）を受給中に再就職できないまま，支給終了した者，雇用保険の加入期間が足りずに失業給付を受けられない者，自営業を廃業した者，就職が決まらないまま学校を卒業した者，などは雇用保険給付が受けられません。そこで導入されたのが「求職者支援制度」でした。

「求職者支援制度」の対象となる者は特定求職者と呼ばれ，以下の要件をすべて満たす者です。すなわち，

1）ハローワーク（公共職業安定所）に求職の申込みをしていること，

2）雇用保険被保険者や雇用保険受給資格者でないこと，

3）労働の意思と能力があること，

4）職業訓練などの支援を行う必要があるとハローワークが認めること，

です。

「求職者支援制度」では特定求職者などを対象として，民間訓練機関が厚生労働大臣の認定を受けた職業訓練（ハロートレーニング）を実施します。多くの職種に共通する基本的能力を習得するための「基礎コース」と，基本的能力と特定の職種の職務に必要な実践的能力を一括して習得するための「実践コース」とがあります。

訓練期間は，1コース3か月から6か月までです。この訓練期間中に，下記の要件をすべて満たせば職業訓練受講給付金（職業訓練受講手当，通所手当，寄宿手当）が支給されます。要件とは，

1）本人収入が月8万円以下，

2）世帯全体の収入が月25万円以下，

3）世帯全体の金融資産が300万円以下，

4）現在住んでいるところ以外に土地・建物を所有していない，

5）全ての訓練実施日に出席している（やむを得ない理由がある場合でも，支給申請の対象となる各訓練期間の8割以上出席している），

6）同世帯の中に同時にこの給付金を受給して訓練を受けている人がいない，

7）過去3年以内に，偽りその他不正の行為により，特定の給付金の支給を

受けたことがない，というものです。

　支給額は，職業訓練受講手当が月額 10 万円，通所手当が職業訓練実施施設までの通所経路に応じた所定の額（上限額あり），寄宿手当が月額 10,700 円となっており，これらの職業訓練受講給付金は，原則 1 か月ごとに支給されます。

　なお「求職者支援制度」の財源は，雇用保険の附帯事業として位置づけられていますので，雇用保険から支給されます。

▌就労自立給付金

　「就労自立給付金」は，2013（平成 25）年 12 月に改正された生活保護法に新しく導入された生活保護受給者のための就労・自立促進プログラムです。

　補論第 5 章で説明しているように，生活保護制度では保護の期間中，生活保護基準額と被保護者の認定収入額との差額分を補う現金給付（医療扶助と介護扶助は現物給付）がなされるだけではなく，税・社会保険料等の負担は免除されます。しかし，被保護者が職に就き，生活保護を脱却すると，これらの負担が急に発生し，不安定な生活となり，再度保護に転落することが珍しくありません。そこで，被保護者の就労による自立を促すために，安定した職業に就いたことなどにより保護の必要がなくなった者に対して，保護脱却時に一時金として「就労自立給付金」を支給する制度が創設されました。

　「就労自立給付金」は，被保護者が以下の 4 つの要件のいずれかの事由に該当する，保護を必要としなくなったと認められる場合に，当該被保護者の申請にもとづいて，世帯を単位として支給されます。すなわち，

　　1）世帯員が，安定した職業（おおむね 6 か月以上雇用されることが見込まれ，
　　　　かつ，最低限度の生活を維持するために必要な収入を得ることができると認めら
　　　　れるもの）に就いた場合，

　　2）世帯員が事業を開始し，おおむね 6 か月以上当該世帯が最低限度の生活
　　　　を維持するために必要な収入を得ることができると認められる場合，

　　3）就労による収入を得ている被保護世帯において，就労収入が増加するこ
　　　　とにより，おおむね 6 か月以上当該世帯が最低限度の生活を維持するこ
　　　　とができると認められる場合，

4）就労による収入を得ておらず，それ以外の収入を得ている被保護世帯において，当該世帯に属する世帯員が職業（上記1を除く）に就き，就労収入を得ることにより，おおむね6か月以上当該世帯が最低限度の生活を維持することができると認められる場合，となっています。

給付金の算定方法は図7-1に示した通りです。例えば，当初，生活保護受給時に無収入であったとすれば，生活保護基準額が支給額となります。そして，職を得た段階で収入が入ると，通常，支給額は収入の内から勤労控除分を差し引いた認定所得額分だけ減額されることになりますが，「就労自立給付金」制度では，当初（1か月から3か月目），収入の最大30%を積立金として留保します。この留保分は，この時点では非保護者に支給されません。

こうして徐々に安定的な勤労生活を確立していく中で，積立金の算定率は下がり，10か月目以降は収入の12%まで下がりますが，収入額が増えれば必ずしも毎月の積立額は減りません。ただし収入が増えた分だけ認定所得も増え，生活保護支給額は減少しますが，収入と支給額の合計額は生活保護基準額のまま維持されます。収入の割合が高くなり，支給額の割合が小さくなるだけです。

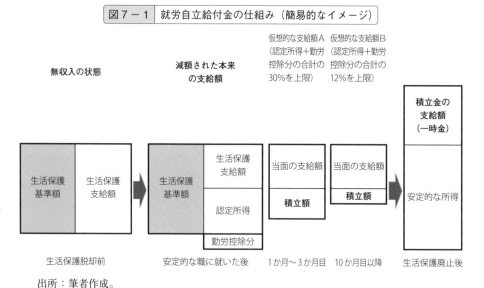

図7-1　就労自立給付金の仕組み（簡易的なイメージ）

出所：筆者作成。

こうして自立に誘導しようとする政策です。

　積立金の支給額の算定は少し複雑な算式ですが，次の通りです。保護廃止月から起算して前 6 か月間の収入認定額を算定対象とし，単身世帯の場合には収入認定額に対し 10％を乗じて算定した額に 2 万円を加えた額を，複数世帯の場合には収入認定額に対し同じく 10％を乗じて算定した額に 3 万円を加えた額を一時金で支給します。ただし上限額があり，単身世帯が 10 万円，多人数世帯が 15 万円となっています。積立額がまるまるもらえる訳ではありません。

　「就労自立給付金」の財源は，都道府県および市町村が支弁する就労自立給付費が充てられますが，国はその就労自立給付費の 4 分の 3 を負担することになっており，残りを都道府県および市町村が実質的に負担します。

5 —— むすび

　かつて生活保護制度は自立させない制度だと揶揄されました。被保護者が隠れてアルバイトをしていたり，生活費を切り詰めて貯蓄をしていたりしたら保護が打ち切られたという報道（噂話？）を見聞きしたことがあります。もちろん生活保護は，生活に必要な需要（ニード）額と収入の不足額との差額を補填することが制度の趣旨ですから，適切に資産申告や収入申告を行っていなければ不正受給と見なされ，保護が停止されたり，打ち切られたりすることがあります。

　他方で，資産申告や収入申告を行えば支給額が減らされる可能性が高い訳ですから，その意味で，就労や蓄財は保護者に対して負のインセンティブをもたらす行為に他なりません。

　これでは一度生活保護を受給すると，余程幸運に恵まれ，突然高収入の就業機会に恵まれない限りは自立することは難しいでしょう。

　また，そもそも要保護者（保護を必要とする人）が生活保護の申請をためらう理由として，「扶養照会」という手続きが挙げられます。もともと疎遠だった親兄弟や親戚等に援助を求めることはもちろん，自分が窮状に陥っていることさえ知られたくないのが本人の心情でしょう。

　生活保護制度が自立の促進（生活保護法第1条）を謳っていながら，実はインセンティブとしては，自立を阻害する制度になっている側面は確かにあった訳です。

　これに対して，生活困窮者支援制度では，「住居確保事業」や「就労準備支援事業」，「一時生活支援事業」などが用意されており，さらに就労可能な状態になれば，「求職者支援制度」や「就労自立給付金」といった関連制度も利用できることで，生活困窮者または要保護世帯の自立促進には確実に一歩前進となると思います。

　実際に，今回のコロナ禍でも求職者支援制度の財源であり，雇用調整助成金の原資でもある雇用保険財政が大幅に悪化しました。リーマンショックと比較しても今回の方が経済状況は酷かったと思いますが，曲がりなりにも惨状を乗り越えつつあるのは，生活困窮者支援制度を始めとした新しい制度が少なからず効果を発揮したのだと思います。

【注】
1）　生活保護法における教育扶助は義務教育に限られ（第13条），生業扶助（第16条）は高校，専門学校や専修学校等に限られます。ただし2020（令和2）年4月から「高等教育の修学支援新制度」，いわゆる大学の無償化が始まりました。
2）　以下の調査の対象となったひきこもりの定義は，「様々な要因の結果として社会的参加（義務教育を含む就学，非常勤職を含む就労，家庭外での交遊など）を回避し，原則的には6か月以上にわたって概ね家庭にとどまり続けている状態（他者と交わらない形での外出をしていてもよい）を指す現象概念である」としています。
　　　なお，「ひきこもりは原則として統合失調症の陽性あるいは陰性症状に基づくひきこもり状態とは一線を画した非精神病性の現象とするが，実際には確定診断がなされる前の統合失調症が含まれている可能性は低くないことに留意すべきである。」としています。
3）　生活保護法第6条2に定義される要保護者とは，「現に保護を受けているといないとにかかわらず，保護を必要とする状態にある者をいう。」とされています。
4）　収入要件は，申請月の世帯収入合計額が，「基準額（市町村民税均等割が非課税となる収入額の12分の1）＋家賃額」以下であることで，家賃額は住宅扶助特別基準額が上限になります。また，資産要件は，申請時の世帯の預貯金合計額が，基準額×6（ただし100万円を超えない額）以下であることです。さらに，就職活動要件として，ハローワークでの月2回以上の職業相談，自治体での月4回以上の面接支

援等が課されます。

5）　平成 25 年 12 月 13 日（職発 1213 第 1 号・能発 1213 第 2 号・社援発 1213 第 4 号）「生活困窮者自立支援法の公布について（通知）」より。

6）　厚生労働省社会・援護局地域福祉課生活困窮者自立支援室『平成 30 年度生活困窮者自立支援制度の実施状況調査集計結果』より。

7）　上記注と同じ。

8）　上記注と同じ。

9）　上記注と同じ。

参考文献

岡部　卓『生活困窮者自立支援ハンドブック』中央法規　2015 年。

岡部　卓『生活困窮者自立支援　支援の考え方・制度解説・支援方法』中央法規 2018 年。

中央法規出版編集部『改正生活保護法・生活困窮者自立支援法のポイント―新セーフティネットの構築―』中央法規 2014 年。

「貧困層をより貧しくする日本の歪んだ所得再配分」『東洋経済 online』2008 年 11 月 4 日号。

厚生労働省『国民生活基礎調査』。

厚生労働省社会・援護局地域福祉課生活困窮者自立支援室『平成 30 年度生活困窮者自立支援制度の実施状況調査集計結果』。

第 **8** 章

確定拠出年金
―持続可能な年金制度―

1 —— はじめに

　2019（令和元）年 6 月，金融庁金融審議会が市場ワーキング・グループ報告書「高齢社会における資産形成・管理」を公表すると，マスコミは一斉に公的年金だけでは老後の生活費が 2 千万円不足すると報道し始めました。いわゆる年金 2 千万円不足問題です[1]。

　しかし，社会保障を 25 年以上にわたって論じてきた私の立場からすれば，「何を今さら」という思いでした。第一，私が記憶する限り，政府（厚生労働省）は一度たりとも公的年金だけで老後の生活資金が賄えるとはいってきませんでしたし，私自身も 2001 年に刊行した本の中で 1,300 万円不足することを，その試算方法ともども説明して参りました。そして，何よりも実際にいくら不足するのかは，最終的にはそれぞれの人の老後の生活水準次第です。

　さて，多くの人にとって，社会保障と聞いて真っ先に思い浮かぶプログラムの 1 つは公的年金制度でしょう。実際，日本では国民皆年金体制といって，国民全員に対して加入・受給できる公的年金制度が必ず 1 つ以上用意されています（補論第 6 章を参照）。

　そもそもなぜ国はそうした政策を採用する必要があったのでしょうか。年金

には老後のための給付（老齢給付）だけではなく，日常生活の中で障害状態に陥った場合に給付する障害給付や，生計を支えている人が亡くなった時に扶養されていた家族（遺族）に給付する遺族給付もありますが，ここではまず，老齢給付が必要な理由を説明しましょう。

皆さんは，冒頭の2千万円不足問題で計算の前提とされた高齢者の1か月の平均的な生活費をご存じでしょうか。総務省の統計調査に『家計調査』がありますが，これによると，2019（令和元）年において，夫が65歳以上かつ妻が60歳以上の夫婦のみの無職世帯の生活費は税込みで1か月約27万円（非消費支出含む）でした。

図8−1を見てください。上段に収入の内訳，下段に支出の内訳が示されています。支出における非消費支出3万円強は，税や社会保険料などの租税公課の支払いを示しています。これを除く消費支出は約24万円となっています。

このデータから老後に必要な生活費は，租税公課も含めて1年で約324万円，老後が20年あるとすれば6,500万円近い金額であることがわかります。もしこれらの金額を現役時代の貯蓄，すなわち自助努力だけですべて賄おうとすれば，預貯金の金利がほぼゼロであることを考えると，現役労働者の間に6,500万円も貯めておかなければならないことを意味しています。

しかし，私は6,500万円もの金額を個人で貯蓄することが平均的なサラリーマンにはできないから政府が国民皆年金体制を作って，公的年金を支給していると説明するつもりは毛頭ありません。公的年金であったとしても，その財源の大半は我々自身が拠出する社会保険料ですから，我々自身が貯蓄していることと基本的に変わらないからです。

では政府が公的年金を用意している理由は何かといいますと，老後に6,500万円もの生活費が必要であることを，退職の40年前に予想できていたのか，という点にあります。例えば，2020年に65歳の人は，40年前の1985年に6,500万円という金額を予想できていないと老後の備えはできませんが，予想できた人は誰もいなかったと思います。つまり老齢給付のための年金を国が用意し，その制度に国民全員を強制加入させる最大の理由は，遠い将来のことをある程度正確に予想できる人は誰もいないからだと答えることができます。

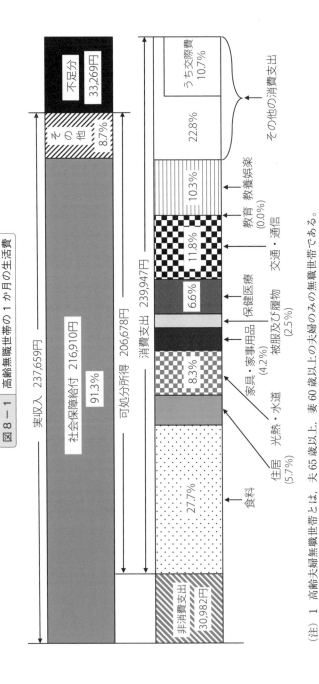

図8−1 高齢無職世帯の1か月の生活費

(注) 1 高齢夫婦無職世帯とは、夫65歳以上、妻60歳以上の夫婦のみの無職世帯である。
2 図中の「社会保障給付」及び「その他」の割合（％）は、実収入に占める割合である。
3 図中の「食料」から「その他の消費支出」までの割合（％）は、消費支出に占める割合である。
4 図中の「消費支出」のうち、他の世帯への贈答品やサービスの支出は、「その他の消費支出」の「うち交際費」に含まれている。
5 図中の「不足分」とは、「実収入」から「消費支出」及び「非消費支出」を差し引いた額である。
出所：総務省「家計調査年報 2019年版」高齢夫婦無職世帯より。

　では国は予想できていたのでしょうか。もちろん答えはノーです。国と言えども40年後に必要な国民の老後の生活費を予想することはできないはずです。にもかかわらず国が公的年金制度を設計できるのは，その特殊な運営原理，それを賦課方式と呼びますが，ここに秘密があります。これについては次節で詳しく説明します。

　その前に，他の年金給付，つまり障害給付や遺族給付が必要な理由も確認しておきましょう。これらはもっと簡単に説明できます。いつ自分が障害状態になるのか，いつ生計主が亡くなり，扶養家族が路頭に迷うのか，これらは誰にもわからないからです。明日そうした事態が起こるかもしれませんが，年金制度に強制加入する仕組みを用意することによって，年金給付は老後だけではなく，障害や遺族といった事態が発生した時点で開始されます。

2 ── 公的年金の確定拠出化

（1）公的年金の運営方法

　前節で私は，保険料の拠出開始から年金受給開始までの間に40年以上のタイムラグがある公的年金制度の運営について，国が制度を設計できるのは，その特殊な運営原理（賦課方式）に秘密があることを示唆しました。なぜ賦課方式の運営だと40年先のことまで見通す必要がないのかについて説明したいと思います。

　そもそも年金の運営方法には，積立方式と賦課方式（pay-as-you-go）とがあり，一般に前者は企業年金や個人年金といった民間の年金に，後者は，一部の国を除いて，公的年金の運用に用いられています。民間の年金が積立方式を採用する理由は強制加入させることができないからであり，公的年金はどちらの方式でも採用できますが，100％純粋に賦課方式にすることは技術的な困難があり，賦課方式を主に，積立方式で補完することが普通です。日本でも修正賦課方式と呼ばれ，一部積立方式を併用しています。

▍積立方式

そこで，まずどんな年金制度でも採用することができる積立方式から説明して参りましょう。積立方式の年金運営とは，図8－2（左図）に示した通り，加入者が現役労働者の期間に拠出した保険料を，保険者が金融資産や実物資産などに投資し，一定の運用収益を見込んで，加入者が退職後に元本に上乗せする形で年金として給付（分割払い）する方法です。

この方式は，個人が退職後に備えて貯蓄する行動を保険者が代行する行為に他なりません。個人貯蓄との違いは，老齢年金給付は受給権者が亡くなると停止されますので，貯蓄のように残高が残りません。

ただ，保険者の立場から見ると個人貯蓄とは大違いで，社会全体として何十兆円，何百兆円も集めた資金を銀行の定期預金に入れることはできませんから，必ず株などのリスク資産に投資しなければなりません。予め年金給付額を約束しておく確定給付型年金の場合には，途中の運用実績に関係なく将来必要となる年金資産を確保する必要がありますが，これは運用リスクとの闘いでもあります。

要約しますと，積立方式の年金運営は，制度設計は比較的単純ですが，受給者ないしは委託者が希望する運用収益を長年にわたって確保することは，プロの投資集団にとってもかなり困難なミッションといえるでしょう。

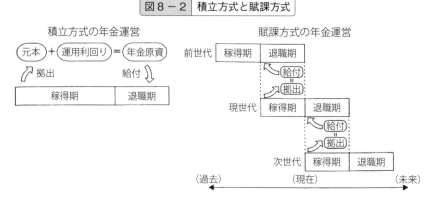

図8－2 積立方式と賦課方式

出所：筆者作成。

賦課方式

　これに対して，賦課方式の年金運営は図 8 - 2（右図）の通り，かなり複雑な制度設計を必要としますが，一旦制度が完成してしまえば，ある程度自動的に一定のパフォーマンスを発揮します。

　この方式の年金は，今期に現役労働者である世代（同図の現世代）の拠出した保険料を，今期に退職している世代（前世代）にそのまま年金として給付する制度です。こうしてしまうと，今期の現世代が退職した後の期に，積立方式のように積立金が残っていないことになります。そこで，現世代が退職期に受給する年金は，次世代が現役労働者になっていますから，次世代が拠出する保険料から支払います。これを順次繰り返すことによって年金制度とするのです。

　純粋な賦課方式の運用では，必要な金額のみをその時点で徴収するので，拠出金をプールし運用することはしませんが，現実には世代間で世代毎の人口の増減（でこぼこ）がありますので，できるだけ保険料を一定に保つために積立方式を併用し，余った保険料は積みたて，不足する給付は積立金から捻出します。

　また，賦課方式の年金は，ある世代から別の世代への所得移転を伴いますので，各時点で常に最低 2 世代（現役世代と退職世代）が安定的に存在していなければ成立しません。そのために賦課方式を行うためには現役労働者である期間から強制加入にしておく必要があります。

　昨今，人口の少子高齢化の観点から若者の年金離れの声が聞こえますが，年を取れば誰でも働けなくなり勤労所得は得られなくなります。年金制度が無くなれば大多数の若者の両親も低所得ないしは無所得になります。その時，年老いた両親の生計は誰が支えるのでしょうか。生活保護制度を当てにする声も聞かれますが，補論第 5 章で説明している通り，生活保護には補足性の原理があり，民法上，子どもには扶養義務が発生することを忘れてはいけません。

　実際，賦課方式の公的年金は，制度が存在しなかった時代に大家族制度として行われてきた世代間扶養を社会が代替しているものとみなすことができます。子どもは親に扶養されてはじめて大人に成長できるのと同じように，人は

老衰の中で，他者に支えられてはじめて長生きすることができるのです。

　賦課方式の公的年金は，人類が発明した最も優れた福祉装置の1つだと私は考えています。そのためには，もちろん効率的で持続可能な運営を心掛ける必要があります。

■ なぜ賦課方式の年金は将来予測しなくて良いのか？

　それではいよいよ賦課方式の年金が将来の人々の生活水準を予想できなくてもある程度上手く機能できる理由を説明します。賦課方式の年金制度を設計するには，①給付額を一定に決めておいて，それに必要な拠出額を一律に徴収する方法（定額型：補論第1章のベヴァリッジ型社会保険と同じ）と，②給付額を現役労働者の平均所得の一定割合に決めておいて，それに必要な拠出額を所得に対して定率で徴収する方法（定率型：補論第1章のビスマルク型社会保険と同じ）とがあります。

　定額型ではもちろん将来の生活水準の変化には対応できません。例えば，現在，月額20万円で高齢者夫婦の最低生活水準を賄うことができたとしても，40年後でも同じとは限らないからです。

　しかし，定率型であればほぼ自動的に調整できます。図8-3を見てください。今，ある時点の高齢者世代の人口が3千万人（人口軸で1千万人×3），現役労働者世代の人口が5千万人（人口軸で1千万人×5）であったとします。そして，現役労働者の平均所得が25万円（旧所得軸で5万円×5）であるのに対して，高齢者が受け取る平均年金額を15万円（旧所得軸で5万円×3）に設定（給付率60％に設定）するとすれば，現役世代に課す必要がある保険料率は両者の面積比で決定されます。すなわち，高齢者世代の太枠の面積（3×3＝）9対現役世代の太枠の面積（5×5＝）25ですから，設定される保険料率は36％（＝9÷25×100）となります。さらに労使折半負担を想定すれば，現役世代の保険料率は18％となります。

　これが40年後に，両世代の人口比が変わらずに，所得水準だけが2倍（新所得軸）になったとすれば，保険料率は相変わらず労使折半負担後で18％のままです。このように，賦課方式下の定率型年金は，名目であれ，実質であれ所

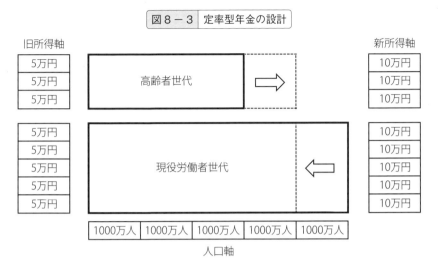

図 8 − 3　定率型年金の設計

旧所得軸　　　　　　　　　　　　　　　　　　　　　　　新所得軸

5万円	高齢者世代	10万円
5万円		10万円
5万円		10万円

5万円	現役労働者世代	10万円
5万円		10万円
5万円		10万円
5万円		10万円
5万円		10万円

| 1000万人 | 1000万人 | 1000万人 | 1000万人 | 1000万人 |

人口軸

出所：筆者作成。

得水準の変化に強いという特性をもっています。

　他方，賦課方式の年金は，現在問題となっている通り，人口動態には弱い側面があります。仮に，同図で，破線のように，高齢者世代人口が 1 千万人増え，現役世代人口が 1 千万人減って，両世代とも人口が 4 千万人ずつになれば，現役世代が拠出する保険料率は，給付率が 60％のままですと，高齢者世代の面積（3 × 4 ＝）12 対現役世代の面積（5 × 4 ＝）20 ですから 60％（労使折半負担後で 30％）と急増してしまいます。

　もし保険料率を従前と同じ 36％（労使折半負担後で 18％）程度に維持したいのであれば，給付率を下げるしかありません。仮に新所得軸で年金給付額を30 万円から 20 万円に削減すれば，高齢者世代の面積（2 × 4 ＝）8 対現役世代の面積（5 × 4 ＝）20 ですから 40％（労使折半負担後で 20％）に抑えることができます。

　さらに，保険料率を抑えるもう 1 つの方法は高齢者世代の人口を減らし，現役世代の人口を増やすことです。もちろん高齢者を早死にさせたり，現役世代に無理やり子どもを産ませたりすることではありません。年金の支給開始年齢を繰り下げるのです。現役世代の退職年齢と高齢者世代の年金受給年齢を 65

歳から 70 歳に繰り下げれば，現役労働者世代は増え，高齢者世代は減ることになります。長寿社会で元気な高齢者が増えた訳ですから，現役期間が延びることは悪いことばかりではありません。

（2）マクロ経済スライドと持続可能性

　実は上記の改革はマクロ経済スライド制としてすでに実行中です。2004（平成 16）年改正によって新たに導入された年金給付額の自動スライド方式がマクロ経済スライド制です。もともと日本の公的年金制度は，物価上昇に対して給付額が目減りしないように自動物価スライド方式が採用されてきました[2]。また，被用者年金の新規裁定時には，過去の標準報酬額を再評価する方式で賃金スライド制が採用されてきました[3]。

　しかし，マクロ経済スライド制は，その名に反して単に給付額を経済状況に合わせて自動改定するだけの制度ではありません。この制度の導入は，わが国の公的年金制度を確定給付型から確定拠出型へ移行させることを意味します。

　マクロ経済スライド制では，消費者物価上昇率（CPI）や現役労働者の名目賃金上昇率（NWI）に加えて，スライド調整率（＝公的年金制度全体の被保険者数の減少率＋平均余命の伸び率）を年金改定率算定に使っています。具体的には，新規裁定者（65 歳から 67 歳までの 3 年間）の年金改定率は

　　（A）：年金改定率＝ NWI －（スライド調整率）

とされ，既裁定者（68 歳以降）の改定率は

　　（B）：年金改定率＝ CPI －（スライド調整率）

とされています。

　（A）式や（B）式で示される年金給付額の改定方法の意味は，先の図 8 － 3 に戻って考えるとよくわかります。スライド調整率は公的年金制度全体の被保険者数の減少率＋平均余命の伸び率でしたが，被保険者数の減少とは現役世代人口の減少に他なりませんし，平均余命の延びとは，支給開始年齢が変わらなければ，高齢者世代人口の増加に他なりません。

　つまり前項で論じた通り，高齢者世代人口が 1 千万人増え，現役世代人口が 1 千万人減った場合には年金額を自動的に減らすことを示した算式です。ちなみに，前項の例では，高齢者世代人口は 3 千万人から 4 千万人へと 33% 強増加し，現役世代人口は 5 千万人から 4 千万人へと 20% 減少しますから，併せて 53% がマクロスライド調整率ということになり，年金改定率は物価上昇率（CPI）がゼロならばマイナス 53%（年金を 53% 減らすこと）になります（念のために申し上げますと，これは架空の例ですからパニックを起こさないようにしてください）。

　こうした説明をすると，高齢者世代は「けしからん！」と怒り出すかもしれませんが，賦課方式を採用する以上は人口動態の変化には対応しないといけません。非正規雇用化，低所得化している現役労働者に不可能な水準の負担を押し付ければ公的年金制度は空洞化し必ず破綻します。

　高齢者世代も現役労働者世代もともに満足できる方法は，平均余命が延びた分をそのまま退職期間の増加に充てるのではなく，退職年齢を遅らせて勤労期間を長くし，退職期間をできるだけ長く延ばさないようにすることだと思います。

3 ── なぜ確定拠出年金なのか

（1）確定拠出年金とは

　前節ではマクロ経済スライド制導入の含意を説明しました。そして，その果実は，公的年金制度の持続可能性でした。こうした議論に対して，識者の中には賦課方式の運営を止めて積立方式に転換することを説く者もいます。では，そうした議論をする方に尋ねたいと思いますが，積立方式であれば破綻しないのでしょうか。

　古くはワイマール共和国（第一次世界大戦後のドイツのこと）の公的年金，最近では一部中南米諸国の積立方式の実験，そして，何より 2000 年前後の日本の大部分の企業年金（厚生年金基金や適格退職年金）の破綻，これらの事実にどう向き合うのでしょうか。

　結論を先に申しますと，持続可能な年金制度の鍵は，積立方式か賦課方式か

の選択ではなく，確定給付型年金から確定拠出型年金への移行ということになります。確定給付型年金と確定拠出型年金の違いは表8－1に示した通りです。

　まず，指摘しておきたいのが，確定給付型と確定拠出型ともに積立方式でも賦課方式でもどちらでも運用可能です。ただし賦課方式は強制加入の年金制度にしか使えません。給付は誰しも常に受けたいでしょうが，保険料の拠出を任意にしてしまえば経済変動の度に被保険者数が激変する可能性があるからです。

　次に，確定給付型は積立方式でも賦課方式でも財政破綻のリスクがあります。積立方式であれば運用資産が暴落すれば年金債務が賄えず，基金を解散するしかありません。他方，賦課方式でも被保険者に拠出不可能な保険料額を設定すれば滞納率が上がり，制度が空洞化してしまいます。これは厚生年金保険

表8－1　確定給付型年金と確定拠出型年金

	確定給付型年金	確定拠出型年金
定義	将来の給付額を約束した年金。	拠出すべき保険料のみ規定した年金（したがって，給付額は運用結果に応じて変わる）。
積立方式の運用	将来の給付額は全被保険者のリスク特性（年齢構成，死亡率，脱退率，加入率など）にもとづいた保険数理計算を行った上で算定しているので，社会的影響を受けやすい。	各被保険者ごとに退職勘定が用意され，拠出金も個別に積み立てられるので，運用利回り以外の社会的影響を受けにくい。
賦課方式の運用	被保険者側のリスク特性（年齢構成，死亡率，脱退率，加入率など）に加え，被保険者数と受給者数の相対的比率も保険数理に影響するので，社会的影響を最も受けやすい。	各被保険者の拠出は一定であるものの，給付は他世代からの所得移転であり，被保険者数と受給者数の相対的比率に依存し，社会的影響は受けやすい。
老齢保障の効果	積立方式・賦課方式とも将来の給付額が約束されているので，老後の生活設計が立てやすい。	給付額は不確定であるものの，積立方式の場合には各時点での積立額は明確であり，老後の生活設計は立てやすい。賦課方式はわかりにくい。
制度の持続可能性	積立方式の場合には，運用利回りが予定より低くなると積立金不足が発生し，破綻する可能性がある。賦課方式の場合には，少子高齢化が進むと，若年世代の負担が大きくなり，破綻の可能性がある。	積立方式・賦課方式とも運用結果にもとづいた給付がなされるので，制度の持続可能性は高い。

出所：筆者作成。

のように保険料を所得から源泉徴収する場合でも同じで，中小零細企業の年金逃れや従業員の請負労働者化などを招くからです。

　最後に，確定拠出型は制度としては破綻しません。なぜなら年金財政がひっ迫すれば給付額が下がるからです。積立方式であれば資産運用が上手くいかなくなったとしても，その運用結果にもとづいて年金額が給付されるだけですし，賦課方式であれば現役労働者の所得水準が低下したり，被保険者数が減少したりしたとしても，保険料率は不変のままですから，その時点での被保険者からの拠出金が減り，年金額を減少せざるを得ないからです。

　前節で説明した公的年金制度のマクロ経済スライド化は，賦課方式の公的年金を確定給付型から確定拠出型へ衣替えする改革です。我々は，人口の少子高齢化の現実を踏まえ，制度の持続可能性を選ぶのか，今この瞬間だけ既得権を保障するのかのいずれを選択するのかが迫られているのです。

（2）401K 年金プラン[4]

▌アメリカの 401K 年金プランの成功

　現在，確定拠出型年金の代名詞になっている 401K 年金プランは，1978 年アメリカで開発された退職給付制度です。もともとアメリカの企業年金には確定給付型と確定拠出型との 2 通りの制度が混在していましたが，初期の確定拠出型年金は単に事業主の拠出金を予め定めただけの文字通り拠出を確定した退職給付制度に過ぎませんでした。

　これに対して，401K 年金プランは，連邦政府の内国歳入法第 401 条 k 項に定められた課税繰り延べ所得 CODAs（Cash or deferred arrangements の頭文字）と呼ばれる「現金か課税繰り延べかを選択できる給与」を事業主が設定した場合に，従業員が自分の個人勘定に課税繰り延べ所得を積み立てることができるようにした制度のことです。

　従業員は給与のうち，一部について現金を選択すれば当該年度の所得となり所得税が課せられますが，年金プランへの拠出を選択すれば退職後に年金または一時金として引き出すまで所得税の課税が猶予されます。もちろん年金または一時金受給時に所得税が課されます。

401K 年金プランには，さらに次のような特徴があります。①企業年金であるにもかかわらず従業員の拠出も可能であること，②拠出金額の大きさを従業員が決めることができること，③従業員が積立金の運用方法を決めることができること，④積立金からの借り入れが可能であること，そして，⑤事業主は従業員拠出の全部または一部にマッチング拠出することができるが，その拠出金額を損金算入することができることです。

▌日本版確定拠出型年金

こうしたアメリカの確定拠出型年金の成功を受けて，日本政府は 2001（平成13）年 4 月に日本版確定拠出型年金法案を国会に提出しました。この法案は，アメリカで普及した 401K 年金プランを我が国にも取り入れる目的で作られたと考えられていましたが，実態はやや違いました。

補論第 6 章で説明している通り，日本版確定拠出型年金には企業型ディー・シー（DC）と個人型イデコ（iDeCo）の 2 種類があります。企業型ディー・シーは企業の従業員が加入対象者となりますが，確定給付企業年金ディー・ビー（DB）を実施している企業としていない企業とでは拠出限度額に差が設けられています。また，個人型イデコは，当初，自営業者等国民年金第 1 号被保険者と企業年金を実施しない企業の従業員だけが対象でした。現在は，国民年金第 1 号被保険者および第 3 号被保険者，厚生年金保険被保険者，そして公務員が加入できます。

拠出金は企業型年金については，もともと企業だけが拠出できる制度でしたが，現在は従業員のマッチング拠出も可能です。また，個人型年金については個人だけが拠出でき，その上限額は，①企業型ディー・ビーも企業型ディー・シーも実施していない企業の従業員と国民年金第 3 号被保険者が年額 276,000円，②企業型ディー・シーのみを実施している企業の従業員が 240,000 円，③企業型ディー・ビーのみ，または企業型ディー・ビーと企業型ディー・シーの両方に加入している企業の従業員と公務員が年額 144,000 円，そして④個人型イデコのみに加入する者が 816,000 円となっています。

年金資産の管理は個人勘定で行われ，加入者が転職した場合のポータビリテ

ィも確保されています。資産の運用は加入者の指図にもとづいて行われますが，資産管理機関は企業型においては企業が選定し，個人型においては国民年金基金連合会がこれを行います。

　給付は，老齢給付，障害給付，死亡一時金があり，年金または一時金としてこれらを支給します。老齢給付の支給開始年齢は60歳からですが，加入後10年を経過していない場合は65歳からとなります。

　最後に，税制についてですが，拠出段階では加入者の拠出が全額所得控除され，企業の拠出は損金算入となります。運用段階と給付段階では，運用中は非課税ですが，給付時には，ⓐ年金として受給すると公的年金等控除を，ⓑ一時金として受給すると退職所得控除を受けることになりますが，これらは企業型ディー・ビーと同じ扱いです。

　さて，日本の確定拠出型年金とアメリカの401K年金プランとを比較しますと，導入当時よりは近づいてきましたが，未だ以下のような差があるのも事実です。

（1）拠出金の上限額に10倍近い差があること。

（2）日本版では自社株など現金以外での拠出ができないこと。

（3）日本版では拠出金の上限額が月額で定められていること。

　政府はこれらの違いが生じた理由を既存の公的年金制度や確定給付型企業年金制度などの存在を前提に考えたためと説明してきましたが，公的年金給付の給付率がさらに低くなることが予想されることに加えて，現役世代はほぼ全員が加入できるようになったことを考えると，老後に対する自助努力の手段としてもっと大胆な規制緩和をすべきでしょう。

4── 確定拠出年金個人型イデコ（iDeCo）と つみたてニーサ（NISA）

　実際，政府も自助努力を支援するさらなる方策を展開中のようです。それが確定拠出年金個人型イデコの対象範囲拡大とつみたてニーサの普及でしょう。

■ 個人型イデコ（iDeCo）

　まず，個人型イデコとは，前節で説明した日本版確定拠出年金制度の1つですが，制度の概要については補論第6章を参照してください。ここでは，主に2022（令和4）年5月から改正される対象範囲の拡大について説明します。

　表8-2をご覧ください。従来，個人型イデコは，企業年金の恩恵を得られない被用者や農家自営業者等の個人年金の受け皿と位置づけられていました。そのために対象者や対象年齢範囲も限られていました。しかし，公的年金

表8-2 | つみたてニーサ（NISA）と個人型イデコ（iDeCo）の比較

データは2021年10月現在

	つみたてニーサ（NISA）	個人型イデコ（iDeCo）
年齢条件	20歳以上	20歳以上60歳（2022年5月からは65歳）未満
拠出上限額	年間40万円	1）第1号被保険者　68,000円／月 ※国民年金基金の加入者の限度額は，その掛金と合わせて68,000円 2）厚生年金保険の被保険者 ①確定給付型の年金および企業型確定拠出年金に加入していない場合（公務員を除く）23,000円／月 ②企業型確定拠出年金のみに加入している場合 20,000円／月 ③確定給付型の年金のみ，または確定給付型と企業型確定拠出年金の両方に加入している場合 12,000円／月 ④公務員 12,000円／月 3）第3号被保険者 23,000円／月
運用期間	最大20年間	20歳以上65歳（2022年5月からは70歳）未満
受給開始 （引出）	随時	60歳以上70歳（2022年5月からは75歳）未満
税制上の優遇	拠出金：× 運用益：○ 引出時：×	拠出金：○（社会保険料控除） 運用益：○ 受給時：○（公的年金等控除［年金］／退職所得控除［一時金］）
投資対象	金融庁が認めた投資信託，ETFで，2021年10月時点で201商品ある中から当該金融機関が扱う商品	当該金融機関が扱う投資信託，定期預金，保険商品
諸経費	運用時に信託報酬料等発生	加入時，運用時，受取時にそれぞれ発生
最低投資額	特に指定なし（当該金融機関の決めた額）	月々5,000円以上

出所：筆者作成。

2千万円不足問題を境に，すべての人々の老後への自助努力の手段として，改めて同年金制度が見直された形になりました。

これを踏まえて，2022（令和4）年5月からは，64歳まで加入できるようになります。このことの意味合いは次の通りです。同制度は従来，「60歳以上かつ加入期間が10年以上の者に受給権が発生する」という条件と，「70歳になるまでに一時金として受け取るか，もしくは5年以上20年以下の有期年金として受給を開始する」という2つの条件のために60歳以後に新たに加入することはできませんでした。今回の改正により，60歳から64歳までに加入すれば，75歳までに受給開始できる道が開けました。

個人型イデコの節税効果は非常に大きく，拠出金は上限額まですべて社会保険料控除を受けることができることに加えて，配当金や売買益などの運用益も非課税，さらに受給時には一括金で受け取れば退職所得控除が，年金で受け取れば公的年金等控除が受けられます。

▌ つみたてニーサ（NISA）

次に，ニーサとは，2014（平成26）年1月に始まった少額投資のための非課税制度のことです。現在，一般ニーサ，つみたてニーサ，ジュニアニーサの3種類があり，2024年からは新しいニーサも始まる予定です。ニーサは個人年金目的の制度ではありませんが，このうち現時点で詳細がわかっていて個人年金となり得る制度は，つみたてニーサです。

再び表8-2をご覧ください。つみたてニーサは住宅購入資金や子どもの学費を貯める目的にも使える制度ですから，20歳以上の者であれば誰でも口座開設が可能です。個人型イデコ同様に専用勘定（口座）を金融機関に開設することで開始します。運用期間は最大で20年間あり，その間の配当金や売買益などの運用益は非課税となります。

私が特につみたてニーサで優れていると感じるのは，投資対象が金融庁の審査に耐えた投資信託とイー・ティー・エフ（ETF）だけに限られている点です。従前の日本の投資信託は非常に評判が悪く，トラブルが絶えませんでしたが，現在指定されている201商品は，販売している金融機関や運用しているファン

ドに旨味が無いと言われるほど堅実なもののように見えます。もちろんリスク資産ですから絶対に安全だとは断言できませんが，いわゆる素人騙しの商品とは一線を画しているように思います[5]。

　つみたてニーサの節税効果は運用益に限られ，個人型イデコより小さいですが，少額から投資可能で資金の出し入れが自由ですから，子育て中の世帯でも身の丈にあった資産形成ができるでしょう。

　両制度普及の鍵を握ると考えられる要素が投資信託の安全性です。政府には厳しい目で対象商品を監視し続けてもらいたいと思います。

5——むすび

　公的年金制度が無かった時代には，当然老後の備えは各自，あるいは各家の自助努力でなされていました。人口の少子高齢化という環境の中で，社会に頼った生き方は困難になりつつあります。

　そもそも老後の生活資金がいくら必要なのかは，本人の考える生活水準によって変わってきます。次章で議論しますが，人間にとって暇を持て余すことは辛いことです。それゆえに，どうしてもお金をかけて時間を潰そうとしますが，公的年金だけでは到底資金が不足します。その意味で，年金問題は自分の老後設計と密接に連動している訳で，お金をかけた時間の潰しかたを思い描いているのなら自助努力で不足分を補うしかありません。

　その意味で，老後に思いがけず被災したり，病苦に陥ってしまったりした人などを除いて，年金問題は社会問題というより自分自身の人生設計の問題と考えた方が適切なように思います。

【注】
1）同報告書の21ページには，確かに「夫65歳以上，妻60歳以上の夫婦のみの無職の世帯では毎月の不足額の平均は約5万円であり，まだ20から30年の人生があるとすれば，不足額の総額は単純計算で1,300万円から2,000万円になる」と書かれています。これは過去に私が試算した数字とほぼ同じであり，極めて良心的な結論と思われます。

2）　物価スライド制とは，消費者物価の上昇率に連動して年金給付額を名目的に増やす
　　制度です。

3）　賃金スライド制とは，名目経済成長率に連動して年金給付額を増やす制度です。厚
　　生年金保険では，新規に年金をもらう時（年金裁定と呼ぶ）に一度だけ現役時代の
　　所得（標準報酬額）記録を年金裁定時の所得水準に読み替える形で賃金スライド制
　　を導入しています。

4）　本項の説明は鎌田（2001）の第6章3節の内容を一部改変したものです。

5）　現時点で指定されている201商品は長期積立を念頭に置いたもので，例えば配当率
　　の高さや配当金を毎月分配することを謳ったものは見当たりません。また，これま
　　での運用実績をさまざまな指標でしっかりと開示していますので，少し勉強すれば
　　相対的にどの商品が優れているか見分けやすいと思います。

参考文献

　　金融庁金融審議会「高齢社会における資産形成・管理」『市場ワーキング・グループ
　　　　報告書』2019年6月3日。

　　鎌田繁則『社会保障論　経済の視点からみた保険制度』ミネルヴァ書房　2010年。

　　鎌田繁則『これからの社会保障』久美出版　2001年。

　　浦田春河『401kプラン　アメリカの確定拠出年金のすべて』東洋経済新報社　1989年。

第**9**章

生活者のための社会保障[1]
—2025年以降の社会保障改革を見据えて—

1 —— はじめに

　私がこれまでに経済学の視点から社会保障を研究してきた中で，最も驚かされた出来事の１つが御船美智子（1953年〜2009年）氏の「生活者」の概念の発見でした。同氏は家政学系の研究者で，同分野では「生活者」という概念がかなり一般的に認められていることは後から知ったのですが，この概念が市場経済の功罪を研究してきた私に，かなりのカルチャーショックを与えたことは紛れの無い事実です。

　同氏は，以下で議論するように，「生活者」を「余計なこと」を考える「あるがままの人間」と定義しています。「余計なこと」を考える？　「あるがままの人間」？　こんなものをどうやって学問として研究するのか，これが私の受けた衝撃の理由でした。

　でも考えてみてください。私たちが社会保障を考える時にも使う，完全情報・完全競争で括られる市場経理論の前提は「神々の仮定」に他なりません。なぜなら同理論では，全知全能で，絶対に判断を誤らない神々が売り手と買い手に分かれて経済取引をしていると仮定しているのに他なりませんから，その

結果として誰しもが満足する最適な結果が得られる訳です。これがアダム・スミス（Adam Smith：1723年〜1790年）の「神の見えざる手」の正体です。

　私は決してこの世の中の人間が，怠け者や不勉強な人たちであふれているから，社会保障はそれに備えて政策を用意しなければならないといっているのではありません。あなたも私も，誰も将来を正確に予想することなど絶対に不可能です。そして，そのことに対して不安を感じ，心配している存在です。結果として，冷静に論理的かつ合理的に判断したつもりでいても何かしらのバイアスが掛かっていたり，それ以上に「余計なこと」を考えていたり（つまり余計な心配をしたり）して失敗することもある，そうした「あるがままの人間」のための政策だと申し上げたいのです。

2── 「生活者」とは何か

（1）伝統的経済学の「消費者」像とその限界

　「生活者」とは何かを論じるに当たって，まず，「生活者」という言葉の定義を明確にしておく必要があります。なぜなら経済学では通常，「生活者」に相当する用語として「家計」ないしは「消費者」が用いられ，生活経済学会以外の経済学会ではあまり「生活者」は用いられない言葉だからです。ゆえに，経済学者が「家計」や「消費者」の代わりに「生活者」という用語をあえて使うときには，「家計」や「消費者」とは異なる側面あるいは性質を強調しようとしている場合が多いと言えましょう。

　そこで，議論の出発点として，伝統的経済学の家計理論や消費者行動理論における「家計」あるいは「消費者」の定義を調べてみましょう。実は，経済学の教科書では，「家計」や「消費者」について，予め明確な定義なしに行動理論の説明に入ることが多いのです。数少ない説明例として，例えば，日本を代表するミクロ経済学の教科書の1つ奥野・鈴村（1985年）を確認すると，そこでは「消費者」を「自己の欲望を充足するために財を消費し，生産要素を供給する経済単位の総称であって，必ずしも human individual に限られない。一家計を構成する個人の集まりや，なんらかの目的のために結合した社会的グ

ループも，ある整合性もつ欲求体系を共有しているかぎりにおいては，ミクロ
経済学でいう「消費者」として理解されうる」(136ページ) と説明しています。

そして，その上で，同書は消費者の行動原理を生産者行動と同様に合理性と
いう概念に求め，強調しています。すなわち「・・・経済学でいう合理的行動
とは，制約条件下の最適行動にほかならない。特に，合理性という概念は，目
的それ自体の内容とはとりわけて関わっていないという事実は強調に値する」
(136ページ) と述べています。さらに加えて，「ごく簡潔に要約すれば，その仮
説とは，消費者は制約条件のもとにおいて彼の「効用」ないし「満足」を最大
化する選択肢をとるというものであり，伝統的な消費者行動の理論は，おしな
べてこの基礎の上に立っているのである」(136から137ページ) と結んでいます。

こうした「消費者」の捉え方は，極めて普遍性の高い記述方法だと言えるで
しょう。すなわち経済学者が何かの経済現象を分析した結果，人々の間で，経
済行動に差が検出されたとしても，それは各人の制約条件の違いか，または個
人間の嗜好の違いであって，人々が常に合理的に各自の効用最大化を求めて選
択する行動形式（これを合理的経済人の仮定と呼ぶ）そのものはゆるがないと
いう宣言と受け取ることができます。

それに対して，「生活者」論者はこの「消費者」の性質のどこに不備を感じ
ているのでしょうか。すぐに思い浮かぶのは，合理的経済人の説明が人間行動
の真実を表しているとするならば，傍から見て不幸であるように見える人も合
理的に行動を選択して不幸になっているとしか説明できないことです。例え
ば，冬の寒空の下で路上生活をしている浮浪生活者は，一見すると傍目には不
幸に見えますが，彼らにとって路上生活こそが選びうる最大の効用を実現する
生活であるから路上生活をしていることになってしまいます。

私が思うに，浮浪生活者は，ヌーディストビーチで裸になっている人々と違
います。ヌーディスト達はお金がなく選択の余地が無いから裸になっているの
ではなく，何らかの信念にもとづいて裸でビーチに寝転んでいて幸せそうです
が，浮浪生活者は，住所が無いなどの理由で，稼ぐこともできず選択の余地が
ないから路上生活をせざるを得ないのではないでしょうか。

極めて普遍性の高い概念のように思われる伝統的経済学における「消費者」

の概念も，使い方や適用対象を慎重に選ばないと，浮浪生活者もヌーディスト
も同じ扱いになってしまいます。

（2）御船美智子の「生活者」論

　それでは御船氏は「生活者」をどのように捉えているのでしょうか。同氏の
著書（1997）の第3章「生活者と現代社会―いろいろな視点から考える―」に
は独創的な「生活者」論が展開されています。

▌ あるがままの人間

　同氏は明確に合理的経済人の仮定を否定しています。その理由は「経済学の
世界で活躍する人間は，豊かな情感を持ち伝統を重んじるとともに，時には間
違いも犯す「あるがままの人間」ではもはやない」（52ページ）とし，「消費者
はただ効用の極大化を目指し，生産者はひたすら利潤の極大化を図るものと想
定し，それ以外の「余計なこと」は考えないとしているようだ。だが，まさに
この「余計なこと」の中にこそ，ドロドロとした現実経済の真の姿があるので
はないだろうか。」（52ページ）と指摘しています。

　御船氏は「生活者」を「あるがままの人間」と呼んでいますが，この意味は
次の通りです。「よく知られているように，労働者に対しては資本家，勤労者
に対しては雇主が概念として対置している。また，消費者には生産者，国民に
は政府，市民には自治体が対置している。・・・これに対して，生活者の概念
には，これと対立する概念が見当たらない」（66から67ページ）と指摘しており，
「生活者」は生きている人間すべてを指し，それを「消費者」という特定の性
質を規定した狭い概念と比較して説明する従来のアプローチ自体が不適切であ
ることを主張しています。

　ではなぜ「生活者」を「あるがままの人間」と呼ぶことができるのでしょう
か，その理由を同氏は「生活者」と経済活動の範囲との関係で説明しています。
　図9-1を使って説明しましょう。まず，同氏は伝統的経済学の研究対象は
GDPを生み出す源泉となる「GDP経済」であるとしています。これには民間
セクターと公共セクターが含まれます。しかし，市場経済には各種の闇市場で

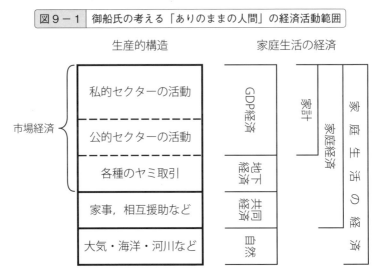

図9−1 御船氏の考える「ありのままの人間」の経済活動範囲

出所：御船（1997）の図3.1を筆者の考えで簡略化したもの。

ある「地下経済」も存在し，これらは通常，GDPには計上されませんが，家計に消費されたり，企業のロビー活動で利用されたりしています。これに加えて，家事や相互扶助などの「共同経済」があり，大気・大地・海洋・河川などの「自然」（環境経済と言ったら良いのかもしれません）があります。同氏はこれらすべてを加えたものを「家庭生活の経済」と呼び，「生活者」が生きている世界だと主張しています。

　したがって，「GDP経済」だけしか研究対象にしない研究者にとっては，「生活者」は単なる「消費者」や「労働者」であるのに過ぎませんが，例えば第二次世界大戦直後の統制経済や高度成長期の公害社会の中を生き抜く人々を研究する研究者にとっては，むしろ「GDP経済」以外の経済が重要ですから，その部分を強調するために「生活者」という用語を使うことになるのだと思います。

　さらに，御船氏は「家庭生活の経済」が貨幣に換算することが難しい「共同経済」や「自然」に加えて，非合法の「地下経済」を含むことから，それらの研究のためには「複雑性の経済学（economics of complexity）」の導入が必要だと主張しています。すなわち「物事は細かく分解しても，単純にはならないも

のだ」(61 ページ) とし，また，「人間が行う計算は無限なものではない，複雑な状況における人間行動は，一元的な最大化行動としてとらえることはできない」(62 ページ) として，限定合理性 (bounded rationality) の適用を主張しています。

■ 我々が学ぶべきことは何か

　さて，この御船氏の「生活者」論は極めて鋭い洞察であると同時に，本質的に現象学に通じる問題の捉え方をしているように私には思えます。人がなぜ「ゆたかさ」を感じるのかについては極めて哲学的な問題だからです。「GDP経済」だけを考えるのであれば，それはある程度まで人間が知性で捉えることができる合理的な世界の出来事です。少なくとも知識として勉強できる要素もありますし，統計等が完備されている部分もあります。その意味で，「GDP経済」はある程度客観的な世界であり，それを研究する伝統的経済学も客観科学として成立する部分があると言えるでしょう。

　しかし，「地下経済」の理解は個別の経験だけが頼りであり，それは経験にもとづくがゆえに普遍法則とはなりえません。その意味で，「地下経済」の認識や理解は主観的現象ですが，主観的現象であるからといって存在しない世界でもありませんし，「生活者」の中にはその部分が大きな生活の部分を占めている者もいます。

　実際，例えば，都市の面白さを考えてみても官庁街や文教地区よりも屋台や露天商が多く出店していて，通行人も無秩序にごった返している街の方が魅力的に感じられる場合もあります。もちろん現代社会では，非合法な経済を認めることはできませんし，そこで感じる活気や安らぎは偽りの「ゆたかさ」であるかもしれません。終戦直後の闇市や現代の危険薬物売買のような本物の「地下経済」を政策として取り入れることは許されませんが，「あるがままの人間」にはそうしたものに魅力を感じてしまう側面があることは事実で，「生活者」の概念の中にそれらを明示することは必要でしょう。

　いずれにせよ「生活者」がフォーマルな経済だけではなく，インフォーマルな経済も生き，貨幣価値で換算できない「自然」を愛しむ存在であると同時

に，家族や同僚との協働や共感も日常生活を構成する重要な要素であるとした
上で，「生活者」の人格の一部分として時に客観的に効用最大化の計算をする，
つまり「消費者」（合理的経済人）の部分が含まれていると考える御船氏の「生
活者」論は，人間の本質を突いた考察であるように私には思えます。

3 ──「あるがままの人間」へのアプローチ

（1）現象の認識とは何か

　自然科学はもちろん，経済学などの人文社会科学系の既存の学問において
も，「あるがままの人間」のような感覚的な対象物を研究することは大変な困
難が伴います。なぜなら既存の学問はすべて，因果律に代表される論理学を土
俵として研究しているからです。論理的，合理的ではない部分を伴う「あるが
ままの人間」を研究する方法が十分に確立されていないのが現状です。

　しかし，21世紀は人工知能（AI）の時代です。人工知能は人間の思考方法
を真似て計算するコンピュータのことですが，20世紀のコンピュータは論理
的な判断かまたはランダムな回答だけしかできませんでした。コンピュータが
人間の思考を真似るには，人間の思考方法を研究しなければなりません。

　人間も論理的な判断をしますが，それは単にコンピュータのように機械的な
論理判断（カントの用語で分析判断）だけをしているだけではありません。もっ
と複雑な論理判断（カントの用語で総合判断）もしています。もしコンピュータ
に人間の思考方法を組み込むのであれば，つまり人間らしい判断を求めるため
には，人間がどのように総合判断をしているのかも解明しないといけないので
す。

　実は人間の知性について革新的な研究をしたのは18世紀の哲学者カント
（Immanuel Kant：1724年〜1804年）でした。彼は今日の人工知能を開発する上
で出発点となる認知科学の基本的なフレームワークを意図せずに考案したと言
っても過言ではありません。このフレームワークのことを哲学の分野ではド
イツ観念論と呼びますが，ドイツ観念論はその後さらに発展し，19世紀末か
ら20世紀初頭にかけてフッサール（Edmund Gustav Albrecht Husserl：1859年〜

1938年）やハイデガー（Martin Heidegger：1889年～1976年）らによって「現象学」
という学問に結実しました。現代の認知科学は，大雑把に言って，心理学や生
命科学がこの「現象学」を実証的に取り入れたものと言えるでしょう。

　私が本書の最後の章で「現象学」を皆さんにご紹介する理由は，AI時代に
なってようやく必要不可欠な学問として認知されるようになった「現象学」は，
単に人工知能の開発のためだけではなく，社会保障のような人間社会の政策を
考える上でも取り入れていかなければならない学問で，実際，それこそがフッ
サールの願いでもあったからです。

▌主観－客観問題

　カント哲学を理解する上で最も障壁となる事柄は，我々がもっている客観と
主観の概念についての誤解です。つまり私たちは通常，客観的判断は普遍的真
理を表しているが，主観的判断は個人的見解に過ぎないという思い込みです。
別の言い方をすると，客観事象は我々の外にある真実あるいは事実で，主観的
な認知は我々の頭の中にある思い込みや感情に過ぎないという捉え方です。

　主観と客観の違いは何なのでしょうか。これが古代ギリシャの時代から続い
た哲学論争の1つである「主観－客観問題」です。カント哲学はこの問題にケ
リを付けたのです。

▌分析判断

　カント哲学の答えはこうです。客観的判断とは人々が同じ判断結果を伴う判
断で，主観的判断とは人によって判断結果が異なる判断ということです。例え
ば，「男は女ではない」という叙述は，すべての人がイエスと答えます。この
タイプの叙述は分析判断と呼ばれ，人間の集合には男の集合と女の集合しかあ
りませんので，人間である限り男でなければ女です。これは論理的に「真」で
すので，誰でもイエスと答えるのです。

　コンピュータはこの種の叙述の真偽を判定するのは得意です。

総合判断

　しかし，「海は青い」という叙述はどうでしょうか。イエスと答える人もいるでしょうが，「沖縄の海はエメラルドグリーンだ」と答える人もいるでしょう。つまり人によって判断が分かれ，同じ判断結果になりません。この時，人は「海は青いという君の主張は，君の思い込みであって，常にそう（「真」）だとは限らないよ！」と会話します。

　では「海は青い」という叙述の判断はなぜ分かれるのでしょうか。それは，主語の「海」は「川」「池」「沼」「湖」などと並ぶ水の様態を表す集合の要素の１つで，述語の「青」は色を表す集合の要素です。「水の様態」の集合と「色」の集合とを比較しても論理的な答えが出ないのは当たり前のことです。この種の判断を総合判断と呼びます。人々は総合判断を行う時，通常自分の経験にもとづいて判断します。経験は人によって異なるので，判断が分かれるのです。

　もちろんこの種の叙述の真偽をコンピュータで自動的に判断させることはできません。

アプリオリな総合判断

　しかし，驚くべきことにカントは総合判断でも万人の判断が一致する場合があると主張します。それが「アプリオリな総合判断が可能なのはなぜか」という哲学的な問いになります。つまり主語が属する集合と述語が属する集合が異なる属性の集合であったとしても，すべての人の判断が一致する場合があるというのです。

　カントがその例に挙げたのが幾何学的な判断で，「この２つの三角形は合同だ」とか「相似だ」という叙述です。人は２つの三角形を実際に重ね合わせるという作業をしなくとも，イメージの図を見ただけで判断をすることができます。三角柱や円柱といった立体でもそうした判断は可能です。

　なぜ幾何学的な判断の場合には実験（経験）しなくともすべての人が同じ判断をできるのでしょうか。カントはその理由を，人々が生まれつき共通の空間認識能力を有しているからだと考えました。そう，我々は誰しも３次元空間で物体を知覚するのです。すべての人が同じフォーマットで視覚情報を外界から

得ているから同じ判断となるということです。

　一方，重さとか甘さなどの感覚イメージにはこのような共通のフォーマットがありませんので，「このリンゴは甘い」という叙述の判断は各自の経験にもとづいて異なります[2]。

■ 客観は主観の一部

　さて，以上の説明から主観と客観の関係もおわかりでしょう。私たちは人間である限り，五感から外部の情報を取り入れます。その意味で，私たちはすべて自分が経験したことしか認知できません。経験にもとづく判断はすべて主観的判断です。

　他方で，私たちは分析判断だけでなく，総合判断についても実験（経験）しなくてもすべての人が同じ判断をする場合があります。つまり頭の中で考えただけで何が真実なのか共通の合意が得られる判断をすることができる場合があります。

　カントが言わんとしたことは，人間はすべて主観的判断をしているが，主観的判断の中に全員の答えが一致する共通の判断，つまり客観的判断があるということです。この意味で，客観は主観の一部ということができます。

　なぜ共通の判断をする場合があるかと言えば，外界の情報（カントの言葉で観念＝イメージのこと）を取り入れる段階で，誰しも３次元空間的なイメージとして直観し，それをまた，すべての人間に先天的に共通に備わっている論理的能力（カントの言葉でカテゴリー表）にもとづいて認識されると，同一の判断処理がなされるからです。つまり同じように情報をイメージすることに加えて，同じ手順で処理することができるから同じ判断になるということです。

　大切なことは，客観事象も主観的認識と同様にともに我々の認識の中にある事象であり，決して客観事象が我々の認識を超えて外界で起こっていることではないということです。あなたにも私にも「○○のように見える」というだけです。

（2）世界内存在

　カントは主観も客観も我々の認識の中の出来事と述べましたが，それでも「物自体」という神様が作った万人にとって共通の世界の存在を否定しませんでした。彼は「物自体」を人間が神様の目で見るように認識することはできないと述べただけでした。

　しかし，フッサールからハイデガーへと続く20世紀の現象学者たちは明確にすべての人にとっての共通の世界（「物自体」）を否定しているように私には思えます。神様がいるとすれば，それは自分の意識の中であり，意識の外にある「物自体」の世界ではないことは明らかです。つまり自分の意識の中にいる神が，意識の外にある世界を作ることなど論理矛盾といえるからです。

▌道具関係

　さて，では現象学では，我々はどんな世界の中に存在していると考えているのでしょうか。ハイデガーはそれを存在者の道具関係（配慮的気遣い）で認識（悟ら）された世界だと説明しました。存在者？　道具関係（配慮的気遣い）？　聞き慣れない哲学用語が多用されていますので，私はそれをもっと単純に「自分の経験にもとづいて語ることができるストーリーで記憶された世界」と呼ぶことにします。

　私たちは皆，赤ん坊として生まれます。もちろんその時点では何の知識も情報ももちません。しかし，お腹が空けば不快を感じますし，オムツが濡れても不快を感じます。そんな時，お乳を飲ませてくれたり，オムツを替えてくれたりする人が居れば，その人は自分にとって「役に立つ」存在者と認識します。（ただし存在者は人間や生き物とは限りません。また，「役に立つ」という言葉が不適切であれば，自分にとって「近い」存在者と呼ぶこともできます。）そして，やがてその存在者は自身を指さして「ママ」と発声します。こうした関係性において，赤ん坊は「ママ」を認識するのです。

　これが生まれて間もない赤ん坊の意識が存在している世界のすべてです。赤ん坊にあるのは，どこからともわからないがなぜか湧いてくる不快な気分（情状性）と，それを快適な気分に変えてくれる「ママ」と発音する何らかのもの

の認識だけです。決して神様が作った客観世界の中に存在している訳ではありません。

　やがて赤ん坊は成長し，保育園，小学校，中学校等々に通い，色々なことを経験（学習）します。それらの経験はすべて道具関係のストーリーとして記憶されていきます。例えば，図9－2にあるように，今見えている何らかの物体は，みんなが「椅子」と呼んでいるものですが，自分にとっては食事の時に座るために存在しているもので，座って食べると快適な気分にさせてくれるものです。また，今自分の前を歩いている毛むくじゃらの生き物（猫）は，自分の遊び相手で，一緒に遊ぶと自分の気分が良くなる関係の存在者です。等々，目の前にあるすべてのものは，自分にとってどんな使い方ができるかで関係づけられている，こうした道具関係で構築された世界の中に自分の意識が存在して

図9－2　世界内存在

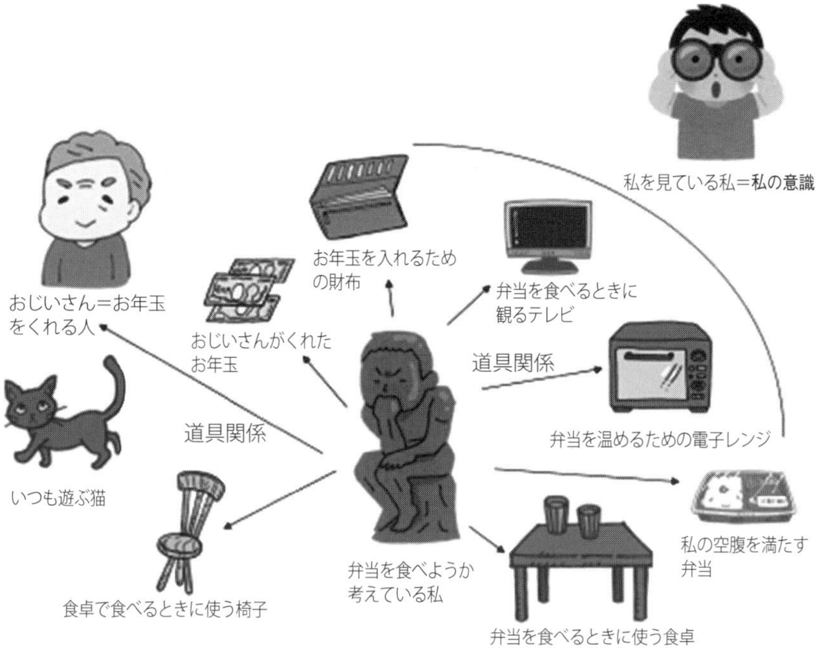

私を見ている私＝私の意識

おじいさん＝お年玉
をくれる人

おじいさんがくれた
お年玉

お年玉を入れるため
の財布

弁当を食べるときに
観るテレビ

道具関係

弁当を温めるための電子レンジ

いつも遊ぶ猫

道具関係

私の空腹を満たす
弁当

食卓で食べるときに使う椅子

弁当を食べようか
考えている私

弁当を食べるときに使う食卓

出所：筆者作成。

いるとハイデガーは考えました。

　したがって，今，あなたと私がＡ社の同じオフィスで机を並べていたとしても，見える景色は一見同じかもしれませんが，お互いの意識はまるで別々の世界にあるのかもしれません。もしハイデガーが現代に生きていれば，列車内で携帯電話を使って外の空間の人との会話に没入する乗客を見て，自分の学説の正しさが証明されたと喜ぶかもしれません。

（3）頽落と不安〜壊れものとしての人間

　ハイデガーの分析はここで終わりません。彼は個人の日常的な状態を頽落（たいらく）の状態だと分析しています。この頽落という用語も難解な哲学の概念の１つですが，人の「非本来性」，つまり「あるがままの人間」を知る手掛かりになります。

▌自分の意識の情状性

　前項で説明しましたように，ハイデガーによれば，人はどこに存在しているのかと言えば，それは「今いる自分（現存在）」が気づかされた（カントとは違う仕方で認識した）世界の中です。「今いる自分」とは，デカルト的に言えば「考えている私」の意識のことです。しかし，ハイデガーの「考えている私」は，自分が認識している世界と独立した存在ではありません。すなわち「世界内存在」とは，「今いる自分」は自分が認識した世界の中にいますが，その世界は自分がこれまで経験してきた結果得られた道具関係で構築された世界であり，人によって異なる主観的な世界であり，自分の意識が作り出した世界の中で存在しているのです。

　さて，世界性の中で存在する現存在（自分の意識）は，「情状性」（気分）を直感することを本質とする存在だとハイデガーは説明します。現存在は，この「情状性」によって，世界や自分を「開示する」（「了解する」あるいは悟らせる）と言います。

　「情状性」とは日常的なさまざまな気分であり，高揚した気分もあれば，落ち着いた気分もあり，さらに，不快な気分もありますが，ハイデガーが特に着

目したのは日常的な特に理由のない倦怠感です。つまり何となく「けだるい気分」のことです。ハイデガーはその気分の理由を死に対する不安に求めています。

　彼によると，人は通常，「非本来性」という，日常性の中で生活していると言います。彼の用語で，現存在は「配慮的に気遣われた」世界に「没入」していると言います。この意味は，本来の自分のあり方（「本来性」）を意識することから逃避していることに他なりません。「自分は何のために生まれてきたのか」とか「死とは何であるのか」とかいった非常に重い意識は気分を暗くしますが，このことが「自分（現存在）は否応なしに存在してしまっている」という「被投性」を開示するので，日常性の中に埋没することによって逃避しているのです。ハイデガーは，このように人が「非本来性」の中で生活している状態を特に「頽落（たいらく）」と呼びました。

▌頽落と企投，そして企投なき被投性

　強調しなければいけないのは，「頽落」が人間生活の特殊な状態を指している訳ではなく，むしろ日常の状態であるということです。ハイデガーは「頽落」の具体的状態として，「空談」，「好奇心」，そして，「曖昧性」を例示しています。

　ただし，人間は無条件で「頽落」し続ける存在ではありません。「自分の存在そのものに対する不安」，「死への不安」といった重荷から逃れるために本来の自分から日常性の中に逃げ込むのですが，逃げたところでその不安は解消される訳ではありません。そして，「頽落」から本来の自分を気づかせるのは「先駆」となりますが，「先駆」とは，自分が死すべき存在であるという自覚のことです。

　ハイデガーは「先駆」によって「頽落」から呼び覚まされ，本来の自分を思い起こした現存在は，「良心」の呼びかけを聴くとしています。

　我に戻った（「頽落」が剥離した）現存在は，本来の自分のあり方を意識する（この状態を「企投」と呼ぶ）ことになります。つまり論理的判断や合理的判断を下す状態に戻ると言うのです。

　しかし，この優等生的な物語の部分を否定したのは，自身がユダヤ人としてナチスドイツのホロコーストを経験したレヴィナス（Emmanuel Lévinas：1906

年～1995 年）でした。ハイデガーは「良心」が世人的自己を本来的な自己に変容させることを示唆しているのに対して，レヴィナスは「企投」をもつことの不可能性，「企投」なき「被投性」を主張し，壊れものとして人間を描いています。レヴィナスの考えでは，あまりにも強い不安や恐怖，いつ終わるかわからない持続する不安からは，現存在は逃走するしかなく，存在者としての私（例えば過去の栄光の思い出）に逃げ込む（帰入する）しかなくなると言うのです。

　これは「引きこもり」の状態と言えるのではないでしょうか。図9－3を使って少し説明したいと思います。ハイデガーの存在論では，自分の意識（現存在）と自分自身を含めたさまざまな事物（存在者）とが分離しています（存在論的差異）。自分の意識が作り出した世界の中に自分が存在しているのですが，冷静な状態のときであれば自分の意識は道具関係の中で自分を見ています（左図）。

　しかし，例えば，皆さんが急に人前に引き出され，自己紹介しなければならない状況を思い浮かべてください。緊張して舞い上がった自分の意識は真っ白になり，差し出されたマイクも認識できず，聴衆の顔も見えません。つまり自分の意識は消えてしまっている状態になります（右図）。

　自己紹介の場合の緊張であれば，固まったり，しどろもどろにしか喋れなかったりしたとしても自分の順番が終われば，その状態から解放されます。しか

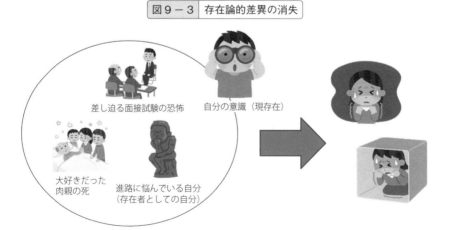

図9－3　存在論的差異の消失

差し迫る面接試験の恐怖　　自分の意識（現存在）

大好きだった
肉親の死

進路に悩んでいる自分
（存在者としての自分）

出所：筆者作成。

し，突然の解雇やパートナーとの死別などの場合には，意識が真っ白になる状態が延々と続きます。自分の意識は不安や恐怖から逃れられないのです。これがレヴィナスの「企投」なき「被投性」の状態です。

　「引きこもり」は布団をかぶってふて寝している状態が多いと思いますが，唯一，眠っている時だけは何も意識しなくて済みます。人前で緊張して何も筋肉が動かなくなるのと同様に，「引きこもり」も固まって何もできない状態だと考えることができます。こんな時に，理路整然と物事の道理を説いたところで，本人の耳に届かないのは当然なことです。

4──「生活者」論への適用

　以上の説明はもちろん純粋に哲学的な議論です。この議論を現実の社会分析にそのまま適用することは適切でないでしょう。しかし，合理的経済人ではなく，「あるがままの人間」を分析するという我々の目論見を踏まえて，ここでは，これまで見てきた哲学的，現象学的アプローチを御船氏の「生活者」論に適用することで，おぼろげながらも何か見えてくることがありそうです。試してみる価値はあるのではないでしょうか。

　御船氏の「生活者」論では，生活者は「市場経済（民間セクター）」，「公共経済」，「共同経済」，「環境」，そして「地下経済」に直面し，常時意思決定，つまり判断を迫られる存在でした。そこではどのような種類の知的な判断がなされるのか，考えてみましょう。

　図9−4には御船氏の作図（前掲図9−1）を一部改変した上で，カント哲学やハイデガー現象学を当てはめ，判断とその保留の方法を示してみました。もちろん，純粋な哲学問題である真・善・美の判断や存在の仕方の議論をそのまま経済現象に当てはめることには無理がありますから，ここでの目的は日常的な存在である「生活者」を伝統的経済学の視点からのみ捉えることの限界を示す1つのイメージとして考えてもらえれば幸いです。

　また，ハイデガーは決して人間の知的判断を「本来性」のモードと「非本来性」のモードの2つに分けて考えている訳ではありませんが，ここでは議論の

図9－4　「ありのままの人間」の知的判断

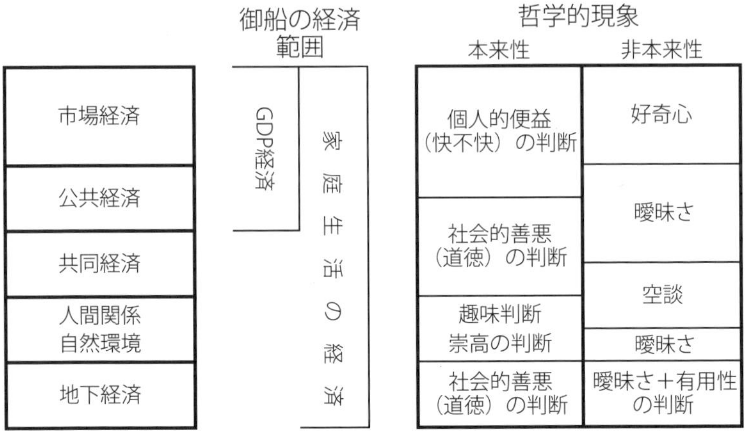

御船の経済
範囲

哲学的現象
本来性　　　非本来性

市場経済		個人的便益（快不快）の判断	好奇心
公共経済	GDP経済	社会的善悪（道徳）の判断	曖昧さ
共同経済			空談
人間関係 自然環境	家庭内生活の経済	趣味判断 崇高の判断	曖昧さ
地下経済		社会的善悪（道徳）の判断	曖昧さ＋有用性の判断

（備考）好奇心　　目移り，気が散っていること
　　　　曖昧さ　　他人事，本当に深刻には受け止めていない
　　　　空談　　　どうでもいい語り
出所：図9－1に筆者が哲学的視点を加えたもの。

　単純化のために，合理的な知的判断を行っている状態（「本来性」の状態）と知的判断を先送りしたり放棄したりしている状態（「非本来性」の状態）とに分けて考えます。

　後者の状態をハイデガーは，「空談」，「好奇心」，そして，「曖昧さ」の3つの用語で示しました。「空談」とは，井戸端会議に代表される真偽があいまいな無駄話に花を咲かせる状態です。「好奇心」とは，色々と目移りして1つに決められない状態です。「曖昧さ」とは，本当は深刻な問題なのにあえて楽観視したり，問題の本質とは異なる部分を強調したりする状態です。これらは意思決定することから逃避しているので，知的判断を保留している状態と言えます。

　さて，図9－4で，まず，「GDP経済」を構成するのは「市場経済」と「公共経済」でした。これらの経済は人々の経済活動の根幹部分ですので，「生活者」が本来的な自分であれば，それぞれの人生の目的に向けて無駄のない，最も的確な選択肢を選ぶはずです。何を判断するのかと言えば，個人的な価値判

断，すなわち快楽の大きさです。

　カントの場合には，快楽は感情であって知性ではないとしていましたので，これは彼が説明する実践理性の判断，つまり普遍的な善悪の判断（価値判断）ではありません。しかし，ハイデガーの立場では道具関係で世界が構成されますから，個人的主観的な価値判断であったとしても自分の世界の拡大や精緻化のために真剣に安全性を判断したり，効能を判断したりするでしょう。

　ただし，「GDP 経済」のうち「公共経済」は，単に効率性だけを問題にしているのではなく，負担や配分の公平性や価値財の供給の是非などの問題も含んでいます。これらは個人的な価値判断だけではなく，社会的普遍性のある善悪の判断でもあります[3]。

　したがって，いずれにせよ伝統的経済学が想定するように，「GDP 経済」においては，本来的な自分であれば，合理的な快不快の判断や価値判断を行う部分です。

　他方，人が「非本来性」にあるとき，「市場経済」に直面した人はどのように「頽落」しているのか，すなわち，判断の保留をしているのでしょうか。実際に，個人的な快楽は思考ではなく，自然に湧き上がってくる感情ですから，その感情自体を止めることはできないでしょう。そして，その感情にもとづいて実際にどちらの選択肢がより望ましいのかを判断することが難しいことがあるかもしれません。その状態は，色々な選択肢の間で目移りしている状態であると考えられます。これはハイデガーの用語で自分の意識は「好奇心」に向かっていると言えるかもしれません。

　また，「公共経済」における意思決定に際しては，例えば，貧困問題とか財政赤字の問題のような，本来であれば深刻な問題に対して，実はあまり深刻に受け止めていない，つまり他人事のような態度を取ることがあります。これはハイデガーの用語で「曖昧さ」の中に「没入」している状態と言えましょう。

　次に，「共同経済」について考えてみましょう。この経済は，相互扶助や慈善のように必ずしも明確な対価を求めず自発的に参加する部門ですから，信条，信念，あるいは信仰などが問われます。すなわち，快楽という自然法則を超えて，人は何をすべきで，何をすべきでないかが問われています。これはも

ちろん道徳判断ですので，純粋実践理性的な価値判断を行うことが本来の状態です。

これに対する「頽落」は，「曖昧さ」に加えて「空談」があるように思われます。例えば町内会の会合や村祭りの準備などの折に，無駄話で時間をつぶし，なかなか行動が始まらないことはよくあることです。

人間関係と自然環境のあり方に対する判断は，真偽の判断や善悪の判断でもありますが，それだけでもありません。この種の判断は，カント哲学では『判断力批判』の研究対象であり，趣味判断や崇高の判断が該当するように思われます。人間関係は社交性の原理を含意する趣味判断によって判断され，大自然の雄大さに畏敬の念を抱くのは崇高の判断です[4]。

人間関係や自然環境に関する判断の「頽落」は，やはり「曖昧さ」と「空談」と言えるでしょう。他人事のように振舞ったり，無駄話で誤魔化したりしてしまうことは珍しくないからです。

最後に，「地下経済」について考察してみましょう。「地下経済」は，それを求める人にとっては有用性が認められるから利用される存在です。例えば，コンサートやスポーツ観戦の入場チケットについて，それがどうしても欲しい人はダフ屋に吹っ掛けられても購入します。彼らはダフ屋が買い占めたから自分が正規の価格でチケットを購入できなかったとは考えず，自分のためにダフ屋がチケットを確保し，売りに来てくれたと考えるかもしれません。そうであれば，それは有用性の判断と言えるでしょう。

しかし，言うまでもありませんが，この有用性の判断は，善悪の判断と一致するとは限りません。したがって，「地下経済」における意思決定の「本来性」と「非本来性」は，通常の経済とは反対となる可能性があり，「曖昧さ」の中で有用性の判断をしているのではないでしょうか。本来は深刻に受け止めるべき危険を，深刻に受け止めないという「曖昧さ」によって安易に利用してしまうからです。

「地下経済」においての本来的な判断は，当然，社会的な善悪の判断にもとづいてなされるべきであり，その判断にもとづけば利用しないでしょう。

さて，以上の通り，御船氏が主張する「家庭生活の経済」をその人の世界性

の認識の中で考察しますと,「市場経済」,「公共経済」,「共同経済」,「環境」,および「地下経済」の構成は人によって大きく異なる可能性があります。また,同じ人でも生涯を見通した時には,加齢や人生経験とともにそれらの構成が変化するのはむしろ自然のことでしょう。

5── むすびにかえて─今後の社会保障改革への含意─

　現象学が提唱されてからすでに100年以上の月日が流れましたが,少なくとも日本では哲学者の間にだけしか浸透していないように思います。現象学は西洋合理主義の限界を指摘した学問で,経済社会を考察する場合でも,合理的経済人の仮定にもとづいた分析と,「あるがままの人間」としての「生活者」の視点から見た分析とでは,随分と景色が違うことに気づいて頂けたと思います。

　合理的で判断を間違えない人間の自由な選択は,一部の市場の失敗が生じている場合を除けば,すべて納得ずくめの結果がもたらされていることになります。この視点に立てば,老後破綻する退職者も,生活困窮に陥る母子家庭も,過労死する労働者もすべて本人の選択の結果ということになります。これでは貧困や不幸の自己責任論です。

　これに対して,現象学の視点に立てば,人それぞれ見えている世界が違います。子育て中の世帯,1人暮らしのフリーター,そして,定年退職した老夫婦の世帯などです。これらの世帯では決して合理的な判断をしていない訳ではありません。ただ急に景色が変わったり,強い不安の中で生活したりしていることにより先が見通せない状況で意思決定せざるを得ないのではないでしょうか。つまり人は合理的経済人と違って失敗する生物であり,失敗が許されない社会では自立した状態で生き延びることさえ難しいと言えるでしょう。

　最後に,第4章や第5章でも議論した通り,現在の働き方改革は少し論点がズレているように見えます。例えば,自発的な長時間残業や年次有給休暇の未消化等の問題は,なぜ労働者が自発的に労働することを選択したと考えることができるのでしょうか。

　現象学が強く示唆していることは，人は時間を持て余すことに耐えられないという側面です。なぜなら暇（ひま）があると本来の自分が何なのかを考えてしまい，非常に辛い精神状態になるからです。これは，特に日本の労働者には職場と家庭以外には居場所がないのが普通であり，職場に留まること自体が頽落の状態になっている可能性が高いと考えられることです。

　いずれにせよ今後のさらなる社会保障改革を考える場合には，人間は常に合理的に意思決定する存在だという仮定を外し，赤ん坊として生まれた人間が意識の中でどんな世界を構築していき，どのように人生を全う（終活）するのかという視点を加味する必要があるのではないでしょうか。

【注】
1）　本章は生活経済学会第35回研究大会テーマ別分科会「新たな『アセット・シェア社会』から生活を考える」2019年6月23日（於：東洋大学）の報告原稿，ならびに生活経済学会中部部会春の小研究会「シンポジウム「『終わる』ということから生活を考える」2019年3月23日（於：名古屋学院大学）の第2報告の原稿を大幅に加筆修正したものです。
2）　ただし「糖度12度のミカンは，糖度10度のミカンより甘い」という叙述であれば，万人の判断は一致します。これがルネサンス以降のサイエンスで，フッサール（1995）は糖度のような共通の尺度を定義すれば総合判断もアプリオリに可能になるとしており，サイエンスとは共通の尺度を発見または開発することに他ならないと主張しています。
3）　カントによれば，善悪（道徳）の判断，すなわち価値判断は理性の働きであるとしています。ものごとの価値は，外界にあるものを認識すること（真偽の判断）とは違って，それぞれの個人の心の中の問題だからです。
　　ゆえに，すべての価値判断は主観的判断です。しかし，カントはこの価値判断の中にも「アプリオリな総合判断」はあり得ると主張し，さらに，それを見つけ出す方法として定言命法を提案しています。
　　定言命法の適用にあたって，まず，個人の主観的な格率（マキシム：マイルールのこと）を想起します。例えば，「私は早寝早起きをする（すべきである）。」という格率を想起します。この格率はもちろん総合判断であり，本来であれば経験的に善悪を判断することになりますが，カントは次に，その格率を無条件に社会のすべての人が採用したときに論理的な矛盾が生じるか否かを考察せよと述べます。もし何の矛盾も生じないのであれば，その格率は社会の道徳法則になり得るとカントは主張します。
　　この例の場合には，ある国のすべての人が早寝早起きすれば誰も夜中に出歩く人

もいないことになるので，警察もコンビニも必要なくなり，何も矛盾は生じないかもしれません。つまり「早寝早起きをすべきである」は道徳法則になり得ると判断できます。

ただカントの時代にはここまでの議論で終わることができたのでしょうが，インターネットや情報通信技術で結ばれた現代社会では，日本が夜中の時間帯でも欧米諸国は昼間ですから，各国の人が早寝早起きしてしまえばグローバル経済は成立しないことになるかもしれません。もしグローバル経済の維持が現代人の生存にとって必要不可欠（これは真偽の判断）であれば，現代の社会では「早寝早起きをすべきである」という道徳法則は成立しないといえるかもしれません。

このように価値判断のような主観的な総合判断においても，人々の悟性にアプリオリに備わっている論理形式に当てはめることによって普遍的な（ゆえに客観的と言える）価値判断を探し出すことができます。

しかし，カントは，このようにして見つけ出された道徳法則は何ら拘束力をもたないと説明します。なぜなら人がどのように行動するかは，「快楽」を求める欲望に支配される場合と，純粋に論理的な必然性にもとづく場合との2つに区分されますが，自動的に後者が選ばれる訳ではないからです。ただ前者にもとづいて行動している人間は，当然，「快楽」の反対の感覚である「不快」にも支配されることになるので，不安や苦悶にも支配され，耐えることができません。論理的に導き出された善の判断基準を持つ者だけが，不安や苦悶に耐える意志の自由（自由法則）を獲得することができると強調しています。

4) カントの第三批判は『判断力批判』です。カントによれば，判断力は悟性と理性の中間に位置する心的能力で，参考表に示したように4つの種類があります。

（参考表）4つの判断力

	美学的判断力	目的論的判断力
内的な合目的性	趣味判断（美の判断）	目的の判断
相対的な合目的性	崇高の判断	有用性の判断

出所：筆者作成。

同表の縦列に示されたように，判断力の種類には美学的判断力と目的論的判断力の2つがあります。美学的判断力とは，次に説明するような自然の合目的性を人間がその主観的な根拠にもとづいて感受する能力のことです。また，目的論的判断力とは，混沌とした素材から，しかも無限に多様であって人間の理解力に適合しないような素材から，完全な連関を保つ経験を作り出す能力のことで，要約すれば，自然が秩序を備えているように見える能力のことを指しています。

他方，同表の行に示されたように，自然の合目的性には内的な合目的性と相対的な合目的性とがあります。合目的性とは，あるものがその目的にふさわしい性質をもっていることをいいますが，そのうち内的な合目的性とは，対象そのものに合目

的性が存在していることであり，相対的な合目的性とは，その対象には合目的性が備わっていないにもかかわらず，主体である人間のうちにある目的の観念が生まれてきて，対象がその目的に適うように感じられることをいいます。

　以上の分類から，趣味判断，崇高の判断，目的の判断，そして，有用性の判断の4つが導かれます。このうち，まず，趣味判断とは，古くから哲学のテーマとなっている美醜の判断のこと言います。例えば「この花は美しい」という総合判断のことを指します。カントはこの意味を省察するために，自然に咲いている無数の野花を想定し，人はなぜこのような会話をするのかを考えました。

　自然に咲いている無数の花は，石ころと同じ自由財であり，経済的な価値をそこに見出すことはできません。カントは，それにも関わらずそうした会話をするのは，話者が他者に向けて同意を求めているとしか考えられないと結論づけました。つまり本来主観的な好みである美的感覚を相手に問うということは，その美的感覚が普遍性をもつことを話者が知っている証拠であると結論づけたのです。

　カントはこれを美的な共通感覚と呼び，他者から見て自分がどう見えるかを気にする感覚のことを指し，例えば，「もし無人島に1人で暮らす人がいれば，自分の小屋を飾ったり，身だしなみに心を配ったりすることはしない」と論じました。

　以上の考察からカントは，「この花は美しい」と語る人の意図として次の4つを挙げました。

1）他者に「この花が美しい」ことについての同意を求める。
2）自分が共同体の共通感覚を備えていることを他者に示す。
3）自分が利己的な利害を離れた判断をすることができる人物であることを他者に示し，共に洗練された文化世界を構築することを呼びかけている。
4）自分が自律的な判断を下す自由な人間であることを他者に示す。

　要約すると，人が趣味判断をすることは，他者との社交性の原理を人間がアプリオリに備えていることの証拠を示しているということになります。

　次に，崇高の判断とは，高度な数学や物理学のような難解な概念を見た場合や，大震災のような人知を超えた出来事に出くわした場合に感じる判断のことを言います。このとき人は，最初に不快を感じるかもしれませんが，そこに崇高で深遠な感覚（畏敬の念）を得ることになります。

　さらに，目的の判断とは，純粋な知性による形式判断を補うもので，例えば「ある動物が哺乳類に属するか，魚類に属するのか」を分類する場合の判断を指します。これは，人間には多様なものの中から親縁性を見いだす能力があることを示しています。

　最後に，有用性の判断とは，そのものに目的がある訳ではありませんが，人間がそれを利用しようとすると，まるで人間の目的に適うために存在しているように見えることをいいます。例えば，寒冷地の海岸に流れ着いた流木は，人間の役に立とうと（薪の燃料になるために）現れたように見えることがあります。

　これら4つの判断は，いずれも人間にアプリオリに備わった能力であり，必ずし

も自然現象に対してのみ発揮される能力ではありません。カントがこれら 4 つの判断能力の説明に主に自然現象を例に出しているのは，背後にある原理を省察するためで，普遍的に存在する自然であれば自由財で，少なくともカントの時代には経済価値が乏しかったからの例示と考えられます。

参考文献

イマニュエル・カント著　石川文康訳『純粋理性批判　上・下』筑摩書房　2014 年。

イマニュエル・カント著　中山　元訳『実践理性批判　1・2』光文社古典新訳文庫　2013 年。

イマニュエル・カント著　牧野英二訳『カント全集 9　判断力批判　下』岩波オンデマンドブックス。

エドムント・フッサール著　細谷恒夫・木田　元訳『ヨーロッパ諸学の危機と超越論的現象学』中央公論新社　1995 年。

エマニュエル・レヴィナス著　西谷　修訳『実在から実在者へ』ちくま学芸文庫　2005 年。

鎌田繁則「主観的科学としての都市情報学」　都市情報学研究会編『都市情報学入門』の中の第 I 部第 1 章　創成社　2020 年。

竹田青嗣『完全解読カント「純粋理性批判」』講談社選書メチエ　2010 年。

竹田青嗣『完全解読カント「実践理性批判」』講談社選書メチエ　2010 年。

中山元『自由の哲学者カント　カント哲学入門「連続講義」』光文社　2013 年。

マルティン・ハイデガー著　原　佑・渡邊二郎訳『時間と存在 I 〜 III』中央公論社　2003 年。

御船美智子「生活者と現代生活―いろいろな視点から考える―」原　司郎・酒井泰弘編著『生活経済学入門』の第 3 章　東洋経済新報　1997 年。

村上靖彦『レヴィナス　壊れものとしての人間』河出ブックス　2012 年。

補論 1

社会保障の基本原理と歴史

1 ── 社会保障の基本原理とは

　現在，多くの先進国では福祉政策や社会保障は公共プログラムの1つとして
実施されています。これはアメリカナイズされた考え方で，間違っている訳で
はありませんが，唯一の方法でもありません。本補論では，社会保障の歴史を
概観しつつ，伝統的な社会保障の基本原理を説明します。

　この種の「そもそも論」は一般の読者にはあまり関心が無いことかもしれま
せんが，社会保障を学ぶためには是非知っておいてもらいたいと思います。例
えば，今日，景気対策のための公共支出政策，つまり公共工事が広く行われま
すが，社会資本や公共サービスがそもそもなぜ必要なのかという話と，公共支
出政策を行えば景気を刺激することができるという話は別物です。

　ここで説明する社会保障の基本原理も同じで，人類がどのように貧困と闘う
術を見出してきたのかという話（最低限の互助や共助）と，市場の失敗を補完す
るプログラムとしての公共支出論とは別物です。なぜなら社会保障は，市場経
済社会が確立していない時代から存在していましたし，今後も限られた資源の
中で人間社会が続く限り必要なものだからです。

▌現代社会保障の礎を築いたイギリスの3人の経済学者

　現代社会保障の理念はイギリスの経済学者ベヴァリッジ（William Henry
Beveridge：1879年〜1963年）によって体系化されたと考えるのが定説です。戦
後日本の社会保障も例外ではなく，日本国憲法第25条に宣言された条文「す
べて国民は，健康で文化的な最低限度の生活を営む権利を有する。」は，彼が
信奉していたナショナル・ミニマム論に他なりません。

　福祉国家の理念は，ベヴァリッジ社会保障より前のドイツ・ワイマール共和国の憲法にすでに掲げられていたと言われます。ワイマール社会保障の評価については，諸説あるとは思いますが，私が致命的だったと思うのは失業保険で，1929 年の世界恐慌によって発生した大量の失業者を救済することができず，ナチス・ドイツの台頭を招いたという事実です。

　議論の公平性のために付け加えますと，同時代のイギリスの国営失業保険でも世界恐慌による失業者を救済できませんでしたから，ワイマールの社会保障だけが悪かったと批判している訳ではありません。

　他方，これも公平性のために書きますと，私はベヴァリッジの洞察力がすべて正しかったというつもりも毛頭ありません。彼の文献を読む限り，彼が浮浪生活者を蔑視していたことは明らかで，少なくとも若い頃には優生学的思想に傾いていたことは有名な話です[1]。

　それでも彼は，20 世紀最大の経済学者ケインズ（Jhon Maynard Keynes：1883 年 – 1946 年）との失業論争を通じて，失業の原因がすべて必ずしも労働者本人の選り好みによるものでも，性癖によるものでもないことを受け入れ，社会経済システムによるサポートが必要であることを認めました。そして，現代の我々の社会保障の基本指針とも言える『社会保険と関連サービス』（通称『ベヴァリッジ報告』1942 年刊）を書き上げ，その実現に努力しました。

　このベヴァリッジの論争相手のケインズこそが，現代社会保障の礎を築いたイギリスの 2 人目の経済学者です。

　そして，3 人目の経済学者はピグー（Arthur Cecil Pigou：1877 年〜 1959 年）です。彼は『厚生経済学』の著者として有名ですが，厚生経済学は Welfare Economics の訳語で，Welfare は福祉とか安寧を意味しますから，『厚生経済学』を現代風に訳せば，『福祉の経済学』とか『安心の経済学』となります。

　冒頭で指摘したアメリカナイズされた公共プログラム型の社会保障は，自由放任主義（レッセフェール）を批判したピグーのこの著書と，ケインズ『一般理論』とが出発点になっていると考えて差し支えないでしょう。

　しかし，ベヴァリッジは社会保障の給付水準を所得と結びつけることにも，社会保険を使った所得再分配にも否定的でした。この意味で，ベヴァリッジの

社会保障原理は，アメリカナイズされた公共プログラム型社会保障とは本質的に異なり，伝統的な救貧政策の上に防貧政策を組み合わせたものと解釈することができます。

　本補論では，戦後 70 年以上を経過してもなお社会保障の基本原理となっているベヴァリッジの考え方を説明した上で，併せてケインズ＝ベヴァリッジ型の福祉国家モデルの限界についても指摘したいと思います。

2── ナショナル・ミニマム論とニード原則

　定説では，ベヴァリッジがナショナル・ミニマム論を基盤に社会保障を構築したのは，イギリスの社会主義運動家ウェッブ夫妻による影響が大きかったようです[2]。当時のイギリスは，レッセフェールの考え方が幅を利かせていましたが，ナショナル・ミニマム論は国家，つまり政治（民主主義）が市場に最低限度に介入した方が望ましいとする思想です。

　ベヴァリッジはこの思想を失業政策や防貧政策に取り入れることを認め，予防的措置として社会保険を，事後的な救済処置として公的扶助を，それぞれ活用することを提唱し，併せてナショナル・ミニマムを超える介入は国家として行わないことを推奨しました。

▌ナショナル・ミニマムの水準

　ではナショナル・ミニマムの具体的水準はどのように示されるのでしょうか。これについて，『ベヴァリッジ報告』で具体的数字を挙げて示している箇所は，段落 193 から段落 232 と段落 401 から段落 402 にありますが，当時のイギリスの貨幣表示であり，我々にはピンときません。そこで，彼の考え方を明示する箇所を探すと少なくとも 2 箇所あります。1 つは「認可組合の制度はナショナル・ミニマムの政策と矛盾する」（一圓 (2014) 訳：段落 60）という表記と，もう 1 つは「賃金制度は労働の生産高に基づかざるを得ず，家族の大きさに基づくことはできないので，賃金制度によって，実際にあらゆる大きさの家族にナショナル・ミニマムが確保されることはない。」（同：段落 411）という表記の

部分です。

　認可組合とは，友愛組合や労働組合に起源をもつ旧国民健康保険制度の運用主体のことですが，現代の生命保険や民間医療保険に相当します。これらの給付はナショナル・ミニマムの政策と矛盾すると述べています[3]。

　また，2番目の表記は，ナショナル・ミニマムの水準は賃金水準とは独立に設定されるべきで，ゆえに給付額の賃金スライドとも相いれないことを述べています。

　これらのことから，ベヴァリッジはあくまでも日本の旧生活保護基準の算定のように，必要な食費や被服費，家賃などをバスケット方式で算定した絶対的貧困水準をナショナル・ミニマムと考えていたのであり，社会の所得分布に連動した相対的な水準に設定したものではないことが読み取れます。

ニード原則とフラット制の原則

　ナショナル・ミニマムの水準を全国民に保障しようと試みる新しい社会保障計画には2つの原則がありました。ニード原則（段落302）とフラット制の原則（段落303から段落309）です。

　ニード原則について，彼は政府が社会保障制度を構築する上で，国民のニードを3つに分類する必要があると主張します。まず，老齢や疾病，失業など，すべての個人に共通する基本的ニードに対しては均一拠出・均一給付による社会保険によってそのニードを満たすことを主張します。次に，孤児や母子家庭，障害など，国民のうち一部の者だけが必要とする特殊ニードに対しては，国民扶助によってこれを充足することにします。最後に，基本的ニードを越える追加的ニードに対しては，任意保険（民間保険を含む）をもってこれに対処することを提案しました。

　また，フラット制の原則について，イギリスでは1911年の国民保険法以来，社会保険をビスマルク型の所得比例ではなく，均一拠出・均一給付によって運営することが定着していました。これが均一拠出・均一給付の原則，すなわちフラット制の原則です。

　前項で見たように，ベヴァリッジは，この意味をナショナル・ミニマムの給

付水準と結びつけました。すなわち，国家は，強制社会保険により最低生活水準を保障すれば十分であり，それ以上の水準を提供すべきではないという信念にもとづいたものでした。

3 —— 社会保障の歴史[4]

　ベヴァリッジのナショナル・ミニマム論がどのような背景で誕生してきたのか，そして，なぜ彼の考え方が伝統的な社会保障の考え方なのかを説明しましょう。

（1）救貧法の成立以前

　社会保障の起源をさかのぼることは，社会保障の定義を問うことと基本的に同じことです。もし社会保障を国家による衣食住の保障と単純に捉えるのならば，古代の諸王朝が実施した土木事業の日雇や食糧の無償配布なども原始的な社会保障の一種と見なすこともできるでしょう。

　しかし，今日，我々は社会保障を，対等な市民による地域的な連帯（地域扶助）と職場における相互扶助（職域扶助）との複合的な社会連帯制度であると考えます。国家の役割は，こうした社会連帯制度の法的整備とその財政支援を行うことです。

▋中世キリスト教社会

　そこで，地域や職場における連帯制度の起源をさかのぼることにすれば，それはすでに中世キリスト教の宗教理念や慈善事業の中に見ることができます。宗教理念にもとづく慈善事業は，古今東西を問わず広く見られた現象ですが，中世西欧においては，一神教であるキリスト教が西欧全域に浸透していたことから，宗教的善意にもとづく慈善事業を越えた実質的な公的政策と呼べるものへと進化していました。

　中世西欧社会の最大の特徴は，ローマ教皇を頂点としたキリスト教の教会組織とそれぞれの国家王朝との二重権力の構造にありました。

　中世西欧は荘園社会で，住民の大部分は荘園に雇われた土地をもたない小作人でした。彼らは村の共有地に住み，領主である王侯諸侯の直営地に農夫として雇われるか，耕作地を借りるかにより，租税（賦役）や賃借料（収穫物の一定割合）を支払っていました。他方で，彼らは生後すぐに洗礼を受け，荘園を管轄区とする教区の信徒となりましたが，ローマ教皇は信徒に対して十分の一税を徴収していました。しかもキリスト教の教会組織は王侯諸侯の支配領域を越えてローマ教皇を中心とした西欧全域のネットワークを形成しており，住民である小作人は領主の支配を受けると同時に，一信徒としてローマ教皇の支配も受ける二重権力の下に置かれていました。

▌キリスト教の慈善事業

　こうした中，教会組織の役割は，冠婚葬祭の他に，教義にもとづく慈善事業を行うことでした。教会の慈善事業は，荘園の領主であると同時に聖職者（司教や修道院長）である支配者がその経済力に応じて救貧施設や医療施設などの慈善施設を保持，運営することで実施されていました。特に，有力な修道院には多くの知識が集積され，中世後期には大学として発展する所も出てきますが，修道院で養成された人材が司祭や助祭として教区教会や都市の慈善施設に派遣されたことから，中世西欧の教会の慈善事業は体系的で一定水準の質が保障されていたものと考えることができます。

　なお，中世も後期に入ると，都市部ではギルド（同業者組合）が慈善施設を保持し，運営するようになります。ギルド自体は教会組織ではありませんが，キリスト教の教義にもとづく友愛団体であり，構成員の宗教生活を規制する権限を有していました。また，ギルドはその構成員のために互助制度を発達させており，仲間の病気や死亡，遺族に対して金銭給付を実施していました。

（2）エリザベス救貧法とその後の展開

　こうした中世キリスト教社会の中で，イングランドでは，15世紀に始まった囲い込み運動と宗教改革が中世の社会構造を破壊していきました。

　囲い込み運動とは，中世の荘園において小作人の生活の場となっていた村の

表補論 1 － 1　社会保障の成立史年表

	関　係　史	備　　　考
1492 年	コロンブス，新大陸の発見	中世から近代への転換点となる出来事
1500 年頃	囲い込み運動始まる（英）	共有地の牧羊場化
1509 年	ヘンリー 8 世即位（英）	
1517 年	ルター，95 ヵ条の論題（独）	宗教改革始まる
1530 年	救貧法（英）	最初の救貧法，浮浪生活の取り締まり
1534 年	首長令発布（英）	イギリス国教会成立，絶対王政化を推進
1536 年	救貧法改正（英）	物乞いの禁止，教会に慈善箱を設置
1540 年	修道院解散（英）	この当時，修道院はイングランドのほぼ 1/5 ～ 1/4 の土地を所有し，王室財政に匹敵した＊1
1547 年	救貧法改正（英）	浮浪者を逮捕して烙印を押す，強制労働の適用
1553 年	メアリー 1 世即位（英）	カトリックへ復帰
1558 年	エリザベス 1 世即位（英）	翌年すぐに信教統一令と国王至上法を制定し，絶対王政へ復帰
1570 年	エリザベス 1 世破門（英）	ローマ教皇との対決本格化
1572 年	救貧法改正（英）	救貧税，貧民監督官の制度
1576 年	救貧法改正（英）	救貧税の徴税官の制度
1588 年	スペインの無敵艦隊を撃破（英）	
1600 年	東インド会社設立（英）	すでに 1584 年からアメリカへの入植も開始
1601 年	エリザベス救貧法制定（英）	救貧法制の集大成，十分の一税の救貧税化（社会保障の起源）＊2
1603 年	エリザベス 1 世死去（英）	
1628 年	権利請願（英）	清教徒（ピューリタン）派の台頭
	ギルド消滅（英）	
1642 年	清教徒革命始まる（英）	1649 年に国王チャールズ 1 世処刑，以後，清教徒（議会が国王を選任）派，国教徒（王権は神から直接与えられた＝王権神授説）派，カトリック（神の代弁者である教皇が王を親任）派の 3 勢力が争う
1662 年	居住地法（英）	貧困者の移動を禁止
1689 年	権利宣言（権利章典）（英）	名誉革命の結果，立憲君主制が確立。教会組織は長老派と呼ばれる穏健な清教徒派が支配
1722 年	ナッチブル法（英）	労役場への入所を強制する
1768 年	アークライトの水力紡績機（英）	産業革命始まる
1782 年	ギルバート法（英）	労役場の請負禁止，労役場への入所を義務づけない
1793 年	友愛組合（ローズ）法（英）	友愛組合を認め，加入を奨励する
1795 年	スピーナムランド制（英）	最低賃金法を阻止するための賃金補助制度
1796 年	ウイリアム・ヤング法（英）	治安判事の判断で戸外救済を認める
1830 年	全国的な暴動（英）	スウィング暴動から発展し，1831 年まで続く
1834 年	新救貧法（英）	居住地法，戸外救済を廃止
1848 年	マルクス・エンゲルス「共産党宣言」	
1871 年	ドイツ帝国成立（独）	プロシアによるドイツ統一
1878 年	社会主義者鎮圧法（独）	社会主義的結社，集会，出版，寄付金集め等の禁止
1881 年	皇帝ウィルヘルム 1 世の勅令（独）	

表補論 1 − 1 つづき

	関 係 史	備 考
1883 年	疾病保険法（独）	世界初の社会保険
1884 年	業務災害保険法（独）	
1889 年	老齢廃疾保険法（独）	
1908 年	老齢年金法（英）	無拠出制年金制度（資力調査付き）
1911 年	国民保険法（英）	世界初の国営失業保険を含む
	帝国保険法（独）	
1914 年	第 1 次世界大戦始まる	1918 年まで続く
1917 年	ロシア革命（露）	共産主義国家ソビエトが誕生（1922 年）
1919 年	ILO 第 1 回総会	
	ワイマール憲法（独）	ドイツ共和国誕生，社会民主主義国家
1925 年	寡婦・孤児・老齢拠出年金法（英）	資力調査なしの拠出制年金制度
1927 年	ワイマール社会保険法（独）	失業保険の導入
1929 年	世界恐慌始まる	ニューヨーク証券取引所の株価が暴落し，世界中に伝搬
1934 年	社会保険構成法（独）	失業保険を他の社会保険から切り離す
	失業法（英）	長期失業者への失業保険給付の停止および資力調査付きの扶助
1935 年	社会保障法（米）	
1939 年	第 2 次世界大戦始まる	1945 年まで続く
1942 年	ILO「社会保障への途」	
	ベヴァリッジ報告（英）	

＊1）小泉　徹「宗教改革とその時代」山川出版社 p.49。
＊2）十分の一税とは教区教会の財源として教区民の収入の 10 分の 1 を徴収したこと。
　　　エリザベス 1 世はこれを牧師の収入と見なし，他の教区民と同様に救貧税を課した。

共有地を領主が占有し，より付加価値の高い酪農を行うために小作人を排除し始めた現象のことです。ところが，共有地は，燃料となる薪や家畜の餌となる牧草の供給場所であり，これが利用できなければ小作人の生活は成り立ちません。村を追い出された小作人たちの多くは，都市に流れ，浮浪生活者となりました。

　他方，イングランドにおける宗教改革とは，国王ヘンリー 8 世が1534年に首長令を発布し，国教会を設立したことです。この改革は，王国内のカトリック教会を新たに自らが首長となる国教会にまるごと移管するものでした。これによって，王国内にカトリック教会が保有する領地はすべて国教会の財産となり，実質的に王権が管理することになりました。すなわち，中世西欧における

二重権力の構造は，イングランドにおいてはここに終わり，王権がすべてを支配する絶対王政へと移行していったのです。

　しかし，これは同時に，中世において貧民の救済を担っていた教会組織の弱体化を招き，大量に発生した浮浪生活者を救済することができず，治安を悪化させる原因となりました。これに対して，ヘンリー 8 世の絶対王政化路線を継承した女王エリザベスは，教会に代わり国家による救貧事業を実施するために，1601 年に包括的な救貧法を制定しました。

▎エリザベス救貧法

　エリザベス救貧法は，中世キリスト教会の慈善事業の仕組みを，ある程度引き継いで事業を継承しました。教区を正式な行政単位とし，救貧事業の実施者として各教区に貧民監督官を配しました。貧民監督官とは，上位行政機関であるカウンティ（州）の治安判事が教区の有力者の中から複数名任命する職で，この貧民監督官は同じく教区から選ばれた教区委員とともに合議の上で次のような救済事業を実施しました。

　まず，貧民を 3 種類に区分しました。労働能力のある貧民，労働不能の貧者，そして親が養育できないか親のいない児童です。次に，救済方法も被救護民の区分に応じた手段を用意しました。

　労働能力のある貧民に対しては仕事が斡旋されました。この仕事は，治安判事が定められた賃金で働くことを強制し，これに従わない者は懲治監と呼ばれる刑務所に収監されました。

　また，労働不能の貧者に対しては救貧院に収容し，扶養することにしました。この救貧院は，もともと教区教会が運営していたものや，初期の救貧法制定時に建設されたものが使われました。

　さらに，孤児や親に扶養能力のない児童については，教区委員と貧民監督官が判事の同意を得て，男子は 24 歳まで，女子は 21 歳または結婚まで，適当と思われる商人や職人のもとに徒弟に出しました。

　これらの事業を実施するのに必要な財源は，貧民監督官に「救貧税」を徴税する権限を与えて工面しました。この救貧税は，土地などの財産に課税するも

のでしたが，中世以来教会の司祭が徴収していた「十分の一税」収入にも課税
したことから，実質的に財源の上から見ても教会から事業を引き継ぐに等しい
ものでした。

　こうした政策によりエリザベス救貧法は，いかなる貧者も浮浪生活や物乞い
生活をすることを明確に否定する治安維持的性格が強い法律となったことは否
定できません。この理由は，大量に発生する浮浪生活者が実際に社会の治安を
乱していたという事実だけでなく，宗教改革の結果，浮浪生活者をキリストの
貧者とみなすカトリックの倫理から，浮浪生活者＝勤勉でない者と考えるプロ
テスタントの倫理へと社会の価値観が移ったことも挙げられます。

▌居住地法

　この後，エリザベス救貧法はほぼ60年ごとに大改正されることになります。
やはり救貧税の負担が問題でした。狭い教区を事業単位とする独立採算制には
無理があり，その後の改革では救貧税の負担と救済の水準とのバランスが争わ
れました。

　まず，1662年の居住地法は，各教区に属する貧民の移動を禁止し，自教区
内で発生した貧民をそこの教区が扶養するように義務づける改革でした。救貧
税を主に負担していたのは，富裕層と形成されつつあった中産階級でした。と
ころが治安判事を始め，貧民監督官や教区委員に至るまで，救貧事業の担当者
はすべて中産階級に属していたことから，彼らは自教区内にいる貧民を追放し
たり，また，他教区から流入してくるのを阻止したりすることが広まりました。
こうした教区間の貧民の押し付け合いが始まると，貧民はロンドンやウエスト
ミンスターなど比較的規制の緩やかな地域に集中するようになりました。

▌ナッチブル法

　1722年のナッチブル（ワークハウス・テスト）法は，さらに貧民の統制を厳格
化した改革でした。エリザベス救貧法では，労働不能の貧民に対して救貧院へ
の入所を認め，労働能力のある貧民に対しては労役場での労働を求めていまし
たが，現実に労役場の建設はあまり進まず，多くは飯場か治安判事が決めた場

所へ通いで労働する，戸外救済の形態を取らざるを得ませんでした。また，救貧院の絶対数も不足していました。

　しかし，ナッチブル法は，戸外救済の禁止を求めました。そのための手段として，労役場に労働能力のある貧民だけでなく，それ以外の貧民も集めて居住させ，労役場内で労働させることを強制しました。不足する労役場については，教区が連合して建設するか，民間から借り受けることを認め，さらにその運営も民間業者に委託することが認められました。

　当然の結果として，多くの収容者は過酷な生活環境の下に置かれ，労役場は「恐怖の館」と揶揄されるようになりました。このことから皮肉にも各教区の救貧税は，少なくとも初期においては負担が減少しました。

　救貧政策の転換は，産業革命の進展によってもたらされました。1782年のギルバート法は，労役場の請負制度を禁止し，貧民監督官の権限を救貧税の徴収に限定し，代わりに，貧民の処遇については，治安判事が別の貧民救済委員を任命し，担当させるように分離しました。

▌最低賃金法とスピーナムランド制

　続いて，議会は最低賃金法の制定を論じ始めました。1795年にホイットブレッドは，農業労働者の賃金や労働時間に治安判事が介入する制度を提唱しました。しかし，議会で賛否が論じられている間に，スピーナムランド制度と呼ばれる代替制度が自然発生的に広まり，最低賃金法は成立しませんでした。

　スピーナムランド制度とは，パンの価格を基準にした相対的な賃金補助制度で，労働者が雇用主から支払われる賃金が，一定量のパンを購入するのに不足するのであれば，差額分を救貧税から補助する制度でした。同制度は労役場で働く労働者だけでなく，すべての貧困労働者を対象としていたので，中産階級の負担が増大する一方で，低賃金雇用が常態化されることになり，かえって貧民の数が増加する結果を招きました。

　1796年には，治安判事の権限で救貧労働者を労役場から解放し，戸外救済することが可能となりました。これによりスピーナムランド制度を前提とした戸外救済が一般化し，救貧労働者の生活環境は改善されましたが，それに伴う

救貧税負担の増大は社会問題となっていきました。

▌新救貧法

　1830 年 8 月にケント州で始まった農業労働者の暴動（スウィング暴動）は，全国的な大暴動へとつながりました。救貧政策の緩和にもかかわらず一向に解消しない貧困問題に，政府も 1832 年に王立救貧法委員会を発足させ，現行救貧政策の問題点を調査し始めました。そして，1834 年に調査報告書が提出されると，ただちに新救貧法が議会に提出されました。

　新救貧法の特徴は，エリザベス救貧法への復帰を唱え，貧民救済に関する 2 つの原則を打ち出したことです。1 つは労働能力のある者の戸外救済の拒否であり，もう 1 つは「被救護民低位の原則」でした。加えて，居住地法，ナッチブル法，ギルバート法，および，スピーナムランド制はすべて廃止されました。

　まず，第 1 原則である労働能力のある者の救済の拒否とは，労働能力のある者については生活状況のいかんを問わず，原則として救済しないという方針です。

　具体的には，労働能力のある者に対しては，労役場への入所を求め，拒否すれば救済しないことにしました。これは，直前の救貧政策と比較すると劇的な転換でしたが，居住地法が廃止されたことで，救貧労働者も 1 人の労働者として労働市場を移動して職を求める自由を与えられたことを意味します。実際，この時期のイギリスは産業革命を終えた直後の活性期で，マンチェスターやリヴァプール，バーミンガムなど新興工業都市が次々と成立していました。

　しかし，労働能力のある貧民が労役場に入所すれば救済は認められました。第 2 原則はこれらの者に適用されるものです。被救護民低位の原則とは，労働能力のある救貧労働者が労役場に入所する場合には，救済によって保障される水準は救済を受けない一般労働者の最低賃金より低く設定されることを言います。

　この政策の目的は，労働能力のある貧者にとって救済を受けることがより魅力のないように仕向けることによって，賃金労働者として自立することを促すことでした。

　こうした救貧思想の転換とは別に，教区による救貧税負担格差の緩和や事業内容の統一，合同化を図るために，救貧事業の実施組織の改革も行われました。教区ごとの事業の実施を改め，教区連合への拡大を強制する措置が執られました。各教区の貧民監督官は徴税担当者として残されましたが，教区連合の運営は貧民救済委員会を設置し，そこに委ねました。

　全体として，新救貧法は，エリザベス救貧法以上に貧民を救済しない政策ということができます。この意味で，「エリザベス救貧法に帰れ」というスローガンとは別に，むしろ自由主義的思想にもとづいた，貧民を労働力として位置づけ，労働市場への参入を強く促す政策であったと解釈できるでしょう。

（3）社会保険の登場と失敗
▌ビスマルク社会保険の登場

　現在，我々の社会保障プログラムで中心的役割を果たしている社会保険の起源は，1883年統一間もないドイツ帝国に誕生したビスマルク社会保険にまで遡ることができます。

　当時のドイツは，宰相ビスマルクの下でプロシアがデンマークやオーストリア，フランスなどとの戦争を戦い，ようやく国内を統一したばかりで，産業革命はもとより国家の基盤すらまだ十分確立していませんでした。特に，国内の治安問題では，宗教改革以来続いていたカトリック対プロテスタントの宗教対立が未解決のままであったことに加えて，社会主義運動が勃発して，ビスマルクは国内の社会主義革命を封じ込めるために，1878年に社会主義者鎮圧法等を制定し，徹底的に取り締まる政策に出たところでした。

　しかし，ビスマルクの弾圧にもかかわらず，国内の治安は一向に回復されず，労働者を取り締まるだけではなく，積極的に彼らの待遇改善に努めるように方針転換がなされます。このための方策が，ビスマルクが考え出した世界最初の社会保険である疾病保険法の導入でした。

　ビスマルクの疾病保険は，賃金労働者だけを対象にした労働保険でしたが，疾病期間中の医療サービスの給付と休業給付とを兼ね備えた魅力的なものでした。彼は翌1884年には業務災害保険法，そして，1889年には老齢・廃疾保険

法と立て続けに社会保険を導入し，社会保険による社会保障の体系を一気に確立しました。

　一連の施策は国民に受け入れられ，国内の治安は回復し，彼は 1890 年に宰相職を引退することになりますが，彼の引退後すぐに社会主義者鎮圧法は撤廃されました。

■ ビスマルク型社会保険の特徴と意義

　ビスマルク社会保険は，それ以前からすでに存在していた共済金庫（イギリスでは友愛組合と呼ばれた）を発展させ，一定の要件を満たした賃金労働者を強制加入させるものでした。労働者の拠出を賃金比例とし，雇用主の負担，および国庫負担がある点で友愛組合など従前の共済制度とは大きく性格が異なりました。

　しかし，それにしても後発国ドイツにおいて，なぜ社会保険の体系が一気に確立したのか，あるいは，そもそもビスマルクはなぜ社会保険を構想したのか，については議論が分かれるところです。

　ただ，当時のドイツでも貧民の最終的な救済手段はイギリスの場合と同じく救貧法でした。今日的見地から解釈すれば，社会保険による救済は，救貧法による選別主義的な救済と違って，普遍主義的な救済です。すなわち，労役場への入所や資力調査など国家により烙印を押されることを条件にした救済ではなく，一定の要件を満たせば資力の有無にかかわらず自動的に給付が始まることから，被救済者の心理的負担は著しく軽減されると考えられます。

　保険料負担が労働者本人にとって軽い反面，給付は手厚いことに加えて，負い目を感じることなしに救済を受けられることが，社会保険を利用した社会保障が支持された最大の理由であると考えられます。

■ 国営失業保険の成立と失敗

　今日，失業保険は年金保険や医療保険と並んで重要な社会保険と考えられますが，世界で最初に国営失業保険を導入した国はイギリスでした。イギリスでは，1911 年に国民保険法が制定されますが，その名称に反して，年金制度は

含まれず，また，医療保険は，強制加入ではあるものの友愛組合など民間保険をベースにした制度（認可組合制度）であったことから，純粋に国営保険として運営される制度は失業保険だけでした。

しかし，ビスマルクが導入した社会保険に失業保険が含まれていなかったことからもわかるように，失業保険にはある種の技術的な困難さが伴います。失業保険は，失業者に給付するのであって無職の者すべてに給付する訳ではありません。イギリスでは，失業者を求職者として位置づけ，1909年の職業紹介法で，労働者への雇用斡旋を国営の職業紹介所が独占する仕組みを確立していたことで，求職者のための給付が実現しました。

導入された失業保険は，国，雇用主，および労働者本人が費用のほぼ3分の1ずつを定額で拠出し，失業期間中1年につき15週間の定額給付を行う制度でした。特筆すべきは，失業の原因に関する規定であり，自己都合退職や労働争議による失職等の場合にも給付を排除されませんでした。

■ ワイマール社会保険法

他方，ドイツで失業保険が導入されたのは，1927年のワイマール社会保険法制定の時です。ドイツ共和国（ワイマール共和国）は，1919年に革命によって社会民主党が政権を取った労働者政権の国でした。ワイマール憲法の第151条では，生存権の保障が謳われ，また，第161条では，包括的な社会保険の提供を宣言している福祉国家の誕生でした。

しかし，成立間もないドイツ共和国の経済状態は，悲惨な状態でした。敗戦による国外植民地の放棄と多額の戦時国債の償還，戦勝国の過酷な賠償金取り立てなど，ドイツ経済は疲弊しきっていました。さらに，1923年にフランスのルール占領を契機として起こったハイパーインフレーションは，既存の社会保険にも壊滅的な被害を与えました。

こうした経緯の後，ようやく1926年には大戦前の工業生産水準を回復しました。これを受けて，翌1927年に政府は，ただちにワイマール社会保険法を制定しました。この新しい社会保険体系には，ビスマルク社会保険には存在しなかった失業保険が含まれており，産業界の強い反対を押し切って導入されました。

▌失業保険の破綻

　失業保険の成果はすぐに試されることになりました。1929年にアメリカで勃発した世界大恐慌は，瞬く間にドイツにも波及し，失業率は30％に達したとも40％に達したともいわれています。

　失業保険は，在職者が失職者を救済する制度ですから，失業率が高くなればなるほど救済を必要とする人数が増えるのに反して，それを負担する労働者数は減少するという矛盾を内包していました。実際，この時の失業保険給付は保険財政を厳しく圧迫し，翌1930年には有効な対策を打ち出せなかった政権をも吹き飛ばし，ナチス政権樹立へとつながりました。

　ナチス政権は1934年に社会保険構成法を制定し，失業保険を他の社会保険から分離し，給付を止めると同時に，公共工事や軍備拡張の特需を作り出すことによって雇用を回復しました。そして，1938年以降戦時体制に入ったナチス・ドイツは，社会保険の積立金を戦争準備の手段として使い始めました。

　失業保険の失敗は，イギリスでも経験されました。失業保険の最初の行き詰まりは，第一次大戦後の戦後不況が原因でした。一般の失業者の発生に加えて帰還兵にも失業保険からの給付を適用したために保険財政は悪化し，保険料の引き上げと給付額の切り下げを余儀なくされました。続いて到来した1929年から始まる世界大恐慌に突入すると，もはや失業保険制度は維持できなくなり，政府は1934年に失業法を制定し，新規失業者のみの保険給付と慢性的失業者への失業扶助からの二本立てに制度を変更しました。

　この改革で政府は，慢性的失業者に資力調査を課した上で公的扶助を実施することになりましたが，これはまだ存続していた救貧事業とは別個の仕組みで，後の国民扶助法（日本の生活保護法に相当）につながる制度でした。

　このように，イギリスでもドイツでも失業保険は失業者の救済を果たせませんでした。しかし，同時期，ニューディール政策を実施したアメリカや，皮肉にもナチス政権が実施した軍備拡張政策は，いち早く大恐慌を克服する手助けとなりました。このことから失業問題は失業保険を用意するだけでは解決できないことが明確となり，経済政策によって職を創出しない限り根本的な解決にはならないことが教訓として残りました。

（4）ベヴァリッジの社会保障計画

▎ベヴァリッジ計画

　第二次世界大戦後の社会保障の基本理念は，戦時中のイギリスで構想されました。これまで見てきたように，ここまでのイギリスの社会保障は，救貧法がまだ存続している一方で，民間保険ベースの強制医療保険，無拠出制老齢年金への拠出制老齢年金の継ぎ足し，失業扶助など，思想的にも制度的にも整合性の取れない煩雑な制度となっていました。これに加えて，予想される第二次大戦後の戦後不況を乗り切るためには，制度の体系化が求められました。

　この要請に答えるべくベヴァリッジは，イギリスもドイツと同じく社会保険中心の社会保障に転換する計画を政府に諮問しました。これが第2節で説明した新しい社会保障計画で，ニード原則とフラット制の原則という2つの原則からなる体系でした。

　しかし，このベヴァリッジの社会保障は，やがて1961年に報酬比例年金制度を上乗せする改革を行ったことでフラット制の原則を放棄することになります。この改革に伴い保険料も報酬比例に変更され，第二次大戦後の社会保障の潮流は，ビスマルク型の報酬比例型社会保険へ完全に移行することになりました。

▎ケインズの雇用政策

　ベヴァリッジの社会保障にも失業保険制度が含まれていました。ベヴァリッジは，第二次世界大戦前の各国における失業保険の実質的破綻という事実にどう答えたのでしょうか。これに対する答えは，彼が同時代のイギリスの経済学者ケインズの失業理論を受け入れることで解決されました。

　ケインズ政策による雇用創出の原理については，経済学部でマクロ経済学を学んで頂きたいと思いますが，ベヴァリッジは，雇用が経済政策によって創出されない限り，失業問題の根本的な解決にはならないというケインズの主張を理解したので，失業保険に特別な対策は盛り込まなかったというのが結論です。

　実際に，大方の予想に反して，イギリスでも他の先進諸国でも戦後不況は生

じませんでした。むしろ高度大衆消費社会の到来により，1973年の第一次石油ショック到来まで世界中で労働力不足が深刻な問題になり，いつしか失業保険の重要性は顧みられなくなっていた程です。これは戦後各国政府がケインズの雇用政策を実施した成果でした。このことから第二次大戦後の社会保障は，ケインズ＝ベヴァリッジ型の福祉国家モデルと呼ばれることもあります。

■ ケインズ＝ベヴァリッジ型社会保障の限界

しかし，21世紀に入った今，雇用不安の悪夢は再来し，失業保険のあり方だけでなく，その前提である職業紹介の方法や雇用形態のあり方を含めて，新しい貧困労働者問題が持ち上がっています。非正規雇用者や母子家庭の貧困をどうするのか，外国人労働者を受け入れた場合にどこまで社会保障のネットを用意するのか，など多様性社会特有の問題です。また，雇用創出で必要な公共支出政策を実施するための財源をどのように賄うのかも未解決なままです。

したがって，医療や年金の問題と並んで，この失業問題が21世紀も社会保障の最も基本的な課題の1つであることに変わりはないようですが，今のところ，ケインズ＝ベヴァリッジ型に代わる新しい福祉国家モデルは見つかっていません。

【注】
1）詳しくは，例えば小峯（2007）をご覧ください。
2）1897年刊行のシドニー＆ベアトリス・ウェッブ著『産業民主制論』を参照してください。
3）どう矛盾するのかについては段落62に具体的に述べられています。法定給付の他に付加給付の制度が用意されていることに対して，不公平だと指摘しています。
4）本節の説明は，鎌田（2010）第1章の説明を書き直したものです。

参考文献

一圓光彌監訳『ベヴァリッジ報告～社会保険および関連サービス』法律文化社　2014
　年。

小峯　敦『ベヴァリッジの経済思想　ケインズたちとの交流』昭和堂　2007 年。

樫原　朗『イギリス社会保障の史的研究 I ～救貧法の成立から国民保険の実施まで～』
　法律文化社　1973 年。

鎌田繁則『社会保障論　経済の視点からみた保険制度』ミネルヴァ書房　2010 年。

松本勝明『ドイツ社会保障論 I ～医療保険～』信山社　2003 年。

松本勝明『ドイツ社会保障論 II ～年金保険～』信山社　2004 年。

山田雄三『社会保障政策論』東京大学出版会　1977 年。

山本　茂・藤縄謙三・早川良弥・野口洋二・鈴木利章編『西洋の歴史〔古代・中世
　編〕』ミネルヴァ書房　1988 年。

ハンス－ウルリヒ・ヴェーラー著　大野栄二・肥前栄一訳『ドイツ帝国 1871 ～ 1918
　年』未来社　1983 年（2000 年に復刻版）。

介護保険制度の概要[1)]

1 ── 老人福祉法の制定とその後の展開[2)]

我が国の介護保険制度は，1963（昭和 38）年に制定された老人福祉法に起源
があります。老人福祉には敬老の日の制定や長寿者の顕彰，老人無料パスなど
さまざまなサービスの提供が含まれますが，初めて「寝たきり老人」対策とい
う明確な政策目標が提示されました。それ以前にも，1 人暮らしの高齢貧困者
には，生活保護法の適用範囲内で生活扶助を与え，場合によっては養老院に入
所させるなどの措置がとられていましたが[3)]，高齢者を単に所得基準だけで捉
えるのではなく，たとえある程度の経済力を有している者であったとしても，
家族構成や寝たきりの程度などにより独居死から防ぐという目標を明確にし
て，必要な者に必要なサービスを提供するという考え方が確立されました。

具体的には，1 人暮らしで近隣に世話をする縁者のいない高齢者でも比較的
症状の軽い者には老人家庭奉仕員を居宅に派遣し，また，症状が重く独居死の
おそれのある者には特別養護老人ホームに入所させるなどの措置がとられるよ
うになりました。

医療と介護の分離と財源問題

この初期の老人福祉政策は，1971 年（昭和 46 年）の老人介護人派遣制度の創
設や 1973（昭和 48）年の老人医療費無料化政策へと発展しました。しかし，「寝
たきり老人」を無料とはいえ病院に入院させ，働き盛りの家族から隔離するこ
の政策は「社会的入院」と揶揄される一方で，実際に病気に罹った人たちが順
番待ちで十分な治療が受けられないという現象を引き起こしました。

そこで，政府は，1982（昭和 57）年には老人保健法を制定し，医療と介護と

の線引きが必要であることを示しました。具体的には，少額の定額自己負担制度を導入した上で，高齢者医療を予防から機能回復まで一貫してサポートできるように，老人病院，老人保健施設，そして老人介護施設の整備と役割分担に努めました。

　そして，このうち整備が特に遅れていた老人介護施設や，ホームヘルパーなどの介護人材については，1989（平成元）年 12 月に「高齢者保健福祉推進十か年戦略」（通称ゴールドプラン）を策定し，2000（平成 12）年 3 月までの 10 年間で，必要なサービス基盤の整備を一気に進めることにしました。国は，ゴールドプランの達成に向けて，1990（平成 2）年には老人福祉法等福祉関連 8 法を一括改正し，高齢者介護を市区町村の責任で実施することを明確にしました。

　こうして介護サービスの供給基盤は，老人福祉法が制定されて 30 年以上も経過した時点で本格的に整備されることになりましたが，サービスを提供するための介護費用の負担問題は未解決のままでした。老人福祉法では，高齢者介護を措置制度で運営していたために，各種サービスは一般財源から無償で給付されていました。国は当初，消費税の目的税化（国民福祉税）を図ることで財源の安定化を目指しましたが，国民は消費税の増税に反対し実現には至りませんでした。

　これに対して，急速に脚光を浴びるようになったのが，1994 年にドイツで実現した介護保険制度の創設でした。介護費用を社会保険で賄うという着想は，わが国の社会保障の理念となるベヴァリッジのニード原則から逸脱するものでありましたが，高齢化社会の進展で介護問題が特殊ニードから基本的ニードに変質したと多くの人々が考えるようになり，1996（平成 8）年 6 月，かねてから介護サービスの在り方などを検討してきた老人保健福祉審議会は，公的介護保険制度創設を答申し，これを受けて翌 97（平成 9）年 12 月，同制度の創設が国会で可決されました。

▎措置制度の限界

　介護保険の導入は，単に財源の変更にとどまらず，サービスの給付方式を措置制度から市場原理を前提とした契約方式に転換することでもありました。

　措置とは，行政の判断において必要な方策を必要な人に適用することをいいますが，措置が取られるのは，住民からの申請にもとづいて実施する場合（申請主義）と行政の側が措置を要する人を発見した時に実施する場合（職権主義）とがあり，老人福祉法においては永らく後者の立場に依拠してきました[4]。

　このために措置制度は，本人の希望にもとづくサービスの利用とは異なり，措置を発動した行政側がたまたま要措置者を発見すればサービスを提供することから，サービスの供給量は自治体の姿勢次第という構造をあわせ持っていました。

　しかし，高齢化社会の進展は実質的に措置制度を空洞化させる現象を引き起こしました[5]。急速に増え続ける要介護高齢者数の前に，措置制度で提供される介護サービスの量ではまったく追いつかない状態が続く中，遅くとも1980年代半ばには一般市民による介護ボランティア組織が登場し，その後，消費生活協同組合や農業協同組合などを巻き込みながら1990年代初めには有料有償制で会員制の市民参加型在宅福祉サービスが確立しました。これを受けて，自治体も遅まきながら福祉公社や社会福祉協議会等を援用した住民のニーズにもとづく利用申請型の介護サービスを提供せざるを得なくなったのです。

　他方で，国はさまざまな分野で民間活力導入を旗印に掲げ，経済活動の自由化を進めましたが，こうした中で介護サービス分野でも，民間シルバーサービス事業者を育成すべく1987（昭和62）年には社団法人シルバーサービス振興会を創設しました。これは措置制度下で社会福祉法人に限定されていた福祉サービスの事業主体を，従来の立場から修正し，民間の営利事業者に一部開放する規制緩和でした。

2 —— 日本の介護保険制度

▍保険者と被保険者

　2000（平成12）年4月から始まった介護保険制度は，国民健康保険と同様に市区町村が運営する社会保険ですが，零細な町村については広域連合の設立を認め，共同運営がなされています。

　被保険者は40歳以上の者で，第1号被保険者と第2号被保険者とに区分されます。前者は当該市区町村に住所を有する65歳以上の者を言い，後者は全国の40歳以上65歳未満の者を言います。

　2018（平成30）年度末における被保険者数は，第1号被保険者が3,525万人，また，第2号被保険者が4,192万人でした。また，同年度の介護保険の受給資格を得る要介護認定者数は645万人（別に第2号被保険者数約13万人）であり，第1号被保険者数に対する要介護認定率は18.3%でした[6]。

▌介護保険の財源

　介護保険に必要な財源は，図補論2－1に示すように，被保険者が拠出する保険料と公費負担とが半々で賄われます。

　保険料収入の内訳は，第1号被保険者と第2号被保険者とが人口比に応じて負担割合を決められ，介護保険制度発足当初は，17対33の割合でしたが，2018（平成30）年度末時点で23対27になっています。このうち，第1号被保険者の保険料は，当該市区町村の給付実績にもとづいて第1号被保険者数で頭割りされ[7]，当該市区町村に直接納付されるのに対して，第2号保険者は既存の医療保険料に上乗せされる形で徴収されます。そして，全国から集められた後者のその収入は，いったん，社会保険診療報酬支払基金にプールされます。この結果として，第1号被保険者の保険料は地域差が生じ，全国平均と比べて

図補論2－1	介護保険の財源分担

保険料 50%		公費（税） 50%
第1号被保険者 （23%）		国（25%）
第2号被保険者 （27%）		都道府県（12.5%） ＋ 市町村（12.5%）

住民の要介護度が高い自治体やサービス単価が高いサービスを多く利用する自治体では，第1号被保険者の保険料負担が高くなる仕組みのメリット制が敷かれています。

　なお，公費の負担割合は国が25％，都道府県と市区町村がそれぞれ12.5％ずつ拠出することになっています。

▌介護認定と利用限度額

　介護保険制度から保険給付を受けるためには，被保険者資格のある者が事前に介護認定を受けなければなりません。介護認定とは，受給申請者が市区町村等の設置する介護認定審査会に対して介護が必要な状態にあることを認定してもらう制度のことです。

　介護認定審査会は，国の定めた全国一律の介護認定基準に照らして，コンピュータによる1次判定を行い，これに加えて主治医の意見書等にもとづく2次判定を行います。

　判定の結果，非該当とされた者は介護保険の給付を受けることができませんが，この場合でも，一定の期間を開けて再審査を受けることは可能です。また，申請者には審査に不服を申し立てる制度もあります。

　介護保険によるサービスが利用できるのは，表補論2−1に示した介護等級区分で，予防給付が受けられる要支援の2段階と，介護給付が受けられる要介護の5段階のいずれかに認定された場合です。介護等級は，要介護者の症状の重さを単純に評価したものではなく，介護に要する時間（要介護認定等基準時間）を算定し指標化したものです。

　具体的には，①入浴，排泄，食事等の介護のための直接生活介助，②洗濯や掃除等の家事援助のための間接生活介助，③徘徊に対する検索や不潔な行為に対する後始末などの問題行動関連行為，④歩行訓練や日常生活訓練等の機能訓練関連行為，そして，⑤輸液の管理やじょくそうの措置等の診療補助のための医療関連行為，の5つの分野において介護のために要する時間（手間）を推量します[8]。

　同表にある要支援2と要介護1の区分の違いはわかり難いと思います。要支

表補論２－１　要介護認定と給付限度額

区分		状態像	要介護認定等基準時間	支給限度単位
予防給付	要支援 1	日常生活上の基本的動作については，ほぼ自分で行うことが可能であるが，日常生活動作の介助や現在の状態の防止により要介護状態となることの予防に資するよう手段的日常生活動作について何らかの支援を要する状態	5 分野の要介護認定等基準時間が 25 分以上 32 分未満またはこれに相当する状態	5,032
	要支援 2	要介護 1 の状態像にある者だが，日常生活の支援によって改善する可能性が高い者	5 分野の要介護認定等基準時間が 32 分以上 50 分未満またはこれに相当する状態	10,531
介護給付	要介護 1	要支援状態から，手段的日常生活動作を行う能力がさらに低下し，部分的な介護が必要となる状態	5 分野の要介護認定等基準時間が 32 分以上 50 分未満またはこれに相当する状態（要支援 2 に該当する状態を除く）	16,765
	要介護 2	要介護 1 の状態に加え，日常生活動作についても部分的な介護が必要となる状態	5 分野の要介護認定等基準時間が 50 分以上 70 分未満またはこれに相当する状態	19,705
	要介護 3	要介護 2 の状態と比較して，日常生活動作および手段的日常生活動作の両方の観点から著しく低下し，ほぼ全面的な介護が必要となる状態	5 分野の要介護認定等基準時間が 70 分以上 90 分未満またはこれに相当する状態	27,048
	要介護 4	要介護 3 の状態に加え，さらに動作能力が低下し，介護なしには日常生活を営むことが困難となる状態	5 分野の要介護認定等基準時間が 90 分以上 110 分未満またはこれに相当する状態	30,938
	要介護 5	要介護 4 の状態よりさらに動作能力が低下しており，介護なしには日常生活を営むことがほぼ不可能な状態	5 分野の要介護認定等基準時間が 110 分以上またはこれに相当する状態	36,217

（注）支給限度単位は 2019 年 10 月改定のもの。
（資料）厚生労働省『2015 年の高齢者介護〜高齢者の尊厳を支えるケアの確立に向けて〜』等
(http://www.mhlw.go.jp/topics/kaigo/kentou/15kourei/3.html) を参考に筆者が作成。

　援は，もともとまだ要介護状態にない虚弱老人を想定した区分でしたが，2006 （平成 18）年 4 月の改正によって要介護 1 の状態の者のうち，介護サービスを利用することによって症状の改善，もしくは悪化の防止が期待できる者が要支援 2 に該当するとされました[9]。

　介護保険制度の特徴は，要介護区分ごとに 1 か月のサービス利用限度額が規定されていることです。同表には，居宅でサービスを利用する場合の支給限度単位が掲載してあります。サービスの区分は他に，施設サービスと地域密着型サービスがあり，同表とは別枠になります。1 単位 10 円が原則ですが，都市

部や離島などにおいては，1単位の単価が加算されます。加算の程度はサービスの種類によっても異なります。

▎自己負担

　介護保険を利用した介護サービスの自己負担額は，表補論2-2の通り，世帯の所得基準によりサービス価格の1割から3割となります。このうち3割負担の制度は2018（平成30）年8月から適用開始となりました。

　なお，月々の利用者負担額（福祉用具購入費や食費・居住費等一部を除く）の合計額が一定の上限額（月額）を超えた場合には，表補論2-3の通り所得区分に応じて，その超えた分が高額介護サービス費として介護保険から支給されます。ただし支給を受けるためには，市区町村に申請することが必要です。

　また，同じ医療保険の世帯内で，医療保険と介護保険両方に自己負担が生じた場合は，高額医療・高額介護合算制度にもとづき合算後の負担額が軽減されます。決められた限度額（年額）を500円以上超えた場合，医療保険者に申請すると超えた分が支給されます。

| 表補論2-2 | 自己負担割合 |

負担割合	所得基準
3割	合計所得が220万円以上であり （単身世帯）年金収入＋その他合計所得金額＝340万円以上 （夫婦世帯）年金収入＋その他合計所得金額＝463万円以上
2割	合計所得が160万円以上であり （単身世帯）年金収入＋その他合計所得金額＝280万円以上 （夫婦世帯）年金収入＋その他合計所得金額＝346万円以上
1割	上記に当てはまらない人

※合計所得金額＝給与収入や事業収入などから給与所得控除や必要経費を控除した金額
※3割負担は，平成30年8月から適用となります。
※第1号被保険者は上記の所得基準により負担割合が決定されますが，第2号被保険者は上記所得基準に関わらず，1割負担となります。
出所：紋別市の介護保険Web版　平成30～32年度版および厚生労働省老健局介護保険課資料Vol.997（R3/7/5）。

| 表補論2-3 | 高額介護サービス費 |

2021（令和3）年8月以降

区　　　　分	限度額	単位
課税所得690万円以上（年収約1,160万円以上）	140,100	世帯
課税所得380万円以上690万円未満（年収約770万円以上1,160万円未満）	93,000	世帯
住民税非課税世帯から課税所得380万円未満（年収約770万円未満）	44,400	世帯
世帯員全員が住民税を課税されていない世帯	24,600	世帯
うち前年の課税年金収入額＋その他の合計所得金額が80万円以下	15,000	個人
生活保護受給者	15,000	個人

※世帯とは同じ世帯で介護サービスを利用した人全員の負担額を合計したときの限度額。
　個人とは介護サービスを利用した本人の負担額の限度額。
出所：公益財団法人生命保険文化センター（JILI）HPより作成。

▌サービスの種類

　介護保険法には，介護保険で利用できる具体的サービス名が列挙してありま
す[10]。ここに列挙された介護サービスには多くの種類がありますが，要介護
者向けの介護給付サービスと要支援者向けの予防給付サービスとに大別できま
す。これらは，さらに，都道府県が事業者を指定・監督する居宅サービスと施
設サービス，また，市区町村が事業者を指定・監督する地域密着型サービスと
に分けられます。

　介護給付サービスと予防給付サービスは，基本的に並行して類似のサービス
が設定されていますが，予防給付には施設サービスが設定されていないことに
加えて，2015（平成27）年4月からは本編第2章で説明する介護予防・日常生
活支援総合事業の発足に伴い，予防給付の一部サービスには各自治体独自の
サービスが用意されるようになりました。

　したがって，介護保険で利用可能なサービスの種類は全部で4群あることに
なります。これらを一覧表にして示したものが表補論2-4です。

　同表で居宅サービスとは，利用者が自宅で介護生活を送る上で必要となる
サービスのことです。ただし，ここで言う自宅には，戸建てか集合住宅かを問
わず，また，所有か賃貸かを問わず，介護保険施設または地域密着型サービス
事業者が運営する施設以外の有料老人ホームやケアハウスなどに入居している

表補論 2 - 4　介護サービスの種類

	介護給付サービス	予防給付サービス	サービス内容
居宅サービス	訪問介護	介護予防訪問介護	ホームヘルパーが利用者の自宅を訪問し，介護や家事援助を行う。身体介護型，生活援助型，通院等乗降介助の3種類がある。
	訪問入浴介護	介護予防訪問入浴介護	浴槽を積んだ移動入浴車で利用者の自宅を訪問し，入浴サービスを行う。
	訪問看護	介護予防訪問看護	看護師や保健師などが利用者の自宅を訪問し，主治医の指示により療養上の介護や診療補助を行う。
	訪問リハビリテーション	介護予防訪問リハビリテーション	理学療法士や作業療法士などが利用者の自宅を訪問し，主治医との連携をもとに機能訓練を行う。
	居宅療養管理指導	介護予防居宅療養管理指導	医師，歯科医師などが利用者の自宅を訪問し，療養上の管理・指導・助言を行う。
	通所介護	介護予防通所介護	利用者がデイサービスセンターなどの施設に通い，入浴や食事などの介護，さらに機能訓練を受ける。
	通所リハビリテーション	介護予防通所リハビリテーション	利用者が病院や介護老人保健施設などに通い，入浴や食事などの介護，さらに機能訓練を受ける。通所介護との違いは，選択サービスとして，運動器の機能向上，栄養改善，口腔機能の向上などのより専門的なサービスが追加的に選べることである。
	短期入所生活介護	介護予防短期入所生活介護	利用者が介護老人福祉施設などに短期間入所し，日常生活上の世話と機能訓練を受ける。
	短期入所療養介護	介護予防短期入所療養介護	利用者が介護老人保健施設や介護療養型医療施設などに短期間入所し，日常生活上の世話と機能訓練を受ける。短期入所生活介護との違いは，医学的管理が必要な介護に対応できるので，治療中の要介護者を預けられることである。
	特定施設入所者生活介護	介護予防特定施設入所者生活介護	特定施設に指定されている有料老人ホームやケアハウス等に入居している利用者に対して，特定施設サービス計画にもとづいて日常生活上や療養上の介護，機能訓練をする。ただし，入居者は，指定特定施設入所者生活介護事業者に代えて外部の事業者のサービスを選択することもできる。
	福祉用具貸与	介護予防福祉用具貸与	車いすや特殊寝台などの福祉用具を貸与する。
	特定福祉用具販売	介護予防特定福祉用具販売	福祉用具のうち，貸与に馴染まない腰掛便座や入浴補助用具などの購入費を支給する。
	居宅介護住宅改修費	介護予防住宅改修費	利用者が自宅での介護生活に入るに際して，手すりの取り付けや浴室の改修など自宅の改修費を支給する。
	居宅介護支援	介護予防支援	介護サービスの情報提供やケアプランの作成などを行う。全額介護保険から支給され，自己負担はない。

表補論2−4　つづき

	介護給付 サービス	予防給付サービス	サービス内容
施設サービス	介護老人福祉施設		常時介護が必要で，自宅での生活が困難な要介護者を特別養護老人ホーム（定員が30人以上）に入所させ，入浴，排せつ，食事等の介護，その他の日常生活上の世話，機能訓練，健康管理および療養上の世話をする。
	介護老人保健施設		病状が安定し，リハビリが必要な要介護者を老人保健施設に入所させ，入浴，排せつ，食事等の介護その他の日常生活上の世話，機能訓練，健康管理および療養上の世話をする。
	介護療養型医療施設（介護医療院）		比較的長期にわたって療養を必要とする要介護者を療養病床等に入院させ，療養上の管理，看護，医学的管理の下における介護，その他の世話および機能訓練，その他必要な医療を提供する。
地域密着型サービス	夜間対応型訪問介護		居宅要介護者について，夜間の定期的な巡回訪問，または緊急通報により，介護福祉士やホームヘルパーなどが，入浴，排せつ，食事等の介護，その他の日常生活上の世話をする。
	認知症対応型通所介護	介護予防認知症対応型通所介護	認知症の利用者がデイサービスセンターなどに通い，入浴，排せつ，食事等の介護，その他の日常生活上の世話，および機能訓練を受ける。
	小規模多機能型居宅介護	介護予防小規模多機能型居宅介護	利用者の心身の状況，その置かれている環境等に応じて，居宅または厚生労働省令で定めるサービスの拠点において，入浴，排せつ，食事等の介護，その他の日常生活上の世話および機能訓練を受ける。
	認知症対応型共同生活介護	介護予防認知症対応型共同生活介護	認知症の利用者が，共同生活を行いながら，入浴，排せつ，食事等の介護，その他の日常生活上の世話および機能訓練を受ける。いわゆるグループホーム。
	地域密着型特定施設入居者生活介護		入居定員が29人以下の有料老人ホームなどの施設に入居している要介護者に対して，入浴，排せつ，食事等の介護，その他の日常生活上の世話，機能訓練および療養上の世話を行う。
	地域密着型介護老人福祉施設入所者生活介護		入所定員が29人以下の特別養護老人ホームに入所する要介護者に対して，入浴，排せつ，食事等の介護，その他の日常生活上の世話，機能訓練，健康管理および療養上の世話を行う。

この他に，介護予防・日常生活支援総合事業や住宅改修などがある。

出所：筆者作成。

場合も含まれるので注意が必要です。

　居宅サービスは，事業者が利用者宅を訪れてサービスを提供する訪問型サービス，利用者が事業者の施設を訪れてサービスを受ける通所型サービス，福祉用具の貸与や販売，ケアプランの作成などの関連サービスがあります。

　介護保険法で認められた施設サービスは，介護老人福祉施設，介護老人保健施設，および介護療養型利用施設（介護医療院）の3種類だけしかありません。

なお介護療養型医療施設は 2024（令和6）年3月末までに廃止され，介護医療院に統一される予定です。要支援1あるいは2と判定された者は施設サービスの利用はできません。特に人気の高い介護老人福祉施設は要介護度3以上の者だけが入所可能です。

　各施設のサービス内容の違いは，医療サービスの必要の度合いにもとづいており，介護療養型医療施設（介護医療院）が最も医療性が高く，介護老人福祉施設が最も日常生活介助色が強いものとなっています。

　施設サービスの介護保険給付の支給限度額は，表補論2−1に掲載した居宅サービスの支給限度額とは完全に別建てで，介護等級，施設の種類，居室のタイプ，職員配置体制によって1日当たりの定額給付となります[11]。

　地域密着型サービスは，2006（平成18）年の改正で導入されました。従来，介護保険3施設や有料老人ホーム，ケアハウス等は，比較的収容規模が大きいために，要介護者の日常生活圏から離れた場所に所在することがありました。そこで，このサービスでは，利用者が居宅での生活が困難になった時に，住み慣れた地域で生活できるよう支援するものです。

　したがって，比較的小規模な施設が指定されており，利用者は，原則として住所地以外の他の市区町村が実施するサービスを利用することはできません。

　最後に，介護予防・日常生活支援総合事業については，本編第2章で改めて取り上げますが，次節でも若干触れます。また，住宅改修は，介護生活に入るにあたり浴室の手すりや床面をバリアフリーにする際の改修費を補助する制度です。

■ ケアプランの作成

　居宅サービスの利用には，介護サービス計画（ケアプラン）の作成が必要となります[12]。介護給付サービスの場合には居宅介護支援専門員（ケアマネジャー）がケアプランを作成し，予防給付の場合には地域包括支援センターの保健師または看護師がケアプランを作成します。

　ケアプランとは，表補論2−4に掲載したさまざまなサービスの中から，どのサービスをいつ，どれだけ利用するのかを決める計画のことです。この計画は，

図補論2−2	ケアプランの週間計画表の例

要介護　3　　　　居宅介護

	月	火	水	木	金	土	日
8:00							
9:00							
10:00							
11:00	通所リハビリテーション	訪問介護		訪問介護		訪問介護	
12:00			通所介護		通所介護		
13:00							
14:00							
15:00				訪問看護			
16:00							
17:00							
18:00							
19:00							
20:00							
21:00							
22:00							
23:00	夜間対応型訪問介護（定期循環）						

出所：筆者作成。

要介護（要支援）者の症状や利用者の希望に応じて，介護保険利用に先立って毎月作成されます。作成費用は全額保険給付から賄われるので自己負担はありません。

　図補論2−2は，ケアプランの週間計画例を示したものです。この例では，要介護度3の居宅介護希望者で，家族構成は老夫婦だけの世帯を想定しています。週3回通所での介護を希望しており，それ以外の曜日には訪問介護による家事援助および食事摂取の手助けを想定しています。夜間には地域密着型サービスの夜間対応型訪問看護を毎日設定しており，夜間就寝時間帯の介護負担を軽減しています。

　ケアマネジャーや地域包括支援センターの担当者（以下では，ケアマネジャー等と呼ぶ）は，計画を作成するだけではなく，計画表に記載された介護サービスの手配（予約）も行い，サービスの受給後には一定の頻度で事業者と提供されたサービスが要介護者の症状に適していたものであったか否か等の検証も行います。

　このように介護保険制度において，ケアプランの作成は要介護者が利用可能

な保険給付の限度額を有効に活用するために，また，専門的見地から見て介護
サービスを効果的に組み合わせるための重要な役割を担っています。

3── 介護予防・日常生活支援総合事業

　介護予防・日常生活支援総合事業（以下では，総合事業と呼ぶ）は，2014（平
成26）年6月に成立した「医療介護総合確保推進法」にもとづく地域包括ケア
の中核部分を構成するプログラムの1つです。

　総合事業は，「一般介護予防事業」と「介護予防・生活支援サービス事業」
とで構成されています。この内，「一般介護予防事業」は，要支援者等も参加
できる住民運営の通いの場のことで，介護認定の有無に関係なくすべての高齢
者（65歳以上）が対象となります。他方，「介護予防・生活支援サービス事業」
は，介護保険における従来の訪問介護と通所介護のフォーマルなサービスに代
わるサービスで，各市町村が地元の介護資源を活かして創意工夫できるプログ
ラムです。総合事業の詳細な説明は本編第2章に譲りますが，「一般介護予防
事業」と連携させることも可能ですし，介護保険の財源を使うことも可能なフ
レキシブルな制度で，介護保険制度の今後を占う重要な制度です。

　介護保険のフォーマルな（介護予防給付の従前相当の）サービスを引き続き総
合事業に使用し続けることも可能ですが，それではサービス単価が下がりませ
んので市町村の介護保険財政を圧迫することになります。サービスと負担のバ
ランスを考えるのならば，自ら創意工夫して早急な移行が望まれるでしょう。

【注】
1）　本補論の説明の一部は，鎌田（2010）第6章の説明を書き直したものです。制度は
　可能な限り2021（令和3）年4月以後のデータにもとづいて説明しています。
2）　介護保険制度導入以前の高齢者福祉政策の詳細については，鎌田（2004）第1章を
　参照してください。
3）　生活保護法で認められる保護には生活扶助や住宅扶助など7つの種類があります
　が，生活扶助は原則として居宅で金銭の給付により行われました。居宅保護が困難
　な場合に限り，当該地方公共団体が設置した養老施設，救護施設，厚生施設への収
　容が認められました。

4)　これに対して，申請主義にもとづく代表的な措置制度は生活保護です。

5)　措置制度の空洞化の詳細については，鎌田（2004）第 1 章などを参照してください。

6)　2000（平成 12）年 4 月末時点の介護認定率は 10.1 ％でしたから大きく上昇しています。この原因は，介護保険制度が浸透したことや高齢者人口に占める後期高齢者の割合が高まったことだと思われます。

7)　ただし，6 段階の所得区分により，0.5 から 1.5 倍の範囲で軽減ないしは加算されたものが各世帯の実際の保険料算定額となります。

8)　「要介護認定等に係わる介護認定審査会による審査及び判定基準等に関する省令」（平成 18 年 3 月 24 日付厚生労働省令 32）を参照してください。

9)　要支援 2 は，従来の区分の要介護 1 の者のうち約 6 割が該当するとされていました。

10)　介護保険法第 8 条および第 8 条の 2 を参照してください。

11)　ただし，さまざまな加算・減算措置があります。

12)　ただし，施設サービスの場合には，当該施設に介護支援専門員（ケアマネジャー）の資格を有する者が必ず配置されているので，当該施設で作成されます。また，地域密着型サービスの場合には，夜間対応型訪問介護と認知症対応型通所介護が居宅介護支援事業者に，介護予防認知症対応型通所介護が地域包括支援センターに，それ以外のサービスは直接当該事業者に，ケアプランの作成を依頼します。

参考文献

鎌田繁則『社会保障論　経済の視点からみた保険制度』ミネルヴァ書房　2010 年。

鎌田繁則『介護基盤の不足と営利企業の参入』久美出版　2004 年。

補論3

雇用保険制度の概要[1]

1 ── 失業と失業保険

　失業者の救済は，社会保障の歴史において常に最も重要な課題の1つでした。しかし，社会保障が失業問題にどう取り組むべきであるかについては，その時々の社会慣習や価値観，社会思想などに応じて答えが異なっていました。ただ失業問題は，基本的に失業者に失職中の所得を保障しているだけでは解決できず，職を用意しない限り永久に解消できない可能性もあるということです。

　近年の新自由主義の台頭が，自動車会社の生産方式をもじったジャストインシステムと呼ばれる労働者派遣制度を生み出しました。労働市場も他の財サービス市場と同じで，景気動向に応じた労働力の需要と供給の調整が重要で，労働市場の流動性を高めることによって，派遣労働者はたとえ失職したとしても経済状況が好転すればすぐに再就職可能であるという考え方です。

　しかし，現実には，個々の労働者には年齢があり，若年労働者は職を選ばなければ次々と短期雇用契約を繰り返せるかもしれませんが，中高年でリストラされた労働者は，たとえ時給や勤務時間帯に不満を言わなかったとしても，なかなか中途採用されることが難しいのが現実でしょう。

　これに加えて，「経済状況が好転すれば」という想定も怪しいものです。経済状況がなぜ悪化したのか理由が分からなければ，いずれ好転すると考えるべき根拠はありません。事実，日本のバブル経済の崩壊（1989年12月）は30年以上も経済を低迷させました。いつ経済状況が好転するのか予想がつかなければ，たとえ短期雇用契約者を失職中に社会保障で保護したとしても，社会保障はいつまで失業者を扶養すればよいのかわかりません。このように失業問題は，その問題を社会保障が直接解決することはできないもどかしい問題です。

　そこで，現代社会保障においては，失業問題は，経済的な雇用政策を通して解決するというのが共通認識になっています（補論第 1 章を参照）。雇用政策とは，20 世紀のイギリスの経済学者 J. M. ケインズが，その主著『雇用，利子，および貨幣の一般理論』の中で，失業発生のメカニズムを解明し，政府が一国全体の社会会計を管理する経済政策（有効需要管理政策）を実施しなければならないと論じたものです。一国経済を放任したまま民間の雇用関係に規制を加えたり，失業保険を使って事後的に救済したりしたとしても，それだけでは問題が解決できないと主張しました[2]。

　では，ケインズが主張する通り経済政策で経済状況をある程度管理することができると仮定して，社会保障は何をすればよいのでしょうか。

　もちろん失業保険の提供に代表される社会保障の取り組みは，やはり重要な政策となります。なぜなら，まず，経済政策の発動には時間がかかるからです。経済政策は政府の一般財源や国債発行を使って行われますので，政策の立案から決定，実施，さらに効果が現われるまでに半年から 1 年以上の時間を要すことも珍しくありません。この間，社会には困窮した失業者があふれているのですから，彼らの生活を一時的に支える所得保障は，社会保障の主目的である生存権の確保（貧困予防）を図るために必要不可欠な政策と言えるでしょう。

　次に，最近多くなっている構造的失業（摩擦的失業）への対処も挙げられます。構造的失業（摩擦的失業）では，企業側が求める人材と，今いる労働者の技能（スキル）との間で需給のミスマッチが生じているのですから，労働者の再訓練や新規養成が必要となります。これにも相当な時間が必要であり，やはり一時的な所得保障や訓練費用の社会的負担（補助）が求められます。

2 ── 日本の雇用保険制度

（1）沿　革

　我が国に失業保険が初めて導入されたのは，第二次世界大戦後の 1947（昭和22）年のことでした。言うまでもなく，この時期の日本は，終戦直後の混乱の中にあり，大量の帰還兵の存在や生産基盤の喪失などにより膨大な数の潜在的

失業者が発生していたと推定されます[3]。

　この初期の失業保険は，大戦を生き残った企業の人員整理を目的に導入されたと言われています[4]。しかし，1950年代に入ると経済は急速に回復し始め，やがて高度経済成長が定着する1970年代に入ると，逆に労働力不足という新たな展開を迎えるようになりました。

　折しも第一次石油ショックによる一時的景気後退後の1974（昭和49）年には，失業保険法は雇用保険法へと転換されました。新しい雇用保険法では，従来の失業給付に加えて再就職促進のための機能を追加し，また保険給付以外の労働者の雇用安定や能力開発，福利厚生を目的とした関連3事業が追加されました。

　この後も，高齢者や女性の就労意欲の高まり，年功序列や終身雇用に代表される日本型雇用慣習の崩壊と非正規雇用者の増大など，雇用環境の変化を受けて，1984（昭和59）年にはパートタイム労働者への雇用保険適用拡大，1994（平成6）年には雇用継続給付の創設，そして，1998（平成10）年には教育訓練給付や介護休業給付の創設など，雇用保険の機能は拡張され続けました。

　最後に，1985（昭和60）年に制定された「労働者派遣法」は，間接雇用という新たな雇用形態を生み出しましたが，1996（平成8）年の対象業務を26業務に拡大する改革を経て，2004（平成16）年には原則自由化がなされ，製造業従事者にも拡大されました。これに合わせて，雇用保険制度では，直接雇用と間接雇用との間で同制度適用に格差が生じないように，その都度改正されて参りました。

（2）保険制度の全体像

　現在，雇用保険制度には，保険給付の本体部分である失業等給付の他に，就職支援法事業，育児休業給付，関連2事業の4つの事業部門があります。ただし育児休業給付は，失業等給付の雇用継続給付として説明します。

▎保険者と被保険者

　雇用保険は政府が保険者となる全国単一の労働保険です。労働保険とは，被用者だけが対象となる社会保険のことです。雇用保険の事務は，失業の認定

や受給資格手続きなど給付手続きを主に公共職業安定所（愛称「ハローワーク」）が行い，保険料の徴収を同じ労働保険である労働者災害補償保険の保険料と合わせて都道府県労働局が行います[5]。

　適用事業所は労働者を使用するすべての事業所になりますが，国家公務員や地方公務員，船員保険適用者は適用除外されています[6]。また，農林水産業のうち，常時5人未満の労働者を使用する事業の一部は，任意適用事業として強制適用を免除されています。

　適用事業所に雇用される労働者はすべて同保険の被保険者となりますが，原則として65歳以降に新たに雇用される者や一部の短時間労働者は被保険者となりません。

　雇用保険の被保険者には，一般被保険者，高年齢継続被保険者，短期雇用特例被保険者，および日雇労働被保険者の4つの区分があります。このうち，適用事業所に雇用される労働者のうち，他の3つの被保険者区分に含まれない者はすべて一般被保険者となります[7]。

　そこで，他の3つの被保険者区分を先に説明しますと，まず，高年齢継続被保険者とは，同一の事業主の適用事業所に65歳以前から引き続き65歳以降も雇用されている者を言います。ただし，短期雇用特例被保険者や日雇労働被保険者となる者は含まれません。次に，短期雇用特例被保険者とは，雇用期間が1年未満の者をいい，主に季節的に雇用されている労働者と短期雇用を想定した労働者のことです[8]。最後に，日雇労働被保険者とは，いわゆる日雇労働者のことを指し，雇用期間が30日以内で，雇用保険日雇労働被保険者手帳の交付を受けるなど一定の要件を満たした者が対象となります。

　2021（令和3）年3月末時点の適用事業所数は約232万か所であり，被保険者数は一般・高年齢・短期雇用特例被保険者が合わせて4,435万人，日雇労働被保険者が6,843人でした。

▌保険財政

　雇用保険の財政は，保険料と国庫負担金で賄われます。保険料の納付形態は被保険者区分に応じて異なります。日雇労働被保険者を除く被保険者の保険

料は，賃金総額に一定の乗率を掛けて得た額を拠出します。2021（令和3年）4月現在の保険料率は，本人が賃金の1,000分の3であるのに対して，使用者は1,000分の6となっています[9]。折半負担を超える使用者の1,000分の3は，後述する雇用保険2事業に充てられます。

　また，日雇労働被保険者の保険料は，印紙の購入による定額拠出とされていますが，この拠出額は3段階に設定されており，これも労使折半負担となっています。

　国庫負担金は関連2事業を除く残りの3部門に支出されています。失業等給付に対して支出される国庫負担は，給付の種類に応じて，給付費の8分の1から3分の1に設定されています。また，就職支援法事業（職業訓練受講給付金の支給）については費用の2分の1，育児休業給付については費用の8分の1を支給することになっています。

　しかし，バブル経済崩壊以後の長期不況のために，平成19年度以降，国庫負担金は本来の負担額の55％に減額され，さらに平成29年度からは本来の負担額の10％に減額されていますが，コロナ禍の雇用調整助成金の支出増等により雇用保険の財政状況が悪化しており，国庫負担割合の引き上げが議論されています。

3 ── 失業等給付

　介護保険の失業等給付は，離職者や失業の不安のある労働者に保険給付を行う事業です。失業等給付の部門には，図補論3-1に示すように，求職者給付，就職促進給付，雇用継続給付，および教育訓練給付の4つのプログラムがあり，歴史的に見てもこの順番で創設されてきました。なお雇用保険法における失業とは，被保険者であった者が離職し，労働の意思および能力を有するにもかかわらず，職業に就くことができない状態であることを言います[10]。ただし離職に至った理由は問われません。すなわち，いわゆる自己都合退職の場合であったとしても，別の企業等に再就職することを望む者は排除されない点が重要です。

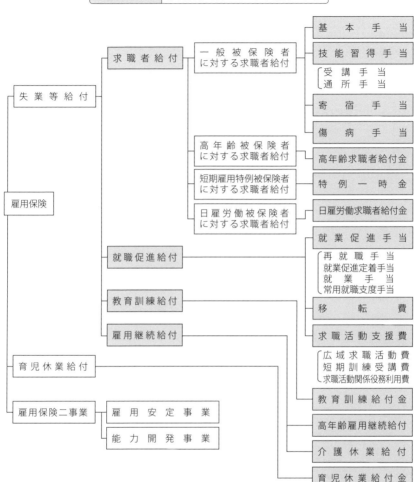

図補論3－1｜雇用保険制度と失業等給付の種類

出所：ハローワークインターネットサービス HP　トップ＞雇用保険制度の概要より。

（1）求職者給付

　求職者給付は，失業した労働者が求職活動できるように，生活の安定と再就職のための技能の習得を計ることを目的とした保険給付です。被保険者区分に応じてその給付方法や内容が異なり，一般被保険者は基本手当と技能習得手

当，寄宿手当，傷病手当を，高年齢継続被保険者は高年齢求職者給付金を，短期雇用特例被保険者は特例一時金を，そして，日雇労働被保険者は日雇労働求職者給付金を，それぞれ受給します。

一般被保険者の基本手当等

基本手当は，一般被保険者が離職前2年間に被保険者期間が通算して12か月以上あった場合に支給されます[11]。なお，被保険者期間に参入される1か月とは，月に11日以上就労した日数がある月を言います[12]。

基本手当の算定額は，基本手当日額と所定給付日数との積算額となります。基本手当日額とは，離職前6か月間の平均日給に相当する賃金日額に，60歳未満の求職者には100分の80〜50を，また，60歳以上65歳未満の者には100分の80〜45を乗じた金額とされます。なおこの乗率は，求職者の賃金日額に反比例して増減します。

他方，所定給付日数とは，受給資格者が基本手当を受給できる期間の長さを意味し，この日数は表補論3－1に掲載した通りです。

同表に示されたように，基本手当の給付日数は，年齢や被保険者期間，離職の原因に応じて異なります[13]。同表で特定受給資格者とは，倒産や解雇等により再就職の準備をする時間的余裕がなく離職を余儀なくされた者で，また，特定理由離職者とは，契約社員等期間の定めのある労働契約が満了した者で契約の更新がない者，あるいは，障害や疾病など正当な理由のある自己都合退職者のことを指します。

一般被保険者は，基本手当の他に，技能習得手当，寄宿手当，および傷病手当を受給することができます。技能習得手当とは，受給資格者が再就職のために公共職業訓練等を受けた場合に支給される受講手当と通所手当です。寄宿手当は，受講者が公共職業訓練等を受講するために扶養家族と離れて暮らす場合に支給されます。傷病手当は，公共職業安定所で求職申請後に疾病や傷病等のために15日以上求職活動ができず，基本手当の支給を受け取ることができない受給資格者に対して，基本手当に代えて支給される制度です。

表補論 3 － 1　求職者給付基本手当の所定給付日数

①特定受給資格者および特定理由離職者（③を除く）

	被保険者であった期間				
	1 年未満	1 年以上 5 年未満	5 年以上 10 年未満	10 年以上 20 年未満	20 年以上
30 歳未満	90 日	90 日	120 日	180 日	－
30 歳以上 35 歳未満		120 日	180 日	210 日	240 日
35 歳以上 45 歳未満		150 日	180 日	240 日	270 日
45 歳以上 60 歳未満		180 日	240 日	270 日	330 日
60 歳以上 65 歳未満		150 日	180 日	210 日	240 日

②特定受給資格者および特定理由離職者以外の離職者（③を除く）

	被保険者であった期間				
	1 年未満	1 年以上 5 年未満	5 年以上 10 年未満	10 年以上 20 年未満	20 年以上
全年齢	－	90 日	90 日	120 日	150 日

③就職困難者

	被保険者であった期間				
	1 年未満	1 年以上 5 年未満	5 年以上 10 年未満	10 年以上 20 年未満	20 年以上
45 歳未満	150 日	300 日			
45 歳以上 65 歳未満	150 日	360 日			

出所：筆者作成。

高年齢求職者給付金

　高年齢求職者給付金は，高年齢継続被保険者が失業した場合に支給されるものです。この給付金を受給するためには，高年齢継続被保険者である者が離職前 1 年間に通算して 6 か月以上被保険者期間があることが条件とされます。支給はすべて一時金で，基本手当と同様に算出された基本手当日額を，被保険者期間が 1 年未満の者には 30 日分，そして，1 年以上の者には一律に 50 日分が算定されます。

▍短期雇用特例被保険者特例一時金

特例一時金は，短期雇用特例被保険者が失業した場合に支給される一時金です。この給付金の受給要件は，短期雇用特例被保険者である者が離職前1年間に通算して6か月以上被保険者期間があることが条件とされます。支給は一時金で，基本手当日額を30日（ただし当分の間，40日）分が算定されます。

▍日雇労働求職者給付金

日雇労働求職者給付金は，日雇労働被保険者が失業した場合に支給され，普通給付金と特例給付金とがあります。普通給付金は，失業前2か月間に通算して26日分以上印紙保険料を納付した者に対して，印紙保険料の給付日額に相当する金額を13〜17日分支給します。これに対して，特例給付金は，失業前6か月間に，各月11日分以上，かつ，通算して78日分以上印紙保険料を納付した者に対して，印紙保険料の給付日額に相当する金額の60日分を限度として支給します。ただし普通給付と特例給付の併給は認められません。

（2）就職促進給付

就職促進給付は，求職者給付受給中の失業者が早く再就職できるように促し，支援することを目的とした制度です。就業促進手当，移転費，および広域求職活動費の3種類があります。このうち就業促進手当は，就職促進給付の性格を端的に表しています。と言うのは，前項で説明した求職者給付は，一般被保険者の場合，所定給付日数を残して再就職先が見つかる場合がありますが，その時点で就業すれば支給期間を残して支給が打ち切られるために，求職者が早期に就業に踏み切れない可能性があります。就業促進手当は，この所定給付日数の残余分（以下では支給残日数と呼ぶ）を雇用保険が買い取ることによって，早期の就業を後押しする制度です。

まず，就業促進手当には，再就職手当，就業促進定着手当，就業手当，常用就職支度手当などがあります。これらを順に説明すると，

1）再就職手当は，基本手当の受給資格者が所定給付日数の3分の1以上を残し，安定した形態で就業した場合に，支給残日数を10分の7（3分の

2以上残した場合）または10分の6（3分の1以上残した場合）に相当する金額を一時金で支給するものです。

2）就業促進定着手当は，再就職手当を受給して再就職した者が6か月以上雇用され，その期間の再就職先での賃金が離職前の賃金よりも低い場合に支給されるものです。支給額は離職前賃金と再就職先賃金との差額を6か月分補償するものですが，複雑な計算式で上限額が設定されています[14]。

3）就業手当は，基本手当の受給資格者が再就職手当の支給対象とならない常用雇用等以外の形態で就業した場合に，基本手当の支給残日数が所定給付日数の3分の1以上かつ45日以上あり，一定の要件に該当する場合に支給されます。支給額は，就業日×30％×基本手当日額（一定の上限あり）となります。

4）常用就職支度金は，基本手当の受給資格者が公共職業安定所または職業紹介事業者の紹介により，所定給付日数の3分の1未満残して常用雇用された場合等に支給されます[15]。

次に，移転費は，受給資格者等が公共職業安定所等の紹介した就職先に赴任する場合，または公共職業訓練等を受けるために転居する場合に，旅費，移転料，および着後手当を支給する制度です。

最後に，広域求職活動費は，受給資格者等が公共職業安定所の紹介により遠隔地で求職活動する場合に，旅費および宿泊費を支給する制度です。

この他に，短期訓練受講費や，求職者が遠隔地での面接試験などのために子どもの保育サービスを必要とする場合の求職活動関係役務利用費等が新設されています。

（3）雇用継続給付

一般的な失業保険は，労働者が失業状態に陥った後に事後的に対策を講じる制度ですが，雇用保険の雇用継続給付は，我が国の労働市場がもつ固有の構造的（摩擦的）失業の原因を分析し，それに対して予防的に対策を立てようとする独自の取り組みです。

　現在，雇用継続給付には，高年齢雇用継続給付，育児休業給付，および介護休業給付の3つのプログラムがあります。

高年齢雇用継続給付

　高年齢雇用継続給付は，労働者がキャリア定年年齢等を期に離職するのを予防することを意図した制度です。高年齢者雇用安定法は，60歳未満での定年年齢設定を禁止（第8条）していますが，高年齢者雇用確保措置として65歳までの継続雇用制度（現に雇用している高年齢者が希望するときは，当該高年齢者をその定年後も引き続いて雇用する制度）も義務づけています。

　そこで，多くの事業所では，60歳時点でいったんキャリアを清算し，その後，継続雇用または再雇用することになりますので，その時点で賃金が大幅に減るのが一般的です。この賃金減額分の一部を所得保障するのが高年齢雇用継続給付の目的です。

　これには高年齢雇用継続基本給付金と高年齢再就職給付金とがあります[16]。いずれの給付金も60歳以上65歳未満の被保険者（短期雇用特例被保険者と日雇労働被保険者を除く）で，被保険者期間が5年以上ある者が，60歳時点の賃金に比べて100分の75未満に低下した場合に65歳の誕生日月まで支給される制度です。

　求職者給付の基本手当を受給しないで雇用を継続する場合が高年齢雇用継続基本給付金であり，基本手当を受給した後に再就職した場合が高年齢再就職給付金です[17]。給付額の上限は60歳以後の賃金の15％相当額とされますが，給付時の賃金と給付額の合計が60歳時点の賃金の75％を超えることはできません。

育児休業給付

　育児休業給付は，出産育児を機会に職場を離れる女性労働者が多いことから，育児休業法で認められた育児休業取得を促進するための制度です[18]。

　育児休業法では，休業期間中の所得保障を特に定めていません。ところが新規学卒者が正規雇用者として30歳前後まで勤め続ければ，退職に際してある

程度の退職一時金と雇用保険求職者給付を手にすることができるのに対して，育児休業を選択すれば，休業期間終了後の雇用は保障されているものの，多くの事業所では休業期間中は無給となり，生計は急に苦しくなることが予想されます。こうした実情を踏まえて，休業期間中の所得保障を行い，離職を予防しようとするのが育児休業給付の目的です。

　育児休業給付金は，1歳未満の子を養育するため育児休業を取得した一般被保険者であって，休業開始前2年間に通算して12か月以上就業していた者に支給されます。支給額は，従前賃金日額の67％（育児休業の開始から6か月経過後は50％）相当額を育児休業終了日までの期間分となっています。

　なお保育所等における保育の実施が行われないなどの理由により，子が1歳に達する日後の期間に育児休業を取得する場合は，その子が1歳6か月に達する日前までの期間，育児休業給付金の支給対象となります。

　さらに，2017（平成29）年10月からは，保育所等における保育の実施が行われないなどの理由により，子が1歳6か月に達する日後の期間に育児休業を取得する場合は，その子が2歳に達する日前までの期間，育児休業給付金の支給対象となりました。

▌介護休業給付

　介護休業も育児休業と同様に法律で認められた労働者の権利ですが，実際に多くの事業所では介護休業期間中の賃金は無給となり，離職の原因となる場合が少なくありませんでした。そこで，介護休業給付は，家族を介護するために介護休業を取得した労働者に所得保障することで，離職を予防しようとする制度です。

　介護休業給付の支給要件は，要介護状態にある対象家族を介護するために介護休業を申請した一般被保険者であって，介護休業開始前2年間に通算して12か月以上就業していた者です。支給額は，従前賃金日額の67％相当額を介護休業終了日までの期間（最大3か月）分となっています。

（4）教育訓練給付

　教育訓練給付は，労働者の主体的な能力開発の取り組みや中長期的なキャリア形成を支援するために，労働者が自費で教育訓練を受けた場合に，その受講費用の一部を教育訓練給付金として支給する制度です。一般教育訓練給付金，専門実践教育訓練給付金，特定一般教育訓練給付金の3種類があります。しかし，雇用保険制度には，後述する雇用2事業として能力開発事業があり，教育訓練給付との意味づけの違いが曖昧です。現在の職場で必要な技能を身につけることが目的なのか，転職の機会を与えることが目的なのか必ずしも明確ではありません。

▌一般教育訓練給付金

　一般教育訓練給付金を申請できる者は，受講開始日現在で雇用保険の支給要件期間が3年以上（初めて支給を受けようとする者については，当分の間，1年以上）あり，現に一般被保険者であるか，または，離職して1年以内の一般被保険者であった者です。過去にこの給付を受けたことがある者は，前回の教育訓練給付金受給から今回受講開始日前までに3年以上経過していることが必要です。

　厚生労働大臣が指定する教育訓練（専門学校，各種学校，通信教育など）を受講し，修了した場合に，教育訓練の受講のために支払った費用の100分の20に相当する額（10万円を上限としますが，4千円を超えない場合は支給されません）が支給されます。

▌専門実践教育訓練給付金

　専門実践教育訓練給付金の申請条件は一般教育訓練給付金と同じですが，特に労働者の中長期的キャリア形成に資する教育訓練が対象となります。

　受講費用の50%（年間上限40万円）が訓練受講中6か月ごとに支給されます。資格取得等をし，かつ訓練修了後1年以内に雇用保険の被保険者として雇用された場合は，受講費用の20%（年間上限16万円）が追加で支給されます。

　なお，失業状態にある方が初めて専門実践教育訓練（通信制，夜間制を除く）を受講する場合，受講開始時に45歳未満であるなど一定の要件を満たせば，

別途，教育訓練支援給付金が支給されます。

▌特定一般教育訓練給付金

　特定一般教育訓練給付金の申請条件は一般教育訓練給付金と同じですが，特に労働者の速やかな再就職および早期のキャリア形成に資する教育訓練が対象となります。

　受講費用の 40%（上限 20 万円）が訓練修了後に支給されます。

4 —— 雇用保険事業

　雇用保険事業には，雇用安定事業と能力開発事業とがあります。これら 2 事業は，雇用の安定や雇用状態の是正，雇用機会の増大，労働者の能力開発，等の目的のために，主に事業者に助成金や奨励金を提供するものです。

　まず，雇用安定事業は，被保険者，被保険者であった者，および，被保険者になろうとする者（以下では，単に被保険者等と呼ぶ）に対して，失業の予防，雇用状態の是正，雇用機会の増大，その他雇用の安定を図るために，政府が行う事業です。

　具体的な事業内容としては，景気の変動や産業構造の変化に対して急激な大量解雇が行われないように事業主に雇用調整助成金を支給したり，再就職促進のために労働移動支援助成金を支給したり，高年齢者の雇用安定のために定年引き上げ等奨励金を支給したり，地域における雇用機会増大のための地域雇用開発助成金を支給したり，等があります。

　また，能力開発事業は，被保険者等の職業生活の全期間を通じて，これらの者の能力を開発し，向上させるために，事業主等が行う職業訓練，公共職業能力開発施設の設置運営などに対して政府が行う助成事業です。

　なお，これら 2 事業の財源はすべて事業主負担の保険料から賄っており，事務費を除いて国庫負担もありません。

▌雇用調整助成金

コロナ禍における緊急事態宣言およびまん延防止等重点措置の発令に対して雇用調整助成金の特例措置が出されたことは未だ記憶に新しいと思います。

対象区域内で事業を行う飲食店等の事業主が，知事の要請等を受けて，休業，営業時間の短縮，収容率・人数上限の制限，入場者の整理等，または飲食物の提供（利用者による酒類の店内持ち込みを含む）もしくはカラオケ設備利用の自粛に協力し，当該区域内の要請等の対象となる施設において，その雇用する労働者の休業等を行った場合には，同助成金の助成率を100％にすると同時に，助成上限額の引き上げなどの措置が取られました。これらは雇用安定事業にもとづく政策で，雇用保険を財源としています。

5 —— 就職支援法事業

リーマンショック後の就職氷河期に3年間の暫定措置として導入された緊急人材育成支援事業は，2011（平成23）年10月から就職支援法（正式名称「職業訓練の実施等による特定求職者の就職の支援に関する法律」）として恒久化され，2017（平成29）年6月に改正され，現在に至っています。

この法律の目的は，雇用保険の失業等給付を受給できない求職者であって，職業訓練その他の就職支援を行う必要があると認める者（特定求職者と呼ぶ）に対し，職業訓練の実施，職業訓練を受けることを容易にするための給付金の支給，その他の就職に関する支援措置を講ずることにより，特定求職者の就職を促進することです。

この事業で中心となる制度は職業訓練受講給付金の支給で，公共職業安定所長が就職支援計画を作成し，特定求職者に対して，その就職を容易にするため，職業指導・職業紹介や認定職業訓練または公共職業訓練の受講等就職支援の措置を講じます。

このうち認定職業訓練とは『事業主がその雇用者に行う職業訓練のうち，教科，訓練期間，設備等について厚生労働省令で定める基準に適合して行われているものについて，申請により都道府県知事が訓練基準に適合している旨の認

定を行ったもの（職業能力開発促進法　第13条，第24条）です。一定の用件を満たす認定職業訓練施設については，公共職業訓練を行う公共職業能力開発施設と同様に「職業能力開発校」，「職業能力開発短期大学校」等の名称を用いることができます』。認定職業訓練受講者には職業訓練受講給付金が支給されます。

　制度の詳細は第7章（生活困窮者自立支援）の第4節「関連制度―求職者支援制度と就労自立給付金―」を参照してください。

【注】
1）　本補論の説明は，鎌田（2010）第5章の説明を書き直したものです。制度は可能な限り2021（令和3）年4月以後のデータにもとづいて説明しています。
2）　例えば，ベヴァリッジは失業問題を悪化させる1つの原因として，雇用主が賃金単価の安い年少労働者を採用し，成人労働者を雇用したがらない傾向があることを指摘し，政府が年少労働者の雇用を規制するように当初主張していました。ケインズの失業概念は，こうした個別事情とは別のものです。
3）　山本（1976）の分析によると，終戦時に兵役や徴用から解放された者の数は，新規徴用工160万人，現役軍人720万人，および学徒動員340万人を合わせた1,200万人に上ったとしています。また，終戦から2年近くを経過した失業保険法施行直前の1947年6月時点での生活保護適用者数を見ると，95万世帯317万人が生活保護を認定されていたとしています。
4）　小山・佐口（1975）p.164を参照してください。
5）　公共職業安定所も都道府県労働局も厚生労働省の出先機関です。
6）　公務員には国家公務員退職手当法や退職手当に関する条例の中で，退職後1年以内に失業した者には雇用保険給付相当額の退職手当が保障されています。また，船員については船員保険が失業保険事業も行っています。
7）　昼間学生は原則として被保険者になりません。短時間労働者（パート労働者）は，1週当たり20時間以上の所定労働時間があり，31日以上の雇用が見込まれる者は被保険者となります。
8）　短期雇用特例被保険者が，同一の事業主に引き続き1年以上雇用されれば，一般被保険者（65歳の誕生日をまたげば高年齢継続被保険者）に切り替えられます。
9）　農林水産業や建設業など一部業種については，保険料率が異なります。
10）　雇用保険法第4条3項。
11）　ただし，後で説明する特定受給資格者と特定理由離職者については，離職前1年間に被保険者期間が通算して6か月以上ある場合に支給されます。また，短時間労働者と派遣労働者は，2009（平成21）年4月から31日以上の雇用見込みがある（1週間の所定労働時間が20時間以上ある）場合には一般被保険者となるように拡

大され，この場合も離職前1年間に被保険者期間が通算して6か月以上あれば支給されます。

12) 2021（令和3）年8月からは，賃金支払の基礎となる日数が11日以上ある月，または，賃金支払の基礎となった労働時間数が80時間以上ある月を1か月として計算することとなりました。

13) 表補論3-1に示した所定給付日数に加えて，給付日数の延長が認められる場合があります。項目（暫定措置を含む）だけを挙げれば，訓練延長給付，広域延長給付，全国延長給付，地域延長給付，個別延長給付が適用される場合です。

14) 上限額は，基本手当日額（注意1）×基本手当の支給残日数に相当する日数（注意2）×40％（注意3）の計算式で設定されます。ただし，注意1は基本手当日額の上限は，6,120円（60歳以上65歳未満は4,950円）となります（毎年8月1日以降に変更されることがあります）。注意2は再就職手当の給付を受ける前の支給残日数です。注意3は再就職手当の給付率が70％の場合は，30％となります。

15) 高年齢受給資格者，短期雇用特例受給者や日雇受給資格者も対象となります。支給額は，支給残日数の10分の4ですが，支給残日数が45日未満の場合には45日分を，90日未満の場合は当該日数を，90日以上の場合には90日分が支給されます。

16) 後述する雇用安定事業における事業主補助と区別して考える必要があります。同事業では，定年延長や定年に達した者への再雇用，あるいは高年齢退職者に対して事業主が再就職の援助をした場合などに事業主に対して補助金を支給します。これに対して，高年齢雇用継続給付は被保険者本人に直接給付する制度です。

17) 高年齢再就職給付金は，基本手当の支給残日数が100日以上あることが条件となります。

18) 「育児休業，介護休業等育児又は家族介護を行う労働者の福祉に関する法律」（いわゆる育児休業法）は，労働者の権利です。育児休業期間の長さならびに休業期間中の待遇など詳細については特に法律で明確な規定はされていませんが，事業主は労働者が休業申し出をしたことを理由として解雇することはできません（同法第10条）。

参考文献

鎌田繁則『社会保障論　経済の視点からみた保険制度』ミネルヴァ書房　2010年。

小山路男・佐口　卓編『社会保障論〔新版〕』有斐閣双書　1975年。

山本政弘『社会保障入門』労働大学　1976年。

労働者災害補償保険制度の概要

1 ── 労働災害とその補償の考え方

　労働災害とは，労働者が業務上または通勤が原因で，負傷，疾病，障害，あるいは死亡等に及ぶことをいい，業務災害と通勤災害の2種類があります。このうち業務災害は，職場に内在する危険が顕在化したり，過酷な勤務条件が課されていたりすること等による災害を指し，通勤災害とは，通勤途上の事故や通勤によって病気を発症する場合を指します。

　労働者が労働災害に被災すると，理由のいかんを問わず，使用者である企業には補償する義務が発生します。これは労働基準法第8章災害補償（第75条-第88条）に明確に規定されていることで，無過失責任主義の原則と呼ばれ，米英仏独いずれの国でも採用されている先進国における標準の考え方です[1]。

　無過失責任主義では，労働契約が成立した時点で全労働者（不法就労者を含む）に自動的にこの権利が発生し，たとえ使用者の故意過失がない場合でも補償を義務づけることになります。

　これは一見すると使用者に厳し過ぎる考え方のように思えますが，そのために国は労働者災害補償保険（以下では労災保険と呼ぶ）を用意していますし，使用者以外の特定の加害者がいれば，その者による保険（例えば，自動車事故の自賠責保険等）の適用や民事賠償，示談の成立によって，使用者の労災補償義務が消滅あるいは相殺される場合もあります。また，そもそも労働災害と認定されない事故や病気では補償義務が発生しません。

　これらの点は労働災害を考える上で最も重要な部分ですので，もう少し説明しましょう（図補論4-1を参照）。まず，労働災害と労災保険との関係ですが，労働災害への補償責任は，上記したように理由のいかんを問わず，使用者であ

226

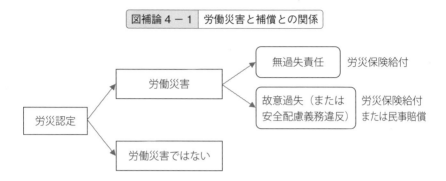

図補論 4 − 1 労働災害と補償との関係

る使用者にある訳ですから，本来，災害を防げなかった使用者が負担すべきものです。しかし，災害（あるいは事故）は予期せぬ不可抗力によって発生する場合もありますから，どんなに事故防止に努めていたとしても使用者がコントロールできない状況（例えば，自然災害や交通事故など）がまったく無くなるとは考えられません。その場合に，労災保険が災害補償に相当する給付を行い，使用者は直接的な補償の責務を免れることになります（労基法第84条）。ただし，使用者はその場合には災害割合で変動するメリット制保険料率の適用を受けます。

　実際，東日本大震災では，国は「労働者が「仕事中」や「通勤中」に地震や津波により建物が崩壊したこと等が原因となって被災された場合にはご本人やご遺族の方は『労災保険』による給付を受けられます」とアナウンスしています[2]。

　他方で，予想できる災害で事前に対処することができた原因に対処しなかった，つまり故意過失や安全配慮義務違反の結果としての災害の発生であれば，労災保険による補償に加えて，使用者自身（や別の加害者）が民事補償の責務を負うことになります[3]。これは図補論4−1の安全配慮義務違反のケースです。

　そして，そもそも労働災害と認定されない事故や病気では補償義務が発生しない訳ですから，当然，労働災害認定（以下では労災認定と呼ぶ）という手続きの重要性がわかると思います。この労災認定の問題こそが労働災害ならびに労災保険における最大かつ最難の論点ということになります。ただ，本補論では，

とりあえず労災保険制度と労災認定の基準の概要を説明するのに留めて，労災認定の最近の状況についての分析は本論第5章で説明することにします。

2──労災保険制度の概要[4)]

　労災保険は政府が単一の保険者となる強制的な保険ですが，通常の社会保険や労働保険のように被保険者という概念は適用できません。なぜなら同保険は，前節で説明しましたように，使用者である企業が負うべき補償責任を代行して給付を行う制度であり，実際に保険料を拠出しているのも（少なくとも形式的には）使用者だけです。もし保険料を拠出している者をもって被保険者と呼ぶのであれば，労災保険の被保険者は使用者となりますが，他方で保険給付はすべて被災労働者とその家族に直接なされますから，保険給付を受ける者（つまり受給者）をもって被保険者と呼ぶのなら被保険者は労働者ということになります。そこで，定説では，労災保険には被保険者という概念は適用されないことになっています。

　同保険制度の事務は厚生労働省労働基準局がこれを行いますが，実際には都道府県労働局長が適用事業所の掌握や保険料の徴収等を行い，労働基準監督署長が保険給付や特別支給金の給付などを行います[5)]。

　なお適用事業所は，労働者を使用するすべての事業所とされていますが，公務員と船員保険適用者は適用されません。この理由は，これらの労働者には国家（地方）公務員災害補償法や船員保険法が適用されるためです。また，一部の零細事業者は，任意適用事業として強制適用が免除される反面，個人タクシーなどの一人親方は自営業者であるにも関わらず特別加入することができます。

　労災保険の事業は保険給付と社会復帰促進等事業とに大別されますが，以下ではこれらを順に説明します。

（1）保険給付等

　労災保険の保険給付は，さらに業務災害に対する保険給付と通勤災害に対す

| 図補論 4 － 2 | 労働者災害補償保険の保険給付 |

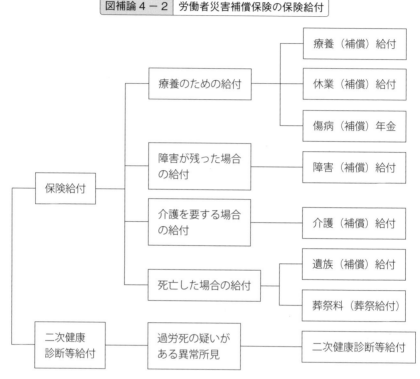

出所：筆者作成。

る保険給付，および二次健康診断等給付の3つに区分されます。しかし，業務
災害と通勤災害の保険給付は完全にパラレルですので，図補論4－2に示すよ
うに，大部分は給付名に補償という言葉が付くか付かないかだけで区分されま
す。

　業務災害と通勤災害に対する保険給付には，それぞれ，①療養（補償）給付，
②休業（補償）給付，③傷病（補償）年金，④障害（補償）給付，⑤介護（補償）
給付，⑥遺族（補償）給付，⑦葬祭料／給付，の7つの種類があります。括弧
内にある「補償」を入れた呼び名や，葬祭料とする呼び名は，すべて業務災害
の場合の給付を指し，「補償」を入れない呼び名や，葬祭給付とする呼び名は，
通勤災害の場合の給付を指します。

▌療養（補償）給付

被災した労働者が治療のために受ける医療サービスの現物または現金給付のことです。治療は，通常の健康保険とは異なり，原則として労災病院や労災指定病院等で受けることになりますが，居住地近くに労災指定病院等が無いなどの場合には，所轄労働基準監督署長の許可を受け，一般の医療機関で治療を受けることが認められます。なお後者の場合の費用の支給は，いったん受診者が立て替え払いした後で償還する現金給付となります[6]。

▌休業（補償）給付

休業（補償）給付は，被災した労働者が治療を受けるために休業した期間について，所得補償を行う制度です。労災保険からの給付は，休業第4日目から休業1日につき給付基礎日額の100分の60に相当する額が支給されます[7]。給付基礎日額とは，過去3か月間の平均賃金日額に相当し，労働基準法第12条の平均賃金相当額のことを指します。

健康保険制度における休業給付（傷病手当金）と違って支給期間に特に制限はありませんが，次の傷病（補償）年金に切り替えられた場合には打ち切られます。

また，社会復帰促進等事業における休業特別支給金を申請すれば，休業第4日目から休業1日につき給付基礎日額の100分の20に相当する額が加算されます。

▌傷病（補償）年金

業務上（通勤途上）の傷病について，被災した労働者が療養を開始してから1年6か月を経過しても治癒しない場合で，その傷病の程度が傷病等級（第1級～第3級）に該当する場合には，所轄労働基準監督署長の職権により休業（補償）給付は，表補論4-1に示した傷病（補償）年金へ切り替えられることがあります。

なお傷病（補償）年金の受給権者は，申請により社会復帰促進等事業における傷病特別支給金（一時金）を受給することができます。

| 表補論 4 - 1 | 傷病補償年金 |

傷病等級	傷病補償等年金の額	傷病特別支給金（一時金）
第1級	給付基礎日額の 313 日分	114 万円
第2級	給付基礎日額の 277 日分	107 万円
第3級	給付基礎日額の 245 日分	100 万円

（注）給付額は令和3年3月1日時点のもの。
出所：筆者作成。

| 表補論 4 - 2 | 障害補償給付 |

障害等級	給付の種類	障害補償等年金または一時金の額	障害特別支給金（一時金）
第1級	年金	給付基礎日額の 313 日分	342 万円
第2級		給付基礎日額の 277 日分	320 万円
第3級		給付基礎日額の 245 日分	300 万円
第4級		給付基礎日額の 213 日分	264 万円
第5級		給付基礎日額の 184 日分	225 万円
第6級		給付基礎日額の 156 日分	192 万円
第7級		給付基礎日額の 131 日分	159 万円
第8級	一時金	給付基礎日額の 503 日分	65 万円
第9級		給付基礎日額の 391 日分	50 万円
第10級		給付基礎日額の 302 日分	39 万円
第11級		給付基礎日額の 223 日分	29 万円
第12級		給付基礎日額の 156 日分	20 万円
第13級		給付基礎日額の 101 日分	14 万円
第14級		給付基礎日額の 56 日分	8 万円

（注）給付額は令和3年3月1日時点のもの。
出所：筆者作成。

障害（補償）給付

　治療の結果，被災した労働者の業務上（通勤途上）の傷病が治癒し，一定の障害が残った場合には，障害（補償）給付が支給されます。表補論4-2に示したように，その障害の程度が障害等級表の第1級〜第7級に該当する場合には障害（補償）年金が，第8級〜第14級に該当する場合には障害（補償）一時金が支給されます[8]。

表補論4－3　介護補償給付

	常時介護		随時介護	
介護に要する費用を支出して介護を受けた場合	実費（上限額：171,650円／月　最低保障なし）		介護に要する費用を支出して介護を受けた場合	実費（上限額：85,780円／月　最低保障なし）
親族等により介護を受けており介護費用を支出していない場合	実費（最低保障額：73,090円／月）		親族等により介護を受けており介護費用を支出していない場合	実費（最低保障額：36,500円／月）
親族等により介護を受けており介護の費用として支出した金額が73,090円を下回る場合	実費（最低保障額：73,090円／月）		親族等により介護を受けており介護の費用として支出した金額が36,500円を下回る場合	実費（最低保障額：36,500円／月）

（注）給付額は令和3年4月1日時点のもの。
出所：筆者作成。

　なお障害（補償）給付の受給権者は，申請により社会復帰促進等事業における障害特別支給金（一時金）を受給することができます。

介護（補償）給付

　介護（補償）給付は，障害（補償）年金または傷病（補償）年金の第1級または第2級（精神・神経障害および胸腹部臓器障害の者に限る）の者のうち，常時または随時介護を要する状態にあり，かつ現に介護を受けている場合に介護費用を支給する制度です。ただし障害者支援施設で生活介護を受けている者や病院または診療所に入院している者は受給できません。支給額は，表補論4－3に示したように月額で最高限度額と最低保障額とが定められ，その範囲内の実費額となります。

遺族（補償）給付

　遺族（補償）給付は，労働者が業務上（通勤途上）の災害によって死亡した場合に遺族に対して支給されます。遺族（補償）給付には，遺族（補償）年金と遺族（補償）一時金とがあり，その者の収入によって生計を維持されていた扶養家族がいる場合には年金が，また，いない場合にはその他の遺族に対して一

232 |

| 表補論 4 - 4 | 遺族補償給付 |

対象遺族（受給権者および受給権者と生計を同じくしている受給資格者）の数	遺族補償等年金の額	遺族特別支給金
1人	給付基礎日額の153日分（ただし，55歳以上の妻，または，一定の障害状態にある妻の場合には175日分）	遺族の数にかかわらず，一律300万円
2人	給付基礎日額の201日分	
3人	給付基礎日額の223日分	
4人以上	給付基礎日額の245日分	
対象遺族の数	遺族補償等一時金	遺族特別支給金
なし	その他の遺族に対して，基礎給付日額の1,000日分	遺族の数にかかわらず，一律300万円

（注）給付額は令和3年3月1日時点のもの。
出所：筆者作成。

時金が支給されます。

　遺族（補償）年金の給付額は，表補論4-4に示したように，対象遺族数に応じて異なり，年金額を受給資格者数で除した金額が各遺族に支給されます[9]。また，遺族（補償）一時金の給付額は，一律に給付基礎日額の1,000日分となります。

　なお遺族（補償）給付の受給権者は，申請により社会復帰促進等事業における遺族特別支給金（一時金で一律300万円）を受給することができます[10]。

葬祭料／給付

　葬祭料または葬祭給付は，死亡した被災労働者の葬祭を行う者に支給されるものです。葬祭を行う者とは，通常は遺族を指しますが，遺族がいない場合には，事業主や友人等でも認められます。葬祭料／給付の支給額は，① 315,000円＋給付基礎日額の30日分，または②給付基礎日額の60日分，のいずれか高い方となります。

（2）二次健康診断等給付

　二次健康診断等給付は，事業主が行った直近の定期健康診断等（以下では一次健康診断と呼ぶ）において，①血圧，血中脂質，血糖値，および，BMIまたは腹囲，のすべての検査項目について異常があると診断された場合，②脳血管疾患および心臓疾患の症状の項目について異常の所見が認められる場合に，二次健康診断等給付として二次健康診断および特定保健指導を給付する制度です[11]。しかし，二次健康診断等の結果において，すでに脳血管疾患および心臓疾患の発症が認められた場合には特定保健指導は実施されません。

　なお二次健康診断および特定保健指導の費用は自己負担なしで現物給付されます。

（3）社会復帰促進等事業

　次に，労災保険の関連事業である社会復帰促進等事業について説明します。この事業には，表補論4−5に示したように，社会復帰促進事業，被災労働者等援護事業，および安全衛生確保等事業の3つがあります。これらの3事業は，労働者およびその遺族に対して，社会復帰促進等の目的のために保険給付とは別個に実施されるものです。

　このうち，社会復帰促進事業には，療養やリハビリテーション実施施設とし

表補論4−5　社会復帰促進等事業

社会復帰促進事業	療養やリハビリに関する施設を設置，運営するなど，被災労働者の円滑な社会復帰を促進するのに必要な事業
	（例）労災病院の設置・運営，義肢等の補助具の支給
被災労働者等援護事業	被災労働者の療養生活の援護，介護の援護，その遺族の就学の援護，資金の貸付等，被災労働者やその遺族の援護を図るために必要な事業
	（例）特別支給金の支給，労災就学援護費の支給
安全衛生確保事業	業務災害の防止に関する活動への援助，健康診断施設の設置，運営など，労働者の安全および衛生の確保のために必要な事業
	（例）労働災害防止対策の実施，健康診断施設の設置・運営，未払い賃金の立て替え払い

出所：筆者作成。

て労災病院の設置や運営が含まれます。また，被災労働者等援護事業には，上記の保険給付金の中で説明した通り特別支給金の支給が含まれます。最後に，安全衛生確保等事業には，二次健康診断等給付に対応した健康診断センターの設置や運営が含まれる他に，事業主の未払い賃金を立て替え払いする事業なども含まれます。

3 —— 労災認定

本補論第1節で述べたように，労災保険がうまく機能するか否かは労災認定の円滑さ次第といっても過言ではありません。その労災認定は，第一義的には労災認定基準にもとづいて所轄労働基準監督署が行います。

労災認定の基準は，業務災害の場合と通勤災害の場合とで形式的に異なりますが，基本的な考え方は同じです。

▌業務災害の認定基準

まず，業務災害については，就業と被災との因果関係が認められることが必要条件となります。これには，業務遂行性と業務起因性の2つの基準が適用されます。

平たく言うと，業務遂行性とは，事故が発生したとき，労働者が労働契約にもとづく事業主の支配状態にあったか否かが判定されます。これには業務中の事故の他に，昼食休憩中など作業をしていなかった場合でも勤務拘束時間中であれば，これに該当しますし，また，出張先の事故など事業主の管理の及ばない場所で事故が発生した場合でも，労働者が業務命令にもとづく状態で被災すれば，やはりこれに該当します。

そして，業務起因性とは，業務と傷病との間に因果関係が認められるか否かの検証です。業務中の事故であれば，当然，業務起因性も同時に認められますが，職業性疾病（いわゆる職業病）のように長期間の業務上の影響の蓄積によって疾病が発症する場合にもこれに該当します（例えば，じん肺や過労死，ストレスによる精神疾患等）。

通勤災害の認定基準

　次に，通勤災害の場合には，通勤と被災との因果関係が認められることが必要条件となります。これには，通勤の合理性と通勤による疾病の2つの基準が適用されます。

　通勤の合理性とは，通勤の定義（労災保険法第7条2）に照らして，通勤途上と認定される必要があります。これには，自宅から就業場所への往復だけでなく，ある就業場所から別の就業場所への移動（本支店間や支店間の移動），そして，本宅から単身赴任先等への移動も含まれます。

　また，通勤による疾病とは，電車通勤におけるラッシュ時の転倒事故やマイカー通勤における交通事故など，もともと通勤経路上に内在する危険が実際に具現化した結果として通勤災害が発生されたと判断される必要があります。したがって，例えば，飲酒による事故やけんかによる殺傷等は本人の過失であり，通勤災害とは認定されません。

通勤の定義についての補足説明

　読者の中にはマイカー通勤が労災補償の対象となる可能性があることに驚いた人がいるかもしれません。勤め先によってはマイカー通勤を禁止している企業もあるかもしれませんが，そのことと労災認定とは別次元の話です。なぜならマイカー通勤を禁止する理由としては，従業員用の駐車場が確保できない，通勤手当の計算に公共交通機関を使った場合の概算払いに統一したい，会社がマイカー通勤を推奨しているとみなされたくない，などの誘因が考えられますが，以下に説明する通りどのような通勤方法をとるのかは当該労働者の日常生活上の必然性によって，基本的には本人が選択できるからです。

　通勤には，就業のために必要な次の3つの種類があります。すなわち，①住居と就業の場所との間の往復，②就業の場所から他の就業の場所への移動，そして，③住居と就業の場所との間の往復に先行し，または後続する住居間の移動です。これらの移動を合理的な経路および方法により行うこと通勤と呼び，業務の性質を有するものを除くものとされています。

　なお住居とは，労働者が居住して日常生活の用に供している家屋等の場所を

指しますが，3番目の移動のように，本人がいわゆる単身赴任等のために就業
場所近くに別宅を設けている場合には，本宅と別宅までの移動も通勤に含まれ
ます。

　また，移動中に経路を逸脱したり，移動を中断したりした場合には，逸脱ま
たは中断後の移動は通勤とはなりません。ただし，この場合でも逸脱又は中断
が日常生活上必要な行為であって，厚生労働省令で定めるやむを得ない事由に
より行うための最小限度のものである場合は，逸脱または中断の間を除き通勤
となります。

　なお，厚生労働省令で定める逸脱，中断の例外となる行為は以下のとおりで
す[12]。①日用品の購入その他これに準ずる行為，②職業訓練，学校教育法第1
条に規定する学校において行われる教育その他これらに準ずる教育訓練であっ
て職業能力の開発向上に資するものを受ける行為，③選挙権の行使その他これ
に準ずる行為，そして，④病院または診療所において診察または治療を受ける
ことその他これに準ずる行為です。

　これらは文章にすると複雑な印象を与えますが，朝夕に幼児を送迎するため
に保育園等に立ち寄ったり，夕方，買い物をするために小売店に立ち寄ったり
することは，日常生活で必要なことですので，通勤経路として認められること
を述べているのに過ぎません。

　他方，帰宅途中にゲーム場に立ち寄ったり，飲酒するために居酒屋に立ち寄
ったりすることは，娯楽活動に入ったとみなされますので，その後の移動は通
勤として認められません。

【注】
1）　最新のサーベイとしては労働政策研究・研修機構（2020）があります。
2）　厚生労働省HP「東日本大震災による労災保険制度に関する重要なお知らせ」を参
　　照してください。
3）　労働政策研究・研修機構HPには使用者の安全配慮義務違反の判例が紹介されてい
　　ます。ホーム ＞ 雇用関係紛争判例集 ＞ 目次 ＞ 7. 安全衛生・労災 ＞ (69)【労
　　災補償】損害賠償～使用者の安全配慮義務違反～を参照してください。
4）　本節の説明は，鎌田（2010）第6章の説明を加筆修正したものです。制度は可能な
　　限り2021年4月時点のデータに更新して説明しています。

5）都道府県労働局も労働基準監督署も厚生労働省の出先機関です。保険給付のうち二次健康診断等給付に関する事務は，都道府県労働局長がこれを行います。

6）ただし通勤災害では，初回のみ定額自己負担（200円）が必要です。

7）休業の最初の3日間については，労働基準法の第76条の規定により，事業主が休業補償しなければなりません。ただし通勤災害に対しては，事業主はその3日間の補償義務がありません。

8）傷病が治癒した直後において，被災労働者が社会復帰等を行うに当たって一時的に資金を必要とする場合は，障害（補償）年金受給権者の請求にもとづいて，ある一定額をまとめて前払いで受給することができます（障害（補償）年金前払一時金制度）。さらに，障害（補償）年金の受給者が死亡した場合，その者に支給された障害（補償）年金の合計額がある一定額に満たないときは，請求にもとづいて，その差額が一時金として遺族に対して支給されます（障害（補償）年金差額一時金制度）。

9）被災労働者の死亡直後において，一時的な出費を必要とする場合は，遺族（補償）年金受給者の請求にもとづいて，年金給付基礎日額の1,000日分の範囲以内で一定額をまとめて前払いで受給することができます（遺族（補償）年金前払一時金制度）。

10）ただし，対象遺族が複数いる場合には，一時金額をその人数で除した金額が各人に支給されます。

11）BMIとは，肥満度の尺度として用いられるボディマス指数（Body Mass Index）を指し，体重（kg）を身長（m）の2乗で除して得た値です。日本では22が標準体重とされ，25以上が肥満とされています。

12）東京労働局HP「通勤災害について」等を参照してください。

参考文献

鎌田繁則『社会保障論　経済の視点からみた保険制度』ミネルヴァ書房　2010年。

厚生労働省・都道府県労働局・労働基準監督署『労災保険給付の概要』厚生労働省HP（040325-12.pdf）。

労働政策研究・研修機構（JILPT）編『労災補償保険制度の比較法的研究―ドイツ・フランス・アメリカ・イギリス法の現状からみた日本法の位置と課題』労働政策研究報告書No.205　2020年。

生活保護制度と子どもの貧困対策についての概要

1 —— 公的扶助とは

　生活保護制度は福祉政策や社会保障のプログラムの中では公的扶助に分類されます。公的扶助とは，補論第1章で説明したように，貧困者に対して事後的にナショナル・ミニマムを保障するためのプログラムで，予防的に貧困に備える社会保険を補完するものです。具体的には，「すでに困窮状態にある者についてケースごとに特殊個別的・事後的に直接対処し，資力調査（ミーンズ・テスト）を行ったうえで，ニーズに即応して公費負担の無償給付を行うものである。これは方法としては救貧制度の伝統を踏襲したもっとも素朴で直截な救済であり，社会保障の，また社会政策一般の諸方策中，最終的措置たる意味をもっている。」（木村（1975）p.191）と説明されるものです。

　そして，伝統的な救貧制度において「被救済者は，市民社会からの脱落者，独立の人格を喪失し，放置すれば社会不安を引き起こしかねない特殊な人間として捉えられていた」（古賀（1995）p.12）のに対して，ベヴァリッジ以後の公的扶助の考え方は「生活と貧困の社会性の承認の上で，被保護者を独立の人格の担い手とし，扶助受給を人間の尊厳に値する生活の権利（生存権）の問題として捉え」（同上）ています。

　これを学術用語にもとづいて説明すれば，貧困者の救済には制限扶助主義と一般扶助主義の2つの考え方があり，救貧制度から公的扶助制度への転換は，前者から後者への転換ということになります。

　ここで一般扶助主義とは，対象となる貧困者について，その困窮の原因を問

わず，その原因がいかなるものであっても差別的な取り扱いをしないことであるのに対して，制限扶助主義では，生活困窮の原因によって救済の有無や差別的な取り扱いを行うこともあり得るということになります。

　実際，補論第1章で概観したエリザベス救貧法では，貧民を3つに区分し，それぞれの貧民に対して異なる対応を取りましたが，これは制限扶助主義的な政策と言えます。また，1722年のナッチブル（ワークハウス・テスト）法は，救済の条件として貧民が労役場（ワークハウス）に入ることを課しましたが，これも制限扶助主義的な手法です。

■ 日本の救貧対策の沿革

　わが国の救貧対策は，定説では奈良時代初め，701（大宝元）年の大宝律令に起源があるとされています。大宝律令の内容は失われていてわかりませんが，718（養老2）年の養老律令に引き継がれていると言われています。その養老律令の中には戸令（こりょう）が置かれていますが，この戸令の条文には家族制度や扶養義務，障害者の規定などを定めた部分があります。

　しかし，養老戸令は，主に徴税のための戸籍制度を定めたもので，国家による救貧義務を謳ったものではありません。そこで，わが国における最初の国家救貧の規定は，1874（明治7）年に出された太政官達である恤救（じゅっきゅう）規則であるとする説の方がむしろ適切でしょう。

　恤救規則では，「放置できぬ無告の窮民，すなわち極貧で独身か，または独身でなくとも家人が老幼で重病・老衰で急迫している場合に，廃失・老衰・重病で労働不能かまたは13歳以下なら，状況に応じ米最高50日分までを給与する」（木村（1975）p.192）とかなり厳格な条件を付した上で救済を規定しています。

　そして，世界恐慌の最中，1929（昭和4）年には救護法が制定され，1932（昭和7）年から施行されました。この法律では，「65歳以上の老衰者，13歳以下の幼児，妊産婦，重度の障害者や疾病のために労務に支障ある者を対象に，市町村が生活扶助，医療，助産，生業扶助とその他埋葬費を支給する」（池田・砂脇（2009））とされ，国家救済の義務の下で市町村が実施主体になりました。

　終戦直後の1946（昭和21）年には，GHQの指示の下で，旧生活保護法が制

定されました。この法律では，費用の8割を国庫負担とし，さらに一般扶助主義（無差別平等）の立場を取り入れたとされましたが，扶養義務者が扶養する能力を有する場合には適用除外とするなど，欠格条項が残りました。

1947（昭和22）年5月に日本国憲法が施行されると，第25条に規定されたナショナル・ミニマムの理念にもとづき，旧生活保護法の改正が議論され始めました。その結果，制定されたのが現行の生活保護法で，1950（昭和25）年に成立し，即日施行されました。もちろん旧法は廃止されました。

2 ── 生活保護制度の概要

現行の生活保護法は，貧困者の保護請求権を認め，不服申立制度を用意し，欠格条項を廃し，全面的に一般扶助主義を採用したものとされていますが，その評価は今も議論の分かれる所です。

（1）生活保護法の理念

現行生活保護法を特徴づける理念は，2つの目的，4つの原理，そして4つの原則として，いずれも法文に明記されています。

▌生活保護法の目的

まず，2つの目的とは，生活保護法第1条に規定されているもので，「この法律は，日本国憲法第25条に規定する理念に基き，国が生活に困窮するすべての国民に対し，その困窮の程度に応じ，必要な保護を行い，その最低限度の生活を保障するとともに，その自立を助長することを目的とする」とあることです。これは，同法の目的が①最低限度の生活（ナショナル・ミニマム）を保障することの他に，②自立生活を助長することも含んでいることを明示しています。

この2番目の目的を問題視する学説が少なくありません。自立生活とは，自分で稼いだ所得で生計を賄うという意味で，健常な社会人としては当然のことですが，それを公的扶助の目的として法文に明記するのは確かに違和感があり

ます。なぜ国がナショナル・ミニマムを保障する必要があるのかと問われれば，それは人間としての尊厳（人権）を守るためであり，社会やコミュニティの中で動物のような暮らしをせざるを得ない人々が現れないようにするためであると言えるのではないでしょうか。

　もし消費者教育や職業人教育が必要であれば，それは人権が保障された上で，生活困窮者支援制度や求職者支援制度などの自立支援制度に求められる機能と言えるでしょう。

　昨今，ユニバーサル・ベーシック・インカム（UBI）が注目されていますが，UBIでは無条件の一律定額給付が特徴になっています。私は，社会的弱者にとってUBIは現行社会保障制度より不利益をもたらす政策だと考えていますが[1]，もし生活保護制度に「自立生活を助長する」という条項があることによってUBIが支持されるのであれば大変残念なことだと思います。

▌生活保護法の原理

　同法の4つの原理とは，①国家責任の原理，②無差別平等の原理，③最低生活の原理，そして④補足性の原理のことです。

　まず，国家責任の原理とは，生存権の保障を国が明確にしていることを指します。具体的には，生活保護法第1条に規定されているように，国が生活に困窮するすべての国民に対し，その困窮の程度に応じ，必要な保護を行うことの責任を明示していることです。

　次に，無差別平等の原理とは，貧困者の救済にあたっては一般扶助主義にもとづくことを要請するものです。これは同法第2条で「すべて国民は，この法律の定める要件を満たす限り，この法律による保護を無差別平等に受けることができる」という表現で明記されています。

　一般的に無差別平等とは，憲法第14条にある「すべて国民は，法の下に平等であつて，人種，信条，性別，社会的身分又は門地により，政治的，経済的又は社会的関係において，差別されない」という規定を指すものと考えられています。

　ただし，生活保護法第2条にある「この法律の定める要件を満たす限り」と

242 |

いう但し書きが，第4条の補足性の原理と相まって，欠格条項にあたるのではないかという指摘があります。補足性の原理についてはこの後で説明いたします。

さらに，最低生活の原理とは，憲法第25条にある「すべて国民は，健康で文化的な最低限度の生活を営む権利を有する」という規定を実現することを述べたもので，生活保護法第3条に改めて「この法律により保障される最低限度の生活は，健康で文化的な生活水準を維持することができるものでなければならない」と明記されています。

最後に，補足性の原理についてですが，生活保護法第4条には，第1項として「保護は生活に困窮する者が，その利用し得る資産，能力その他あらゆるものを，その最低限度の生活の維持のために活用することを要件として行われる」とあり，第2項として「民法の定める扶養義務者の扶養及び他の法律に定める扶助は，すべてこの法律による保護に優先して行われるものとする」とあります。これらが生活保護を受けるための要件なのか，単に手順を示したものなのかが議論の分かれるところです。

第1項の規定は，しばしば資産をもっている者は保護を受けられないと誤解されますが，条文の示す通り資産の活用を求めているものであり，無資産になるまで救済しないと規定している訳ではありません。

また，第2項にある民法における扶養義務者との兼ね合いの問題ですが，民法では単に，扶養義務者として「直系血族及び兄弟姉妹は，互いに扶養をする義務がある。」（民法第877条第1項）と規定されています。ちなみに，民法では第725条に「六親等内の血族，配偶者，三親等内の姻族」が親族であると規定されていますので，扶養義務者は実際にはかなり広範囲にわたります。

そこで，実際の厚生行政では通達などの形で，扶養義務を生活保持義務と生活扶助義務とに分け，前者は夫婦相互の扶養義務と未成熟子に対する親の扶養義務を，後者はその他の親族間の扶養義務と解釈しています。この後者の扶養義務が何を意味するのか問われています。もし同一生計ではない親族間であったとしても生活保護に優先して扶養義務があると解釈するのであれば，この条項は恤救規則と同様に欠格条項にあたる可能性があります。しかし，この条項

が生活保護に至る手順を示したのに過ぎないと解釈できるのであれば，扶養力のある親族の不存在が保護適用のための必要条件とはなりません。

　しばしば指摘されるように，日本の民法は明治時代の民法論争を経て大正時代に法制化されたもので，第二次世界大戦前の大家族制度（家父長制度）を前提としていました。時代は今や核家族化を経て，国際結婚も少なくありません。民法の古い世界観にどこまで拘束されるのか，厚生労働省もさぞかし頭を抱えていることでしょう。

▌保護の原則

　生活保護法は，保護実施上の方針として，①申請保護の原則，②基準及び程度の原則，③必要即応の原則，そして④世帯単位の原則，という 4 つの原則を掲げています。

　まず，申請保護の原則とは，民法第 7 条にある「保護は，要保護者，その扶養義務者又はその他の同居の親族の申請に基づいて開始するものとする。但し，要保護者が急迫した状況にあるときは，保護の申請がなくても必要な保護を行うことができる」という規定のことです。

　福祉行政は，一般に申請主義にもとづくものと職権主義にもとづくものとに分けられますが，生活保護は原則本人等の申請にもとづき審査が始まるもので，但し書きとして「保護の申請がなくとも必要な保護を行うことができる」とする職権による保護も補足的に認めています。

　次に，基準及び程度の原則では，生活保護法第 3 条に規定される最低生活水準が生活保護基準によって示されることを述べています。具体的には，「保護は，厚生労働大臣の定める基準により測定した要保護者の需要を基とし，そのうち，その者の金銭又は物品で満たすことのできない不足分を補う程度において行うものとする」（生活保護法第 8 条第 1 項）と規定され，要保護者の需要（ニード）の計測は，同第 2 項に方針が述べられています。すなわち，「前項の基準は，要保護者の年齢別，性別，世帯構成別，所在地域別その他保護の種類に応じて必要な事情を考慮した最低限度の生活需要を満たすに十分なものであって，且つ，これをこえないものでなければならない」というものです。

　全体として，生活保護法における要保護者の生活保護基準は，補論第1章で説明したベヴァリッジのニード原則を採用しており，要保護者の年齢，性別，世帯構成，所在地域，および保護の種類等に応じて個別に計測されることになります。

　さらに，必要即応の原則については，「保護は，要保護者の年齢別，性別，健康状態等その他個人又は世帯の実際の必要の相違を考慮して有効且つ適切に行うものとする。」（第9条）と書かれています。これは法の画一的・機械的な運用を戒めるために設けられたと，通常，解釈されています。

　最後に，世帯単位の原則とは，生活保護制度における要保護者の生計の単位を世帯単位とする規定です。第10条には「保護は世帯を単位としてその要否及び程度を定めるものとする。但し，これによりがたいときは，個人を単位として定めることができる」と表記されています。

　しかし，世帯の生計の建て方には多様な形態があり，同一世帯であるか否かの認定は複雑です。生活保護法の実施要領（昭和38年4月1日）によりますと，居住を同一にしない場合であっても同一世帯と認定される場合もあり，例えば，要保護者本人の出稼ぎや入院，子の寄宿（義務教育）などのような場合には，居住の場所が異なっていても同一生計であれば同一世帯として扱うことがあります。

　また，同法の後半の但し書きの部分は世帯分離の可能性を認めるものです。世帯分離とは，同じく実施要領に8つの場合が例示されていますが，一部を記述しますと，

　1）世帯員のうち稼働能力があるにもかかわらず収入を得るための努力をしない等保護の要件を欠く者があるが，他の世帯員が真にやむを得ない事情によって保護を要する状態にある場合，

　2）要保護者が自己に対し生活保持義務関係にある者がいない世帯に転入した場合であって，同一世帯として認定することが適当でないとき，

　3）保護を要しない者が被保護世帯に当該世帯員の日常生活の世話を目的として転入した場合であって，同一世帯として認定することが適当でないとき，

等が列挙されています。

　これらの場合には，要保護者として適切でない者を分離し，残りの世帯員を保護することになります。

（2）生活保護の種類

　保護の種類には，図補論5－1に示した通り，①生活扶助，②住宅扶助，③教育扶助，④医療扶助，⑤介護扶助，⑥出産扶助，⑦生業扶助，および⑧葬祭扶助の8つの項目があります。1種類だけの保護が適用される場合（単給）と，複数の保護を組み合わせて適用する場合（併給）とがあります。順に説明して参りましょう。

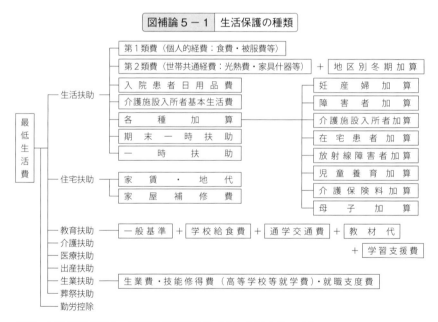

図補論5－1　生活保護の種類

出所：厚生労働省社会・援護局保護課資料（令和3年4月27日）。

▎生活扶助

　生活扶助とは，飲食物費，被服費，光熱水費，家具什器費など一般的な社会生活を送る上で必要となる衣食の生活費の額（需要と呼ぶ）に対して，被保護

者の収入では不足する差額分の給付のことです。生活扶助の方法としては，居宅保護を原則とし，それが難しい場合には救護施設などの保護施設への入所措置がとられます。

　生活費の必要額の算出は厚生労働省告示で生活保護基準額として示されますが，この基準額には共通的な生活費である基準生活費と，妊婦や母子家庭，障害者など特別な事情に対する需要を認める各種加算とが含まれています。

　したがって，生活保護基準額は，居住の地域や世帯構成，年齢構成，性別等によって変わり得るものです。例えば，生活保護基準額の中心を占める生活扶助基準額は，表補論5−1に示したように，同じ世帯・年齢構成であったとしても東京都区部と地方（地方にも複数の等級がある）では基準額が異なりますし，同一地域内でも世帯員の年齢構成が変われば基準額は変わります。

表補論5−1　生活扶助基準額の例		
	月額（令和3年4月1日現在）	
	東京都区部等	地方郡部等
3人世帯（33歳，29歳，4歳）	158,760	139,630
高齢者単身世帯（68歳）	77,980	66,300
高齢者夫婦世帯（68歳，65歳）	121,480	106,350
母子世帯（30歳，4歳，2歳）	190,550	168,360

※児童養育加算等を含む。
出所：厚生労働省HP「生活保護制度に関するQ&A」より筆者作成。

住宅扶助

　住宅扶助とは，家賃や地代等の他に，住宅維持費や雪下ろし等生活の基盤となる住を保障するために設けられた給付のことです。生活扶助基準額と同様に地域の実情に合わせた基準額が設定され，実費が支給されます。基準額は，東京23区の場合を例に挙げますと，単身世帯で月額53,700円（以下，金額はすべて令和3年4月1日現在のもの），3人世帯で69,800円となっています。

　持ち家は一般的には資産と見なされますが，処分して借家に居住するよりも持ち家に住み続けた方が給付額を少なくできるのならば，積極的に活用されま

す。ただし，その場合でも住宅ローンの残額を生活保護費から返済することは
認められていません。

教育扶助

　教育扶助とは，小学生，中学生に対し，義務教育にかかる必要な学用品費や
教材代，給食費等を補填するために支給するものです。高校については生業扶
助による対応となります。また，修学旅行代は文部科学省の就学援助制度から
支給されますので，補足性の原理（生活保護法第4条）に従ってそちらが優先さ
れます。

　基準額は，東京23区の場合を例に挙げますと，小学校等が月額2,600円，
中学校等5,100円となっており，この他に教材代，学校給食費，交通費は実費
（全額），また，学習支援費（クラブ活動費）は実費ですが，上限額が設定されて
おり小学校等16,000円以内，中学校等59,800円以内となっています。

医療扶助

　医療扶助とは，疾病や負傷により治療（入院，通院）を必要とする場合に，
指定医療機関に委託して行う給付のことです。診療方針や診療報酬は国民健康
保険に準じますが，給付は原則として，被保護者が指定医療機関に医療券を提
出することによりなされる現物給付であることが特徴です。また，被保護者が
公的医療保険の被保険者である場合には，補足性の原理に従って医療保険の適
用が優先されますが，その場合には自己負担部分だけが医療扶助からの給付と
なります。

　入退院，通院，転院の場合の交通費や，柔道整復師，はり・灸・マッサージ
師による施術も支給対象となります。

介護扶助

　介護扶助は介護保険法の規定する要支援者，要介護者を対象とし，指定介護
機関に委託して介護保険と同様のサービスを給付するものです。給付は，医療
扶助と同様に現物給付で，介護保険の適用も同じ扱いとなります。

居宅介護の場合には，福祉用具の貸与・購入，住宅改修の費用などについても，介護保険で認められるサービスと同一の内容をやはり現物給付で支給します。

出産扶助

出産扶助とは，出産に伴い必要となる分娩介助や検査，室料などの経費を補填するものです。通常の分娩については，疾病や負傷による治療に該当しませんので，医療扶助とは別に出産扶助を設けています。

基準額は，級地に関わらず施設分娩の場合には上限額306,000円以内の実費，居宅分娩の場合には上限額259,000円以内の実費となっております。

生業扶助

生業扶助とは，「生活保護の目的」の項で議論した要保護者の自立助長に向けて必要な費用を認めるもので，①生業費，②技能修得費，③高等学校等就学費，④就職支度費の4種類の給付が設定されています。

まず，生業費は，生計の維持を目的とする小規模の事業を営むための資金または生業を行うための器具，資料代の経費を補填するもので，級地に関わらず上限額47,000円以内の実費として支給されます。

次に，技能習得費は，生計の維持に役立つ生業に就くために必要な技能を修得するための授業料，教材代等の経費を補填するものとして支給されます。これには一般的な専修学校，運転免許取得のための自動車学校，雇用保険の教育訓練給付金の対象となる厚労大臣が指定する講座等が対象となりますが，特に高等学校等に進学する場合には高等学校等就学費として支給されます。支給額はいずれも一定上限額内の実費とされています。

最後に，就職支度費は，就職が確定した者に対し，就職のために直接必要となる洋服代，履物等の購入経費，そして，就職の確定した者が初任給が支給されるまでの通勤費を補填するものとして，必要な場合に支給されます。支給額は，級地に関わらず32,000円以内とされます。申請には見積書や領収書の貼付が必要となりますが，申請額が上限額を超えた場合には上限額までの補助と

なります。

▌葬祭扶助

　葬祭扶助とは，葬祭に伴い必要となる葬祭料や読経料などの経費を補填するものとして支給するものです。支給額は，東京23区の場合を例に挙げますと，大人の場合が上限額212,000円以内の実費，小人の場合が上限額169,600円以内の実費となります。

▌特別基準の設定と一時扶助

　上記の説明は，一般的な形で設定される生活保護基準（一般基準と呼ぶ）が適用された場合を見てきました。しかし，要保護者によっては特別の事由が存在することもあります。その場合には，厚生労働大臣が予め基準を示すことで，その範囲内で，実施機関は特別基準の適用を認めることができます。例えば，住宅扶助における複数人世帯の特別基準（単身世帯の1.3倍）額や障害者特別基準額等があります。

　また，一時扶助は，一時的に費用が必要になった場合や毎月の保護費の他に臨時に支出する必要がある場合に認められる給付のことです。事前の申請が原則で，見積書や領収書等の貼付が求められますが，借家の契約更新料や敷金礼金，持ち家の修繕費，出産準備の寝具やおむつ代などの例が挙げられます。

（3）保護施設の種類

　生活保護制度においては居宅保護が原則ですが，これができないときや被保護者が希望したときなどは保護施設への入所が認められます。保護施設にはそれぞれの需要（ニード）に応じて，①救護施設，②更生施設，③医療保護施設，④授産施設，および⑤宿泊提供施設の5種類があります。

　救護施設は，身体上または精神上著しい障害があるために日常生活を営むことが困難な要保護者を入所させて，生活扶助を行うことを目的とする施設です。2019（令和元）年10月1日現在（以下，すべて同時点），施設数は全国に183か所あり，入所定員は16,475人，入所者数は16,550人でした。

　更生施設は，身体上または精神上の理由により養護および生活指導を必要とする要保護者を入所させて，生活扶助を行うことを目的とする施設です。施設数は全国に 20 か所あり，入所定員は 1,418 人，入所者数は 1,332 人でした。

　医療保護施設は，医療を必要とする要保護者に対して，医療の給付を行うことを目的とする施設です。施設数は全国に 56 か所でした。入所定員および入所者数は未調査でした。

　授産施設は，身体上もしくは精神上の理由または世帯の事情により就業能力の限られている要保護者に対して，就労または技能の修得のために必要な機会および便宜を与えて，その自立を助長することを目的とする施設です。施設数は全国に 15 か所あり，入所定員は 470 人，入所者数は 337 人でした。

　最後に，宿泊提供施設は，住居のない要保護者の世帯に対して，住宅扶助を行うことを目的とする施設です。施設数は全国に 14 か所あり，入所定員は 722 人，入所者数は 372 人でした。

　これらの保護施設の設置主体は，都道府県，市町村，地方独立行政法人，社会福祉法人，日本赤十字社に限定され，運営費は医療保護施設を除いて，国が 4 分の 3，都道府県と市または福祉事務所が 4 分の 1 を負担します。なお医療保護施設の運営費は診療報酬で賄われます。

3 —— 子どもの貧困対策の必要性

　2000 年代に入ると，日本の貧困者政策に対して国連や OECD などの国際機関から急速に批判されるようになりました。その理由は，長引く不況の中で，日本の子どもの貧困率が特に高いからでした。当時の厚生労働省はこうした諸外国からの批判に相当面食らったと思います。なぜなら日本の生活保護制度は，1990 年代までは比較的うまく機能しており，一億総中流は崩れたものの，まだまだ所得の再分配はジニ係数等の指標を見る限り効果を上げていたからです。

　しかし，国際機関が批判したのは絶対的貧困ではなく，相対的貧困のことでした。相対的貧困の概念は，大学の経済学部等では 1970 年代から議論や研究

が盛んになされていましたが，実業界を中心とした現実世界では貧困として認識されていなかったのです。

▌生活保護制度では対応できない貧困

　貧困の概念には，絶対的貧困と相対的貧困の2つがあります。この2つの貧困概念の違いについては第7章の議論も参照してください。

　日本の生活保護制度が救済の対象としてきた困窮者は，絶対的貧困に陥った人たちでした。絶対的貧困とは，生理的に生きていくことができない状態だけではなく，衣食住の面において，人間として必要な最低限度の物資や資財が不足している状態を指します。裸や下着で生活している，路上で寝泊まりしている，などのように見た目でもはっきりと貧困とわかる状態です。

　これに対して，相対的貧困は政策的な貧困概念で，貧困線と呼ばれる政策的に定められた所得水準を下回る人々の貧困を指します。多くの場合，貧困線は社会の平均所得の半分か，あるいは中央値の半分に引かれます。相対的貧困の場合には必ずしも見た目では貧困者とわからず，クレジットカードの審査が通らないとか，公共料金が払えずに電気やガスが使えない，子どもの給食費が払えないとかいった類のものです。

　さらに最近ではもう少し範囲を広げて，社会的剥奪の状態まで相対的貧困の概念を広げる識者も増えています。社会的剥奪とは，市場の経済取引に参加することができない状態，つまり市場から排除された状態を指します。この学説は，イギリスの社会学者タウンゼント（P. Townsend）が広めたものとされていますが，社会の多くの人に普及している耐久消費財を購入できないことを捉えた概念です。

　後者の場合，平均以上の所得を得ていても，すべての耐久消費財を保有することは一般的に難しいでしょう。どんな耐久消費財の欠乏をもって相対的貧困と見なすかについては意見が分かれる所です。日本社会が2000年代に入るまで，相対的貧困を単なる我が儘と見なしてきたことは理解できない訳ではありませんが，子どもの相対的貧困については，貧困の負の連鎖（貧困の再生産）の観点から放置することは許されないでしょう。

▌子どもの相対的貧困率

　マスコミは一斉に，「2006 年に経済協力開発機構（OECD）が公表した「対日経済審査報告書」は，日本が米国に次ぐ第 2 位の貧困大国である，という衝撃的な結果を伝えていた[2]」と報道しました。そうした世論に押されて，厚生労働省は『平成 24 年版厚生労働白書』で表補論 5－2 に示す通り，相対的貧困調査の国際比較をコラム記事にしました。

　表補論 5－2 は，経済協力開発機構加盟 30 か国における貧困線以下の世帯所得しか稼げない世帯の割合（相対的貧困率）を上位 5 か国と下位 5 か国に分けて示したものです[3]。相対的貧困率が低い上位 5 か国は北欧と中欧の国が占めており，下位 5 か国に日本とアメリカが入っています。

　2 列目の子どもの貧困率は，貧困線以下の家庭で暮らす 18 歳未満の子どもの割合を示したもので，日本は経済協力開発機構加盟国の平均値 12.4％に近い13.7％で 19 位と健闘しているようにも見えます[4]。しかし，子育てをしているのはほとんどの場合，現役労働者世帯ですから，世帯主が 18 歳以上 65 歳未

表補論 5－2　相対的貧困調査の国際比較

国　　名	相対的貧困率	順位	子どもの貧困率	順位	子どもがいる現役世帯（世帯主が 18 歳以上 65 歳未満の世帯）の貧困率 合計 相対的貧困率	順位	大人が 1 人 相対的貧困率	順位	大人が 2 人以上 相対的貧困率	順位
デンマーク	5.3	1	2.7	1	2.2	1	6.8	1	2.0	1
スウェーデン	5.3	1	4.0	2	3.6	2	7.9	2	2.8	4
チェコ	5.8	3	10.3	13	7.7	9	15.0	32	5.5	7
オーストリア	6.6	4	6.2	6	5.5	5	21.2	8	4.5	5
ノルウェー	6.8	5	4.6	4	3.7	3	13.3	3	2.1	2
OECD 平均	10.6	－	12.4	－	10.6	－	30.8	－	5.4	－
アイルランド	14.8	26	16.3	23	13.9	23	25.6	12	10.1	21
日本	14.9	27	13.7	19	12.5	19	58.7	30	10.5	22
アメリカ	17.1	28	20.6	27	17.6	27	47.5	29	13.6	25
トルコ	17.5	29	24.6	30	20.3	30	39.4	22	20.0	30
メキシコ	18.4	30	22.2	29	19.5	29	32.6	16	18.7	29

出所：厚生労働省『平成 24 年版　厚生労働白書』（pp.107-108）のデータより筆者作成。

満で子どもがいる世帯の中で相対的貧困率を改めて計算しますと，大人が1人の世帯の相対的貧困率は58.7％と跳ね上がります[5]。これは経済協力開発機構加盟国平均値の30.8％の2倍に近い数値で，30か国中最下位となっています。

これが格差社会における子どもの貧困の現実で，日本社会は特に母子家庭に厳しい態度で臨んでいるように見えます[6]。こうした態度が高齢者世帯を含めた全体の相対的貧困率14.9％（27位）の高さから生じる「自分たちも生活が苦しい」という気持ちの結果なのか，あるいは夫婦2人プラス子ども2人という標準世帯モデルから脱却できない日本社会の規範から生じるものなのか，危惧する次第です。

4── 子どもの貧困対策についての最近の動向

子どもの貧困対策の重要性は，それを放置すれば子どもの健康や教育環境を悪化させることになり，やがてその子どもが大人になった時に十分な稼得が得られず貧困が連鎖する可能性が高いことからわかります。そこで，政府としても2014（平成26）年1月には「子どもの貧困対策推進法」を制定し，さらに同年8月には対策を具体化した「子供の貧困対策大綱」を閣議決定しました。

2019（令和元）年11月に改訂された同大綱を見ますと，重点施策として，①教育支援体制の整備，②生活の安定に資するための支援として妊娠・出産期の女性や困難を抱えた女性への相談支援，及び生活困窮家庭の親の自立支援，③保護者に対する職業生活の安定と向上に資するための就労の支援，そして④経済的支援の4つが掲げられています。

このうち4番目の経済的支援について，具体的な支援内容を見ると，ⓐ児童扶養手当制度の支払回数を年3回から6回に見直し（令和元年11月支給分から），ⓑ養育費の確保や養育費の取決め支援として民事執行法の改正による財産開示手続の実効性の向上，ⓒ教育費負担の軽減，の3項目が掲げられています。これらを順に見ていきましょう。

▌児童扶養手当制度等

まず，児童扶養手当制度の支払い回数変更についてですが，類似の名称の制度に児童手当制度があり混同されがちです。児童扶養手当制度は，児童手当制度とは別個の制度ですので，それぞれを説明しましょう。

児童手当制度は，一定の所得以内（夫婦と児童2人の世帯の場合には年収960万円（令和3年4月現在））の者に対して，表補論5−3に掲載した通りの額を支給する制度です。同表最下行の特別給付とは，年収が960万円を超える親への一律給付で，ゼロ歳児から中学校修了までの間支給されます。

表補論5−3 児童手当の支給額

令和3年4月時点

	支給額（1人につき月額）
3歳未満の子	15,000
3歳以上小学校修了前（第1子・第2子）	10,000
3歳以上小学校修了前（第3子以降）	15,000
中学生	10,000
所得制限以上の者への特別給付	5,000

出所：筆者作成。

これに対して児童扶養手当は，離婚等により1人親家庭（母子家庭または父子家庭）などになった場合に支給される手当です。支給対象者は18歳未満の児童（障害がある場合は20歳未満）を監護する母もしくは生計を同じくする父等の養育者です。手当額につきましては表補論5−4に掲載した通りになっています。

同表で，全部支給および一部支給とは，監護者または養育者の所得制限によって決定されるもので，扶養人数によってその所得限度額が変わります。例えば，2人世帯の場合の全部支給の所得上限額は160万円未満で，一部支給の上限額は365万円未満です。一部支給額は，所得限度範囲内の所得に応じて10円刻みで減額が実施されます。

表補論 5 － 4 児童扶養手当の手当額

令和 3 年 4 月時点

	全部支給の場合（月額）	一部支給の場合（月額）
児童 1 人目	43,160	43,150 ～ 10,180
児童 2 人目	10,190	10,180 ～ 5,100
児童 3 人目以降 1 人につき	6,110	6,100 ～ 3,060

出所：筆者作成。

▌養育費の確保

　次に，養育費の確保対策についてです。離婚等によって子どもをどちらかの親が養育（監護）する場合には，監護親が非監護親に対して，子を養育するために必要な費用を請求する権利が発生します。法務省は「養育費とは，子どもの監護や教育のために必要な費用のことをいいます。一般的には，子どもが経済的・社会的に自立するまでに要する費用を意味し，衣食住に必要な経費，教育費，医療費などがこれに当たります。（改行）子どもを監護している親は，他方の親から養育費を受け取ることができます[7]」と説明しています。

　しかし，実際には養育費を受け取っていない監護親が多く居る実情が浮かび上がってきます。厚生労働省の 5 年ごとの調査『平成 28 年度全国ひとり親世帯等調査結果報告』によりますと，母子世帯で「養育費を受けたことがない」と答えたものの割合が 56.5％（平成 28 年）となっており，さらに「現在も養育費を受けている」と答えたものの割合は 24.5％しかいませんでした。これらのデータから，世間では監護親の 4 分の 3 がまともに養育費を受け取っていないと認識されるようになりました。

　今回の改正は，こうした実態に鑑みて民事執行法を改正したものです。具体的には，養育費支払い義務者への強制執行の申立てや財産開示手続の利便性を改善することに加えて，第三者からの情報取得手続の新設などが行われました。

▌教育費負担の軽減

　「大綱」では教育費負担の軽減策として，「全ての意思ある子供が安心して教

育を受けられるよう，就学援助，高校生等奨学給付金，高等教育の修学支援新制度の実施等により，修学に係る経済的負担の軽減を図る。（再掲）」(p.23) と記述されています。再掲とは，同大綱の1番目の重点施策である「教育支援体制の整備」にある教育費負担の軽減のための諸策の再掲という意味で，義務教育段階の就学支援（学校教育法第19条）から高等学校等の授業料に充てるため高等学校等就学支援金，年収590万円未満世帯を対象とした私立高等学校授業料の実質無償化，「また，授業料以外の教育費負担を軽減するため，低所得世帯の生徒に対する支援として創設された「高校生等奨学給付金（奨学のための給付金）制度」等について，都道府県での実施状況を踏まえつつ，着実に実施することにより，低所得世帯への支援の充実を図る」(p.11) などと説明されています。

　また，生活困窮世帯等への進学費用等の負担軽減とひとり親家庭への進学費用等の負担軽減についても記載されていますが，これらは生活福祉資金貸付制度や母子父子寡婦福祉資金貸付金の利用を促すもので，なぜ絶対的ないしは相対的貧困世帯の子どもが，非営利団体とは言え，借金を背負って貧困から脱却する環境になるのか理解に苦しみます。教育以外に貧困の負の連鎖を断ち切る方法があるのでしょうか。

【注】

1）　私がUBIを否定的に捉えている理由は，現行社会保障制度との両立が不可能であり，二者択一とならざるを得ないからです。仮に1人月額10万円を全国民（1億2千万人）に毎月給付すれば年間144兆円必要になります。これは現在の社会保障の規模（2019年度124兆円）と同じ位ですから，UBIを導入すれば，生活保護制度だけでなく年金保険，医療保険，介護保険，そして，雇用保険を廃止しなければ財源が足りなくなります。

2）　東洋経済 Online 2008/11/4 号。

3）　相対的貧困率の計算方法は次の通りです。「国民生活基礎調査における相対的貧困率は，一定基準（貧困線）を下回る等価可処分所得しか得ていない者の割合をいいます。貧困線とは，等価可処分所得（世帯の可処分所得（収入から税金・社会保険料等を除いたいわゆる手取り収入）を世帯人員の平方根で割って調整した所得）の中央値の半分の額をいいます。これらの算出方法は，OECD（経済協力開発機構）の作成基準に基づきます。」（国民生活基礎調査 Q&A より）。

4）「子どもの貧困率」とは，17歳以下の子ども全体に占める，等価可処分所得が貧困線に満たない子どもの割合をいいます（国民生活基礎調査Q&Aより）。

5）「子どもがいる現役世帯」の貧困率とは，現役世帯に属する世帯員全体に占める，等価可処分所得が貧困線に満たない世帯の世帯員の割合をいいます（国民生活基礎調査Q&Aより）。

6）ただし，表補論5－2の子どもがいる「現役世帯（世帯主が18歳以上65歳未満の世帯）の貧困率」における大人が1人の世帯は，「子どもがいる現役世帯」に含まれる「大人」には親以外の世帯員も含まれるため，「祖父（母）と子ども」「18歳以上の兄姉と子ども」といった場合等も考えられ，「ひとり親世帯」とは限りません。

7）法務省パンフレット『2021年版　子どもの養育に関する合意書作成の手引きとQ&A』を参照してください。

参考文献

池田和彦・砂脇　恵『公的扶助の基礎理論―現代の貧困と生活保護制度―』ミネルヴァ書房　2009年。

伊藤志のぶ「子どもをめぐる格差と施策」森　徹・鎌田繁則編著『格差社会と公共政策』勁草書房の第5章　2013年。

木村正身「公的扶助」小山路男・佐口　卓編『社会保障論〔新版〕』第19講　有斐閣双書　1975年。

厚生労働省子ども家庭局家庭福祉課『平成28年度　全国ひとり親世帯等調査結果報告』。

古賀昭典「社会保障の意義」『社会保障論　第2版』第1部第1章　ミネルヴァ書房　1995年。

瀧澤仁唱「社会福祉」古賀昭典『社会保障論　第2版』第2部第3章　ミネルヴァ書房　1995年。

田畑洋一「所得保障」古賀昭典『社会保障論　第2版』第2部第1章　ミネルヴァ書房　1995年。

古川孝順「社会福祉（2）　児童福祉」小山路男・佐口　卓編『社会保障論〔新版〕』第21講　有斐閣双書　1975年。

法務省パンフレット『2021年版　子どもの養育に関する合意書作成の手引きとQ&A』（https://www.moj.go.jp/MINJI/minji07_00011.html）令和2年6月17日。

補論6

年金制度の概要[1]

1 ── 国民皆年金体制とは

　国民皆年金体制とは，1960 年代に国が職業や就労形態を問わず，すべての人または世帯に加入すべき公的年金制度を最低1つは用意した政策のことです。現在ではさらに進んで，補論第1章で説明したベヴァリッジの追加的ニード（ここでは年金に対する追加的な必要性）にも応えるための政策パッケージも含んでいます。したがって，国民皆年金体制を理解することは，日本の年金制度全体を知ることに他なりません。概要を説明しましょう。

▌沿　革

　我が国で公的年金制度が本格的に整備され始めたのは第二世界大戦以降のことです。明治時代から昭和初期に至るまで，軍人や官公吏，教員などに対する恩給制度はありましたが，これらは現役時代の拠出にもとづく年金制度ではありませんでした。

　しかし，戦時中の 1942（昭和 17）年に，民間被用者のための労働者年金保険法が制定（昭和 19 年に厚生年金保険法に改称）され，積立方式の拠出制公的年金制度がスタートしました。

　そして，戦後，旧恩給制度は解体され，1948（昭和 23）年には国家公務員共済組合法が制定され，国家公務員と一部地方公務員が拠出制年金制度に移行しました。続いて，私立学校教職員や市町村職員も共済制度へと移行し，さらに，旧三公社五現業を含むすべての公務員が 1962（昭和 37）年までに拠出制年金制度への転換を終えました。

　これに対して，旧厚生年金保険は，戦中戦後のハイパーインフレーションの

ために事実上機能を停止していましたが，政府は，戦後ただちに給付水準の大幅削減を伴う数度の改革を実施し，なんとか制度の存続に成功したのを受けて1954（昭和29）年に新厚生年金保険法を施行しました。

　国民皆年金体制を実現するにあたって最後まで政府の頭を悩ましたのは，農家自営業者や零細企業の被用者など被用者年金非対象者の存在でした。彼らには依るべき年金制度が何もなく，また，インフレによる貨幣価値の下落により，戦前から蓄えていた金融資産があったとしても，それを当てに老後の生活を賄うこともできなかったからです。

　こうした事態を打開するために提示されたのが，国民年金の創設で，被用者年金の被保険者資格をもたない一般国民を対象として拠出制年金制度を1961（昭和36）年4月から施行しました。ただし，当時，すでに65歳に達した高齢者に対しては，無拠出制の福祉年金を1959（昭和34）年11月から先行実施し，無年金者対策としました。

　国民年金制度の発足を受けて，我が国の国民皆年金体制は一応の確立を見ることになりましたが，各制度が独立に運営され，雑多な制度の寄せ集めに過ぎなかったといえましょう。

　こうした稚拙な制度の発足はすぐにさまざまな矛盾や困難に直面しました。中でも高度経済成長に伴う産業構造の急速な変化は，農家自営業者中心の国民年金や国鉄職員だけで構成する国鉄共済の運営を困難にし，両年金制度破綻の危機に直面しました。

　こうした状況の中で，1986（昭和61）年に国民皆年金体制は大きく改変されました。新しい体制下では，国民年金は従来の制度と区別するために基礎年金と呼ばれ，日本に在住するすべての人が加入する共通の年金基盤とされました。その上で，2階建て部分として，民間の被用者や公務員等には厚生年金保険や各種共済組合から報酬比例部分だけを上乗せして給付する2階建て方式が採用されることになりました。

▌現在の国民皆年金体制

　我が国の現在の国民皆年金体制は，図補論6－1に示すように，2階建て方

260

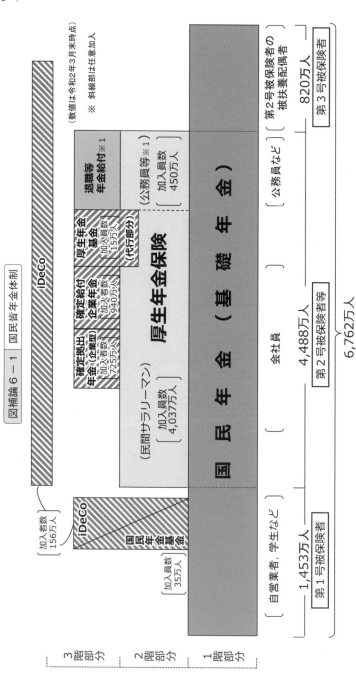

図補論 6 − 1　国民皆年金体制

（数値は令和 2 年 3 月末時点）

※ 斜線部は任意加入

iDeCo
[加入者数 156 万人]

3 階部分

2 階部分

1 階部分

iDeCo

国民年金基金
[加入員数 35 万人]

確定拠出年金（企業型）
[加入者数 725 万人]（民間サラリーマン）

確定給付企業年金
[加入者数 940 万人]

厚生年金基金
[加入者数 15 万人]

（代行部分）

退職等年金給付 ※ 1

（公務員等 ※ 1）
[加入員数 450 万人]

厚 生 年 金 保 険

国 民 年 金 （ 基 礎 年 金 ）

[自営業者，学生など]

[会社員]（民間サラリーマン）
[加入員数 4,037 万人]

[公務員など]

[第2号被保険者の被扶養配偶者]

第 1 号被保険者
1,453 万人

第 2 号被保険者等
4,488 万人

第 3 号被保険者
820 万人

6,762 万人

出所：厚生労働省パンフレット『令和 3 年度　年金制度のポイント』より。

式からさらに進化して3階建て方式となっています。この体制は，概ね2000年代初め，つまり21世紀の始まりとともに確立されました。

　まず，同図の1階部分には職業職種を問わず20歳以上の日本に在住するすべての人が強制加入する国民年金があります。次に，2階部分には民間被用者のための厚生年金保険と，公務員や団体職員などの被用者が強制加入する各種共済組合が置かれます。そして，3階部分には，準公的年金に分類される企業年金や，税制上の優遇措置が施された個人年金が用意されています。3階部分の年金は，社会保障のニード原理における追加的ニードを満たすためのプラスアルファの年金制度で，社会全体の視点から見れば任意加入です。

2── 国民皆年金を構成する主要な年金制度

　それでは国民皆年金体制を構成する各制度の概要を順に説明して参りましょう。

（1）国民年金
　基礎年金移行後の国民年金は，職種や性別，国籍を問わず日本に在住するすべての人（長期滞在の外国人を含む）に1人1人年金権を提供することを目的に構築された制度です。制度導入当初の1986（昭和61）年に，1人月額5万円（40年加入時）の年金を給付することを目指しました。この金額は，その当時，夫婦2人で月額10万円という金額がナショナル・ミニマムな生活水準と考えられたからです。

▌被保険者区分
　国民年金の強制加入被保険者は，20歳以上60歳未満の日本に在住するすべての者と規定されています。同被保険者は，保険料の納付形態の違いにより第1号被保険者から第3号被保険者まで3つに区分されています。
　国民年金の第2号被保険者は，厚生年金保険や共済年金に加入する被用者となります。いわゆる正規雇用者はすべて第2号被保険者に該当しますが，非正

規雇用者（日雇労働者，季節的労働者を除く）であっても，①年収130万円以上稼得する者，または②労働時間が正規労働者の4分の3（週30時間）以上ある者は第2号被保険者となります（表補論6-4を参照）。

また，労働時間が正規労働者の4分の3未満であっても従業員（パート労働者を除く）数501人以上の企業で週20時間以上，かつ賃金の月額8.8万円（年収約106万円）以上稼得するパート労働者も第2号被保険者となります[2]。

これらの者は被用者年金と同時に国民年金にも加入することになりますが，国民年金の保険料は各被用者年金制度からまとめて支払われるので，別途国民年金の保険料を支払う必要はありません。

次に，第3号被保険者は被用者年金加入者の被扶養配偶者が対象となります。いわゆるサラリーマンの専業主婦がこれに当たりますが，妻が第2号被保険者で夫がその専業主夫の場合でも構いません。被扶養者のパート労働等をどこまで認めるかについては，上記の非正規労働者の第2号被保険者適用基準と同じです。

なお第3号被保険者の保険料について本人が別途支払う必要はありませんが，扶養配偶者が加入する被用者年金制度から国民年金に支払われますので，誰も支払っていない訳ではありません。

最後に，第2号被保険者ならびに第3号被保険者に該当しない加入義務者はすべて第1号被保険者となります。第1号被保険者の保険料は定額を各自納付することとされています[3]。なお，稼得のない学生も20歳に達すれば同被保険者として強制加入の適用を受けます[4]。

▌年金給付の種類

国民年金の給付には多くの種類があり，そのうち主要なものを表補論6-1に掲載してあります。

まず，老齢基礎年金は，20歳から59歳までの40年ある被保険者期間中に，10年以上加入した者に受給権が発生します。この受給権は，単に老齢基礎年金に対するものだけではなく，後述するように，厚生年金保険や企業年金など他の老齢年金給付の支給要件にもなるので非常に重要なものです。給付は原

表補論6－1 国民年金の主な給付の種類

	支給要件等	給付年額
老齢基礎年金	保険料納付済期間と保険料免除期間を合わせた被保険者期間の合計が10年以上ある者が，原則65歳から支給される。 　ただし，60歳から減額された年金の繰り上げ支給や66歳から75歳までの希望する年齢から増額された年金の繰下げ支給を選択することも可能。	**定額単価×｛保険料納付済月数＋保険料免除月数×乗数｝÷480** 　定額単価は1985年度（昭和60年度）価格で60万円だったものが，自動物価スライドしている（2021年度（令和3年度）は780,900円）。 　また，保険料免除期間の乗数は，全額免除期間が2分の1（平成21年3月以前の期間は1/3）から4分の3納付期間が8分の7（平成21年3月以前の期間は5/6）である。
障害基礎年金	初診日（障害の原因となった病気やケガについて，初めて医師の診療を受けた日）が20歳前か，国民年金加入期間中にある病気やケガで，1年6か月を経過した時点で障害等級表による1級か2級の障害の状態にあると診断された者に翌月から支給される。 　ただし，初診日がある月に加入していたとしても，その前月までに被保険者期間（保険料納付済期間と保険料免除期間の合計）が加入義務期間の3分の2に満たない場合には支給されない。 　この場合でも直近1年要件の特例として，初診日が令和8年4月1日前にある場合には，初診日の前日において，初診日の属する月の前々月までの1年間に国民年金の保険料未納期間がなければ，障害年金の初診日要件を満たすことができる。	**1級：老齢基礎年金の満額分×1.25** **2級：老齢基礎年金の満額分×1** いずれの場合にも18歳未満（障害がある場合には20歳未満）の子に対する加算がある。
遺族基礎年金	被保険者または老齢基礎年金の資格期間を満たした者が死亡した場合に支給対象となる遺族に支給される。ただし，死亡した者の被保険者期間（保険料納付済期間と保険料免除期間の合計）が加入義務期間の3分の2以上あること。 　また，支給対象になる遺族とは，死亡した者によって生計を維持されていた，1）子のある妻，および2）子で，子とは18歳未満の者（20歳未満で障害等級1級または2級の障害者）を言う。	**老齢基礎年金の満額分＋子の加算額** 「子のある妻と子」が遺族の場合には，妻に老齢基礎年金満額部が支給され，子に加算される。 「子だけ」が遺族の場合には，1人目の子に対して老齢基礎年金の満額分が支給され，2人目からの子に対して加算される。

出所：筆者作成。

則 65 歳からで，その額は 40 年間フルに加入すると満額（令和 3 年度 780,900 円）
が支給され，加入年数が短くなるにつれ減額されます。また，60 歳からの繰
上げ支給や 75 歳までの繰下げ支給も可能（2022（令和 4）年 4 月からで，それ以
前は 70 歳まで繰下げ可能でした）で，その場合には平均的な生涯受給額が 65 歳
支給の場合と同じになるように，月々の給付額が減額ないしは増額されます。

　障害基礎年金は，被保険者期間中，または，20 歳前に初診日がある傷病が
原因で障害等級表に該当する障害状態になった場合に，障害認定日の翌月また
は 20 歳から支給されます。その給付額は，障害の程度に応じて，老齢給付満
期額の 1.25 倍ないしは 1 倍となります。

　遺族基礎年金は，被保険者または被保険者であった者が死亡したとき，そ
の者によって生計を支えられていた 18 歳未満の子（障害がある場合は 20 歳未満）
をもつ妻および子に対して支給されます。支給額は老齢給付満期額に子供の数
に応じて加算されますが，支給対象の子が 18 歳（障害がある場合は 20 歳）に達
するか，死亡した場合には打ち切られます。

▎最近の動向

　2019（令和元）年 10 月から消費税率が 10％に引き上げられたことを受けて
年金生活者支援給付金制度が導入されました。この給付金は，老齢給付用，障
害給付用，および遺族給付用の 3 種類がありますが，老齢基礎年金受給者の場
合には，①同一世帯の全員が市町村民税非課税であること，かつ②前年の公的
年金等の収入金額とその他の所得との合計額が 881,200 円（令和 3 年 10 月時点）
以下である者に対して，図補論 6 - 2 に示された 2 つの計算式にもとづいて算

| 図補論 6 - 2 | 補足的老齢年金生活者支援給付金の計算方法 |

給付基準額①（月額5,030円）	✖	保険料納付済月数／480
給付基準額②（月額10,845円～5,422円）	✖	保険料免除月数／480

合計額

（注）金額はすべて令和 3 年 10 月時点の額。
出所：厚生労働省 HP 資料にもとづき筆者が作成。

定された合計額を加算するものです。ちなみに，令和 2 年度の老齢基礎年金の満額（480 か月保険料納付済の場合）は 781,700 円でした。

　障害基礎年金および遺族基礎年金の受給者の場合には，前年の所得が 4,721,000 円以下の者に対して月額 5,030 円（ただし障害等級表 1 級該当者は 1.25 倍）が支給されます。

　また，上ですでに述べましたが，2022（令和 4）年 4 月から老齢基礎年金は支給開始年齢が 75 歳まで繰下げすることを選べるようになりました。これに伴って，繰上げや繰下げによる給付額の減額率や増額率も表補論 6 - 2 の通り改訂および新設されました。

　紙面の都合で説明は省きますが，この他にも児童扶養手当と障害年金の併給の拡大，保険料全額免除対象者の拡大，短期滞在外国人に対する脱退一時金制

表補論 6 - 2	支給開始年齢と支給額の増減率	
支給開始年齢	新（%）	旧（%）
60	76.0	70.0
61	80.8	76.0
62	85.6	82.0
63	90.4	88.0
64	95.2	94.0
65	100.0	100.0
66	108.4	108.4
67	116.8	116.8
68	125.2	125.2
69	133.6	133.6
70	142.0	142.0
71	150.4	—
72	158.8	—
73	167.2	—
74	175.6	—
75	184.0	—

（注）60 歳以上 65 歳未満への減額率は 1 か月繰上げにつき 0.5%（旧制度）から 0.4%（新制度）に引き下げられました。
出所：厚生労働省 HP 資料より筆者が作成。

度の見直し，年金手帳から基礎年金番号通知書の交付への切り替え等が改革されました。

（2）厚生年金保険

次に，2階部分の年金制度を構成する被用者年金の説明に移ります。被用者年金には，厚生年金保険の他に各種共済組合がありますが，これらは2015（平成27）年10月から一元化（被用者年金制度の一元化）されましたので，厚生年金保険の説明をもって代表させます。

▌被保険者

厚生年金保険の被保険者は，いわゆる民間企業に勤めるサラリーマンですが，具体的には，従業員を常時5人以上使用する民間の事業所（これを適用事業所と呼ぶ）に正規雇用される70歳未満の者が強制加入適用者となります。国民年金の被保険者区分の説明の箇所で述べたように，短時間労働者（いわゆるパート労働者）や契約社員等については，出勤日数や労働時間等に応じて適用となる場合があります。

厚生年金被保険者の保険料は，年収の一定割合を労使折半負担の上，源泉徴収されますが，この場合の年収は標準報酬月額と標準賞与額とから構成されます。

標準報酬月額とは，年間4回以上決まって支給される賃金，給与，俸給，手当，賞与その他をすべて含む支払総額を指します。これには，通常，所得税の算定においては経費と見なされる通勤手当や住宅手当等も報酬額に含める点で所得税の課税ベースより広い点に注意が必要です。

また，標準賞与額とは，年間3回以内支給される賞与の額で，いわゆるボーナスに対して保険料を課すベースとなります。

▌年金給付の種類

厚生年金保険の給付には多くの種類がありますが，主要なものを表補論6－3に掲載します。

表補論6-3　厚生年金保険の主な給付の種類

	支給要件等	給付年額
老齢厚生年金	老齢基礎年金の支給要件を満たしている者で、厚生年金保険の被保険者期間がある者が原則。65歳から支給される。60歳からの繰上げ受給や、66歳以降の繰下げ受給も可能。ただし、70歳未満の者で、一定の給与収入のある者は、一部減額または全額支給停止される(在職年金制度)。	年金給付額は以下のAとBの合計に加給年金を加算した金額。 <2003(平成15)年3月までの被保険者期間がある者> A=平均標準報酬月額×乗率1×被保険者月数×スライド率 <2003(平成15)年4月以後の被保険者期間がある者> B=平均標準報酬額×乗率2×被保険者月数×スライド率 平均標準報酬額とは、各月の標準報酬月額と標準賞与額の総額を、2003(平成15)年4月以後の被保険者期間の月数で除して得た額(賞与を含めた平均月収)をいう。乗率は生年月日に応じて、乗率1が1,000分の9.50～7.125、乗率2が1,000分の7.308～5.481までの範囲で異なる。 加給年金は、扶養配偶者と子に対して支給される。
障害厚生年金	厚生年金保険の加入期間中に初診日(障害の原因となった病気やケガについて、初めて医師の診療を受けた日)のある病気やケガで、1年6か月を経過した時点で障害等級表(1級～3級)による障害の状態にあると診断された者に翌月から支給される。なお、3級該当者には障害基礎年金を併給されない。保険料納付要件は障害基礎年金と同じ。	年金給付額は以下のAとBの合計の1級は1.25倍、2級と3級は1倍である。 <2003(平成15)年3月までの被保険者期間がある者> A=平均標準報酬月額×1,000分の7.125×被保険者月数×スライド率 <2003(平成15)年4月以後の被保険者期間がある者> B=平均標準報酬額×1,000分の5.481×被保険者月数×スライド率 被保険者月数が300か月を満たない場合には最低300か月が保証される。1級と2級には、扶養配偶者(障害加算)が支給されて加給年金が支給されている(2021(令和3)年度は585,700円)。また、3級には最低保証額が設定されている(2021(令和3)年度は585,700円)。
遺族厚生年金	①被保険者が死亡したとき、または被保険者期間中の(傷病)がもとで初診の日から5年以内に死亡したとき。ただし、遺族基礎年金と同様、死亡した者について、保険料納付済期間(保険料免除期間を含む。)が国民年金加入期間の3分の2以上あること。 ②老齢厚生年金の資格期間を満たした者が死亡したとき。または1級・2級の障害厚生年金を受けられる者が死亡したとき。 また、支給対象者は、 優先順位1位　(1)配偶者　(ただし夫の場合は55歳以上で60歳から支給)　(2)子 (18歳未満の者または20歳未満で1・2級の障害者) 優先順位2位　父母 (55歳以上の父母 (60歳から支給)) 優先順位3位　孫 (要件は子と同じ) 優先順位4位　祖父母 (55歳以上の祖父母 (60歳から支給))	年金給付額は以下のAとBの合計額の4分の3 (死亡した者の老齢厚生年金額の4分の3)。 <2003(平成15)年3月までの被保険者期間がある者> A=平均標準報酬月額×乗率1×被保険者月数×スライド率 <2003(平成15)年4月以後の被保険者期間がある者> B=平均標準報酬額×乗率2×被保険者月数×スライド率 乗率は生年月日に応じて、乗率1が1,000分の9.50～7.125、乗率2が1,000分の7.308～5.481までの範囲で異なる。 なお、被保険者月数が300か月に満たない場合には300か月を保証するが、その場合には、乗率1は1,000分の7.125とされ、乗率2は1,000分の5.481となる。 <中高齢寡婦加算> 厚生年金保険に加入していた夫が死亡したとき、40歳以上65歳未満の扶養されていた妻には、40歳から64歳までの間の遺族厚生年金に定額加算(2021(令和3)年度は585,700円)がなされる。

(注) 表中の年金給付額計算式は2004(平成16)年改正の新方式を示している。改正前の旧方式による年金計算額が新方式を上回る間は、旧方式が用いられることになっている。

出所:筆者作成。

　まず，老齢厚生年金は，**老齢基礎年金の受給資格のある者**で，厚生年金保険の被保険者期間が 1 か月以上ある者に支給されます。支給開始は原則 65 歳からで[5]，その額は，同表にあるように，加入期間の長さと加入期間を通した平均標準報酬額とに比例するように算定されます。

　ここで標準報酬額とは，標準報酬月額に標準賞与額の 12 分の 1 を加えた額で，ボーナスを含めた年収の月割り額に相当します。

　なお老齢厚生年金は，老齢基礎年金と同様に年齢を要件に支給される年金ですが，70 歳に達するまでの在職中の受給者は，給付額が制限される（これを在職老齢年金と呼ぶ）と同時に被保険者として保険料を納付する必要があります。

　また，2007（平成 19）年 4 月からは図補論 6 - 3 に示したような離婚時の厚生年金分割制度が導入されました。これは，厚生年金保険が国民年金とは違って，個人単位ではなく世帯単位を前提に制度が構築されてきたためです。離婚時には，夫婦の給付額算定のベースとなる標準報酬額を合算し，最大で半々までの範囲で分割することによって，離別した配偶者も相応額の老齢厚生年金を受給することを可能にするものです。

　次に，障害厚生年金は，厚生年金保険の被保険者が被保険者期間中の傷病が原因で障害等級表に該当する障害状態になった場合に，障害認定日の翌月から支給されます。その給付額は，障害の程度に応じて 1 級から 3 級に分かれ，1 級と 2 級については，障害基礎年金と同じ認定基準が適用され，支給額もその

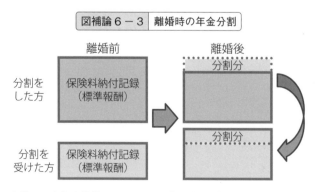

図補論 6 - 3　離婚時の年金分割

出所：日本年金機構パンフレット「離婚時の年金分割について」。

時点における老齢厚生給付算定額のそれぞれ1.25倍ないしは1倍となります。3級は厚生年金保険独自の給付となり，その支給額は老齢給付算定額の1倍であるものの障害基礎年金は支給されません。厚生年金保険の障害給付には，この他に障害手当金の制度があり，3級より軽い障害に一時金が支給されます。

　遺族厚生年金は，厚生年金保険の被保険者期間がある者，または現に老齢厚生年金や障害基礎年金の受給者である者が死亡したとき，その者によって生計を維持されていた遺族に対して支給されます。支給対象となる遺族の範囲は遺族基礎年金より広く，配偶者は子の有無に関係なく終身支給され，父母や孫なども対象に含まれます。

　また，2007（平成19）年4月から自分の厚生老齢年金の受給権がある遺族には，自分の老齢厚生年金と遺族厚生年金との併給調整制度が導入されました。遺族厚生年金の給付額は，原則として死亡した生計主の老齢厚生年金額の4分の3の額を遺族年金として被扶養配偶者に給付するものでしたが，遺族である配偶者が被扶養配偶者ではなく，自分の老齢厚生年金を受給できる場合には両方の年金を併給できます。この時，共働きしていた配偶者は，自分の老齢厚生年金額の2分の1の額を受給した上で，遺族厚生年金額の3分の2の額を支給されます[6]。

▌最近の動向

　2016（平成28）年10月から週20時間以上働くパート労働者の厚生年金保険への適用拡大（従業員501人以上）が始まったことは国民年金の被保険者区分ですでに触れた通りです。この改革はさらに続き，2017（平成29）年4月からは従業員500人以下の企業にも労使合意にもとづいて適用が拡大され，さらに2022（令和4）年10月からは従業員101人以上の企業への強制適用へ，2024（令和6）年10月からは従業員51人以上の企業への強制適用が決定しています[7]。

　パート労働者の年金や医療保険の加入については，しばしば専業主婦（夫）の就労制約として問題になりますので，表補論6－4に適用条件をまとめてみました。実際には，非常に複雑ですので，1つの目安としてご覧ください。

　まず，パート労働者が，その会社の一般労働者のひと月の所定労働日数と週

表補論 6－4　パート労働者の年金加入区分のイメージ

労働時間条件	収入条件	企業規模条件	配偶者条件	自分の国民年金被保険者区分	自分の厚生年金保険等	自分の健康保険
週の所定労働時間と月の所定労働日数が共に一般労働者の4分の3以上	なし	なし	なし	第2号被保険者	被保険者	健康保険等被保険者本人
週20時間以上	当該年の年収見込み約106万円（月収8.8万円）以上	当面501人以上、最終的に51人以上、もしくは公務員	なし	第2号被保険者	被保険者	健康保険等被保険者本人
		上記以外	配偶者が第2号被保険者	第3号被保険者	なし	健康保険等被扶養者
			配偶者が第2号被保険者以外、もしくは未婚	第1号被保険者	なし	国民健康保険
	同年収約106万円未満	なし	配偶者が第2号被保険者	第3号被保険者	なし	健康保険等被扶養者
			配偶者が第2号被保険者以外、もしくは未婚	第1号被保険者	なし	国民健康保険
週20時間未満	同年収130万円以上	なし	なし	第2号被保険者	被保険者	国民健康保険もしくは健康保険等被保険者本人
	同年収130万円未満	なし	配偶者が第2号被保険者以外、もしくは未婚	第1号被保険者	なし	国民健康保険
			配偶者が第2号被保険者	第3号被保険者	なし	健康保険等被扶養者

（注）健康保険等とは、組合管掌健康保険、協会けんぽ、各種共済組合など被用者保険を指す。
出所：筆者作成。

の所定労働時間の4分の3以上働く契約であるとすれば，自動的に被用者年金にも健康保険にも被保険者本人として加入することになります。

次に，週20時間以上働く場合にも，上記で説明してきた通り，現在，適用条件を緩和中で，2024（令和6）年10月までには従業員51人以上の企業のすべてで被用者年金と健康保険の両方に被保険者本人として加入することになります。

週20時間未満の就労の場合には，年収条件によってどの制度に加入するのかが決まりますが，健康保険の扶養家族は配偶者に限らないこともありケースバイケースとなります。目安として言えることは，年収130万円を超えれば扶養家族を外れ，被用者年金と健康保険の両方に被保険者本人として加入する可能性があります。

在職老齢年金の支給停止条件の緩和も令和2年改正の目玉の1つです。60から64歳に支給される特別支給の老齢厚生年金を対象とした在職老齢年金制度（低在老）について，年金の支給が停止される基準が現行の賃金と年金月額の合計額28万円から47万円に緩和されました。65歳以上の在職老齢年金制度（高在老）については，現行の基準47万円のままです。

また，この他にも65歳以上の在職中の老齢厚生年金受給者についての在職定時改定の制度や国民年金と同じ支給開始年齢の75歳までの繰下げ制度などが導入されました。これらの制度改正は，2022（令和4）年4月から適用されます。

（3）企業年金

企業年金は国民皆年金体制の3階部分を構成する年金制度です。2001（平成13）年から2002（平成14）年にかけて，日本でもアメリカのエリサ法（Employee Retirement Income Security Act of 1974）など諸外国を習った企業年金法が相次いで成立しました。確定給付企業年金法と確定拠出年金法です。

企業年金制度について説明を始めるには，まず企業年金とは何かを明確にする必要があるでしょうが，これが難題で，準公的年金説や退職金の分割払い説など諸説あるのが実情で，ここでは企業年金連合会の用語解説を引用して「企

業が従業員の老後生活保障のため掛金を拠出して実施する年金制度の総称」と
しておきましょう。

　現在，法律にもとづいて設置される企業年金には，表補論 6 - 5 に示したよ
うに，確定給付企業年金と確定拠出年金企業型の 2 種類があります[8]。

▎確定給付企業年金（企業型ディー・ビー DB）

　確定給付企業年金は，従来の企業年金制度である厚生年金基金や適格退職年
金などに代わる制度です。給付額や給付の種類等について，労使双方の合意に
もとづいて事前に決められているのが特徴（これが確定給付の意味）です。

　また，企業型ディー・ビー（DB）の設立には，表補論 6 - 5 に示したように，
基金型と規約型の 2 つの方法があります。加入者になれるのは，厚生年金保険
適用事業所の被保険者で，自分の勤め先が同制度を導入している場合には，従
業員は自動的に加入することになります。掛金の拠出は事業主のみが行いま
す。支給開始年齢は，原則として，60 歳から 65 歳の範囲で年金規約に定める
ものとされています。

　基金型は，設立された企業年金基金が積立金を自主運用することを認めてい
ますが，設立要件には人数要件（300 人以上）が含まれており，主に大企業向け
の設立方法と言えます。従来からある厚生年金基金との違いは，公的年金であ
る厚生年金保険とは完全に独立した制度となることに加えて，老齢給付の他に
障害給付や遺族給付など公的年金制度に準じた給付も認められることが挙げら
れます。

　規約型は，信託銀行や生命保険会社など外部の機関に積立金の運営を委託す
る方法です。旧適格退職年金との違いは，比較的小規模な企業年金基金である
にもかかわらず厚生年金基金や確定給付企業年金の基金型と同等の財政運営な
らびに情報開示が義務づけられたことに加えて，老齢給付の他に障害給付や遺
族給付も認められることなどが挙げられます。

▎確定拠出年金企業型（企業型ディー・シー DC）

　確定拠出年金は，アメリカで成功した 401K 年金プランを参考にして導入さ

| 表補論6-5 | 企業年金制度の概要 |

金額は 2021（令和 3）年 10 月時点のもの

	確定給付企業年金（企業型 DB）		確定拠出年金 企業型（企業型 DC）
	基金型	規約型	
設立要件	・労使の合意により企業年金基金を設立する。 ・設立には 300 人以上の従業員を必要とする。	・労使が年金規約を締結すること。	・労使の合意にもとづき，規約を定める。
拠　出	・原則として事業主負担とし，年に 1 回以上拠出する。 ・加入者が掛金を負担する場合には，加入者の同意を必要とし，掛金総額の 2 分の 1 を超えてはならない。 ・事業主は，一定の条件下で，金銭に代えて上場株式等で拠出することができる。		・事業主が拠出する。ただし，拠出限度額の枠内かつ事業主の掛金を越えない範囲で，加入者の拠出（マッチング拠出）も可能。 ・拠出金額に上限が設定される。当該企業が他に企業年金を実施している場合には月 27,500 円，実施していない場合には月 55,000 円。
積立金の運用	・基本的に厚生年金基金と同じだが，積立金の財政検証は継続基準と非継続基準により毎事業年度末に行い，不足があればその都度追加拠出を求める。 ・積立金の管理運営は，管理運用機関に委託して行うが，基金型の場合には，一定の条件下で自家運用も認められる。		・積立金の運用は加入者が運営管理機関に指示する。 ・運用結果は加入者の自己責任とする。
給付の種類	・老齢給付金の他，障害給付金，遺族給付金など公的年金に準じた給付を規約に定めることができる。 ・老齢給付金は 60 歳以上 65 歳未満の規約で定める年齢から支給する。受給期間は 20 年以内で，年金額の一部または全部を一時金で支給することができる。 ・障害給付金は，厚生年金保険の障害厚生年金に連動して支給する。 ・遺族給付金も遺族厚生年金に連動して支給する。 ・脱退一時金は，加入者が死亡以外で資格を喪失したとき，加入期間が 3 年以上で老齢給付金の支給要件を満たさない者に支給する。		・老齢給付金の他に，障害給付金と一時金がある。 ・老齢給付金は，原則 60 歳（加入者資格喪失後）からの受給が可能で，遅くても 70 歳（2022 年 4 月からは 75 歳）までに受給を開始しなければならない。 ・支給期間は，5 年以上の有期または終身年金（規約の規定により一時金の選択可能）となる。 ・障害給付金は，加入者や加入者であった者が 70 歳になる前に一定の障害状態と認定されたとき。 ・脱退一時金は，個人型（iDeCo）も含めて確定拠出年金制度に加入できなくなったとき，一定の要件を満たした者が受給することができる。
その他	・確定給付年金から確定拠出年金への移行を認めるが，逆はできない。		・運用管理機関は加入者に元本保証商品を含む 3 つ以上の商品を提示し，最低 3 か月に 1 回以上運用商品の預け替えの機会を用意する。

出所：厚生労働省 HP 等資料より筆者作成。

れた確定拠出型の年金制度です。確定拠出年金は企業型と個人型があります
が，ここでは企業型のみを説明し，個人型は次項で説明します。

　企業型ディー・シー（DC）の加入者になれるのは，厚生年金保険適用事業
所の被保険者で，自分の勤め先が同制度を導入している場合には，従業員は自
動的に加入することになります[9]。掛金の拠出は事業主が行いますが，拠出限
度額の枠内かつ事業主の掛金を越えない範囲で，加入者の拠出（マッチング拠
出）も可能です。支給開始年齢は，60歳から70歳（2022（令和4）年5月からは
75歳）の範囲で自由に選ぶことができますが，通算加入期間が10年に満たな
い場合には最長で65歳まで据え置きとなります。

　企業型ディー・シーの特徴は，加入者がその時点で保有する年金の積立金を
自分で運用することです。これは，運用リスクを加入者自身が負うことを意味
していますが，同制度を実施する企業は，加入者に対して投資情報や投資教育
を提供することに加え，企業が選任した運営管理機関は少なくとも1つ以上の
元本確保商品（預貯金や国債等）を用意することが義務づけられていることか
ら，必ずしも運用リスクを回避する方法がない訳ではありません。

　さらに，企業型ディー・シーでは，加入者が離職した場合に，それまで積み
立てた年金資産をもって移換できるポータビリティが確保されており，加入者
は転職先の企業や個人型の確定拠出年金イデコ（iDeCo）として積立や運用を
続けることができます[10]。

　このように，企業型ディー・シーは企業型ディー・ビーと比較して柔軟性が
高いことが特徴ですが，事業主の拠出額に上限が設けられていること，また，
本稿執筆時点では未公開株などの現物拠出を認めていない点など，アメリカの
401K年金プランと比較して，確定拠出型年金としての野心に欠けるのは否め
ません。

（4）公的な個人年金

　公的な個人年金とは，個人の自助努力により老後に備えるための年金制度で
す。個人貯蓄や民間保険で老後に備えることには限界があり，公的な年金制度
が作られました。

表補論6－6 公的な個人年金の種類

給付額は 2021（令和3）年 10 月時点のもの

	財形年金貯蓄	国民年金基金	確定拠出年金　個人型（iDeCo）
事業主体	独立行政法人 雇用・能力開発機構	全国国民年金基金	国民年金基金連合会
加入者	満55歳未満の被用者（公務員も可）で，他に年金財形契約をしていない者（ただし，一般財形，住宅財形との併用は可）。	20歳以上60歳未満の国民年金の第1号被保険者，日本国内に住所を有する60歳以上65歳未満の国民年金の任意加入被保険者および海外居住者であって国民年金の任意加入被保険者。	国民年金第1号被保険者および第3号被保険者，厚生年金保険被保険者。
拠出方法	雇用主が給与および賞与から天引きし，取扱金融機関に払い込む。5年以上の拠出期間が必要。	各都道府県の国民年金基金に加入する。1口目として終身年金のA型かB型のいずれかを契約する。2口目以降は，A型とB型に加えて，有期年金のⅠ型，Ⅱ型，Ⅲ型も選択できる。	1）第1号被保険者　68,000円／月 ※国民年金基金の加入者の限度額は，その掛金と合わせて68,000円 2）厚生年金保険の被保険者 ①確定給付型の年金および企業型確定拠出年金に加入していない場合（公務員を除く）23,000円／月 ②企業型確定拠出年金のみに加入している場合20,000円／月 ③確定給付型の年金のみ，または確定給付型と企業型確定拠出年金の両方に加入している場合12,000円／月 ④公務員12,000円／月 3）第3号被保険者23,000円／月
拠出限度額	非課税限度額は貯蓄残高550万円まで（保険等の貯蓄商品の場合は，払込額385万円まで）。	確定拠出年金と併せて月68,000円まで。	
給　付	60歳以降に5年以上20年以内（保険商品の場合，終身受取もある）の範囲で設定。ただし，受取開始は積立終了から5年以内。	契約タイプと口数により60歳または65歳から有期年金か終身年金が老齢基礎年金に上乗せされる。年金受給開始前に死亡した場合には，遺族一時金が支給される。	老齢給付は原則60歳から受給可能で，遅くとも70歳までには受給を開始しなければならない。障害給付は加入者や加入者であった人が70歳になる前に一定の障害状態と認定されたときに給付する。
税　制	利子非課税。	拠出時は拠出金全額の社会保険料控除が受けられる。	
		給付時は公的年金等控除（年金）や退職所得控除（一時金）が受けられる。	

出所：厚生労働省 HP 等資料から筆者作成。

　我が国の代表的な公的な個人年金制度として，少なくとも財形年金貯蓄制度，国民年金基金，および確定拠出年金個人型イデコの3つを挙げることが可能でしょう。これらは，いずれも積立方式の運用となり，一般の金融保険機関に運用を委託する制度が多いのですが，公的年金制度と同等の税制面での優遇制度があるものもあります。

▌財形年金貯蓄

　財形年金貯蓄は，雇用保険の関連事業として，1971（昭和 46）年に勤労者財産形成促進法にもとづいて導入された貯蓄制度です。一般貯蓄に加えて，年金貯蓄，住宅貯蓄などの目的別に，雇用主が定期的に給与や賞与から天引きして，契約する金融保険機関に払い込む方法が取られます。税制面での優遇は利子等非課税に限られますが，職場単位で金融保険機関と取引することから団体契約の効果が見込まれます。

▌国民年金基金

　国民年金基金は，公的年金制度において報酬比例年金（2 階建て部分）をもたない国民年金第 1 号被保険者のために，1991（平成 3）年に基礎年金額（1 階建て部分）を上乗せするために導入された制度です。地域型と職能型がありましたが，2019（平成 31）年 4 月に，一部職能型を除いて，両基金は全国国民年金基金に統合されました。

　そこで，全国国民年金基金を例に説明しますと，国民年金基金は，まず，同基金が用意する 2 種類の終身年金プランの中から 1 口契約することで加入者となります [11]。拠出金は全額社会保険料控除の適用を受けるので，税制上のメリットは大きいと言えるでしょう。

　加入者は 2 口目以降も希望に応じてさまざまなタイプの年金プランを組み合わせて契約することができます。給付はすべて確定給付型で，契約口数分だけの額を老齢基礎年金額に上乗せする形で支給されます。

▌確定拠出年金個人型イデコ（iDeCo）

　個人型の確定拠出年金イデコは，企業年金のない被用者（公務員を除く）と国民年金第 1 号被保険者のための制度でしたが，2017（平成 29）年 1 月から国民年金第 3 号被保険者も加入できるようになりました。制度の概要は，拠出限度額を除いて基本的に企業型と同じです。国民年金第 1 号被保険にとっては，上述の国民年金基金とは代替的な関係にあり，両制度に同時に加入することも可能ですが，2 つの制度への拠出額の合計は 1 つの制度に加入する場合の上限

額に制限されています。

　本制度については，今後制度の拡大や充実が見込まれており，本篇第8章で最新状況や今後の展望を説明していますので，そちらを参照してください。

3── 積立金の運用方法について

　年金制度の概要説明の最後として，公的年金の積立金の運用方法について論じます。

　現在，国民年金と厚生年金保険の積立金は年金積立金管理運用独立行政法人ジー・ピー・アイ・エフ（GPIF）によって運用されています。本篇第8章で説明しているように，我が国の公的年金は国民年金も厚生年金保険もすべて原則，賦課方式で拠出金を運用しています。すなわち多額の積立金を運用する積立方式ではありません。しかし，例えばコロナ禍のようなアクシデントのために年金受給者数と保険料拠出者数が日々変動することに加え，趨勢的な人口の少子高齢化に備えるためにある程度の積立金を保有することは，年金財政の安定に欠かせません。その積立金を運用する機関がジー・ピー・アイ・エフです。

　表補論6−7に掲載したように，2021（令和3）年6月末時点で，ジー・ピー・アイ・エフは約193兆円の年金積立金を保有し，株と債券に投資して運用して

| 表補論6−7 | 年金積立金のポートフォリオ |

	第1四半期末（2021年6月末）（年金積立金全体）		
	資産額（億円）	構成割合[4資産]	構成割合[債権・株式]
国内債券	490,923	25.39%	50.11%
外国債券	477,870	24.72%	
国内株式	473,393	24.49%	49.89%
外国株式	491,171	25.41%	
合　計	1,933,356	100.00%	100.00%

出所：GPIF「2021年度第1四半期運用状況（速報）」。

い

います。運用方針は事前に決められていて，国内株・外国株・国内債券・外国債券がそれぞれ 25％ずつになるようポートフォリオが作られます。したがって，もし外国株（主にアメリカ株）が値上がりし，時価評価で 25％の割合を超えれば自動的に売却され，逆に値下がりして 25％の割合を下回れば追加購入されます。

　このように値下がりした金融資産を購入し，値上がりした金融資産を売却するという投資行動をシステマチックに行うことにより，運用益（キャピタルゲイン）を上げることに加えて，株の配当金や債券の利息が発生する訳ですから，その収益（インカムゲイン）を得ることにより，2001 年度から 2020 年度までの 20 年間でジー・ピー・アイ・エフは含み益を含めて約 95 兆円の収益を生み出し，その内 16 兆 8,000 億円を国庫に納付したと報告しています。

　このようにジー・ピー・アイ・エフは，今や世界最大の投資ファンドとして，その威力を発揮していますが，ポートフォリオ運用法は株と債券が反対方向の値動きをすることを前提になされるもので，もし世界中の株と債券が同時に金融収縮すれば，ポートフォリオの比率が変わらないまま資産価格が下落する訳ですから，大損失が発生する可能性が無いとはいえません。

【注】
1） 本付論の説明は，鎌田（2010）第 2 章の説明を書き直したものです。制度は可能な限り 2021 年 4 月以後のデータにもとづいて説明しています。
2） 従業員数の条件は，2022 年 10 月以降は 101 人以上に，2024 年 10 月以降は 51 人以上に緩和される予定です。
3） 保険料は 1 人当たり 16,610 円（令和 3 年 4 月現在）です。
4） 保険料の延納制度があります。学生納付特例制度により卒業後 10 年以内であれば追納することが可能です。
5） 男性で昭和 36（女性で昭和 41）年 4 月 1 日以前に生まれた人は，65 歳以前において，特別支給の老齢厚生年金を受給できる制度があります。また，老齢基礎年金とセットで最大で 60 歳まで支給開始年齢を繰上げることが可能ですが，その場合には老齢基礎年金と同様に減額されます。
6） ただし，平成 19 年 4 月 1 日以前に 65 歳以上であった人は，併給額が遺族厚生年金額を超えることはできません。
7） ちなみに，国や地方公共団体等では，2017（平成 29）年 4 月から週 20 時間以上働

くパート労働者の公務員共済適用が実施されています。

8）実社会には，適格退職年金や厚生年金基金などの残存制度が未だあるかもしれません が，前者は平成14年4月から新規発足はできなくなり，既存の制度も平成24年 4月以降は，税制上の優遇措置が受けられなくなりました。また，後者も平成26 年4月以降の新設は認められません。いずれ両制度とも消滅する予定です。

9）2021（令和3）年10月時点では65歳未満の従業員ですが，2022（令和4）年5月 からは70歳未満に拡大されます。

10）企業型ディー・ビー（DB）でも転職先企業が規約などで受け入れを認めている場 合は年金資産を移管できる場合があります。確定拠出年金個人型イデコ（iDeCo） への移管は，脱退後1年以内であれば再就職に関わりなく可能です。

11）A型は65歳支給開始，15年間保証期間付きの終身年金プラン，B型は保証期間が ないものです。したがって，B型は本人が80歳前に死亡すると，その時点で給付 が止まります。

参考文献

鎌田繁則『社会保障論　経済の視点からみた保険制度』ミネルヴァ書房　2010年。
鎌田繁則『これからの社会保障』久美出版　2001年。

索　引

A－Z

integrated care……………………… 19
UBI …………………………………… 256

ア

曖昧さ……………………………… 166
アウトカム指標…………………… 41
アウトプット指標………………… 41
アプリオリな総合判断…………… 158
あるがままの人間………………… 153
安全配慮義務違反………………… 226
育児介護休業……………………… 79
育児休業…………………………… 79
育児休業給付……………………… 218
　　　──金………………………… 219
育児休業取得率…………………… 81
育児目的休暇……………………… 79
遺族基礎年金……………………… 264
遺族（補償）給付………………… 231
遺族厚生年金……………………… 269
一億総活躍社会………………… 11, 58
一時生活支援事業………………… 123
一時扶助…………………………… 249
一般介護予防事業……………… 24, 206
一般基準…………………………… 249
一般教育訓練給付金……………… 220
一般扶助主義……………………… 238
移転費……………………………… 217
医療扶助…………………………… 247
医療保護施設……………………… 250
永住者……………………………… 109
　　　──の配偶者等…………… 109
エリザベス救貧法………………… 183
エリサ法…………………………… 271
親に扶養能力のない児童………… 183

カ

介護休暇…………………………… 79

介護休業…………………………… 79
　　　──給付…………………… 219
介護（補償）給付………………… 231
　　　──サービス……………… 201
介護認定…………………………… 198
介護扶助…………………………… 247
介護保険制度……………………… 196
介護予防・生活支援サービス事業
……………………………… 24, 206
介護予防・日常生活支援総合事業…… 206
ガイドライン…………………… 73, 76
外部労働市場……………………… 66
確定給付型年金…………………… 142
確定給付企業年金………………… 272
確定拠出型年金…………………… 142
確定拠出年金イデコ……………… 276
確定拠出年金個人型……………… 145
家計相談支援事業………………… 124
課税繰り延べ所得………………… 143
家庭生活の経済…………………… 154
カトリックの倫理………………… 184
通いの場…………………………… 30
過労死等…………………………… 91
観光立国推進基本法……………… 37
間接雇用…………………………… 93
完全委託型………………………… 13
企業型ディー・シー DC ………… 272
企業型ディー・ビー DB ………… 272
企業内労働市場…………………… 66
企業年金…………………………… 271
基金型……………………………… 272
技術・人文知識・国際業務……… 107
技術的実現性……………………… 53
基準及び程度の原則……………… 243
基準財政収入額…………………… 49
基準財政需要額…………………… 49
基礎年金……………………… 259, 261
技能検定…………………………… 108
技能士……………………………… 109

技能実習…………………………… 107
技能習得手当……………………… 214
技能習得費………………………… 248
基本手当…………………………… 214
基本的ニード……………………… 178
規約型……………………………… 272
休業（補償）給付………………… 229
救護施設…………………………… 249
救護法……………………………… 239
救済事業…………………………… 183
求職者給付………………………… 213
求職者支援制度…………………… 125
旧生活保護法……………………… 239
救貧税……………………………… 183
教育訓練給付……………………… 220
教育扶助…………………………… 247
教区委員…………………………… 183
共済金庫…………………………… 188
共助………………………………… 12
行政改革努力分…………………… 46
業務起因性………………………… 234
業務災害…………………………… 225
　　──保険法……………………… 187
業務遂行性………………………… 234
居住地法…………………………… 184
居宅サービス……………………… 201
ギルバート法……………………… 185
均一拠出・均一給付の原則……… 178
緊急人材育成支援事業…………… 222
均衡待遇…………………………… 74
均等待遇………………………… 74, 75
勤務間インターバル規制………… 86
空談………………………………… 166
国の総合戦略……………………… 43
ケアプラン………………………… 204
経済的実現性……………………… 53
ケインズ……………………… 176, 209
現行相当…………………………… 29
現象学……………………………… 157
限定合理性………………………… 155
故意過失……………………… 89, 226
広域求職活動費…………………… 217
好奇心……………………………… 166
公共職業安定所…………………… 211
高在老……………………………… 271
公助………………………………… 12
厚生経済学………………………… 176

更生施設…………………………… 250
厚生年金保険……………………… 266
構造改革特区……………………… 36
構造的失業………………………… 209
公的な個人年金…………………… 274
公的扶助…………………………… 238
高等学校等就学費………………… 248
高度専門職………………………… 105
高年齢求職者給付金……………… 215
高年齢継続被保険者……………… 211
高年齢雇用継続基本給付金……… 218
高年齢雇用継続給付……………… 218
高年齢再就職給付金……………… 218
合理的経済人……………………… 152
戸外救済…………………………… 185
国営失業保険……………………… 188
国民皆年金体制…………………… 258
国民年金…………………………… 261
　　──基金………………………… 276
国民扶助法………………………… 190
国民保険法………………………… 188
孤児………………………………… 183
互助………………………………… 13
　　──型併用社会保障…………… 13
個人型イデコ……………………… 146
国家責任の原理…………………… 241
子どもがいる現役世帯の貧困率…… 257
子どもの学習支援事業…………… 124
子どもの貧困対策推進法………… 253
子供の貧困対策大綱……………… 253
子どもの貧困率……………… 252, 257
子の育児休暇……………………… 79
雇用安定事業……………………… 221
雇用継続給付……………………… 218
雇用調整助成金…………………… 222
雇用保険事業……………………… 221
雇用保険制度……………………… 210
ゴールドプラン…………………… 195

サ

財形年金貯蓄……………………… 276
財源保障機能……………………… 48
再就職手当………………………… 216
在職老齢年金……………………… 268
財政調整機能……………………… 48
最低生活の原理…………………… 242
最低賃金法………………………… 185

在留資格……………………… 105
裁量労働制……………………… 85
サービス事業…………………… 24
36（サブロク）協定………… 65
3年ルール……………………… 77
資格外活動……………………… 110
自助……………………………… 13
施設サービス…………………… 203
失業扶助………………………… 190
失業法…………………………… 190
失業保険………………………… 190
実行計画………………………… 60
疾病保険法……………………… 187
児童手当制度…………………… 254
自動物価スライド……………… 140
児童扶養手当…………………… 254
自発雇用創造地域……………… 38
ジー・ピー・アイ・エフ（GPIF）…… 277
市民参加型在宅福祉サービス…… 196
社会的剥奪……………… 118, 251
社会復帰促進等事業…………… 233
社会保険構成法………………… 190
社会保険と関連サービス……… 176
就業促進手当…………………… 216
就業促進定着手当……………… 217
就業手当………………………… 217
住居確保給付金………………… 122
終日労働………………………… 93
就職支援法……………………… 222
就職支度費……………………… 248
就職促進給付…………………… 216
終身雇用制度…………………… 66
終身雇用・年功序列制度……… 60, 68
修正賦課方式…………………… 135
住宅扶助………………………… 246
十分の一税……………………… 180
就労準備支援事業……………… 123
就労自立給付金………………… 127
主観−客観問題………………… 157
宿泊提供施設…………………… 250
授産施設………………………… 250
恤救規則………………………… 239
出産扶助………………………… 248
出入国在留管理庁……………… 105
趣味判断………………………… 172
障害基礎年金…………………… 264
障害（補償）給付……………… 230

障害厚生年金…………………… 268
消費者…………………………… 151
傷病（補償）年金……………… 229
常用就職支度金………………… 217
上陸許可………………………… 105
職域扶助………………………… 179
職業訓練受講給付金…………… 222
職業紹介法……………………… 189
職能型…………………………… 276
職権主義………………………… 196
所定給付日数…………………… 214
自立相談支援事業……………… 121
新型交付金……………………… 43
新救貧法………………………… 186
人口減少等特別対策事業費…… 45
申請主義………………………… 196
申請保護の原則………………… 243
新創業融資制度………………… 53
スウィング暴動………………… 186
崇高の判断……………………… 172
スピーナムランド制度………… 185
スライド調整率………………… 140
生活困窮者……………………… 120
───自立支援制度…………… 120
生活者…………………………… 153
生活扶助………………………… 245
生活保護基準…………………… 249
───額………………………… 246
正規雇用者……………………… 93
生業費…………………………… 248
生業扶助………………………… 248
制限扶助主義…………………… 239
成長実現ケース………………… 8
世代間扶養……………………… 137
世帯単位の原則………………… 244
世帯分離………………………… 244
絶対的貧困……………… 117, 251
専門実践教育訓練給付金……… 220
総合事業……………… 24, 26, 206
総合戦略………………………… 43
総合判断………………… 156, 158
葬祭扶助………………………… 249
葬祭料／給付…………………… 232
相対的貧困……………… 117, 251
措置……………………………… 196

タ

第1号被保険者…………………… 262
待遇格差………………………… 72
第3号被保険者…………………… 262
第2号被保険者…………………… 261
頽落（たいらく）………………… 163
タウンゼント……………………… 251
脱終身雇用・年功序列制度……… 60
多様なサービス…………………… 29
短期雇用特例被保険者…………… 211
地域型…………………………… 276
地域経済活性化分………………… 46
地域雇用開発等促進法…………… 38
地域雇用創出政策………………… 37
地域雇用創造事業………………… 40
地域支援事業……………………… 24
地域の元気創造事業費…………… 45
地域扶助………………………… 179
地域包括ケアシステム…………… 18
地域密着型サービス……………… 204
地下経済………………………… 168
地方交付税………………………… 48
地方財政計画……………………… 50
地方譲与税………………………… 48
地方創生加速化交付金…………… 44
地方創生拠点整備交付金………… 45
地方創生推進交付金……………… 44
地方創生先行型交付金…………… 43
地方版総合戦略…………………… 43
直接雇用………………………… 93
賃金スライド……………………… 140
追加的ニード……………………… 178
通勤災害………………………… 225
通勤による疾病…………………… 235
通勤の合理性……………………… 235
つみたてニーサ…………………… 147
積立方式………………………… 136
定額型…………………………… 138
低在老…………………………… 271
定住者…………………………… 110
定率型…………………………… 138
デザイン思考……………………… 53
ドイツ観念論……………………… 156
同意雇用開発地域………………… 38
同一労働同一賃金ガイドライン… 73
等価可処分所得…………………… 256

道具関係………………………… 160
特殊ニード……………………… 178
特定一般教育訓練給付金………… 221
特定活動………………………… 110
特定技能………………………… 111
　　——　1号…………………… 111
　　——　2号…………………… 111
特定求職者……………………… 222
特別基準………………………… 249
特別条項………………………… 65
特例一時金……………………… 216
都道府県労働局………………… 211
取組の成果……………………… 46
取組の必要度…………………… 46

ナ

ナショナル・ミニマム………… 175
ナッチブル（ワークハウス・テスト）法
　………………………………… 184
ニーサ…………………………… 147
二次健康診断等給付……………… 233
ニード原則……………………… 178
日本型雇用慣習………………… 60
日本人の配偶者等……………… 109
日本政策金融公庫……………… 53
入管法…………………………… 104
認可組合制度…………………… 189
認定職業訓練…………………… 222
寝たきり老人…………………… 194
年金生活者支援給付金制度……… 264
年金2千万円不足問題…………… 132
年功序列制度……………… 66, 68
年次有給休暇…………………… 81
　　——取得率…………………… 82
能力開発事業…………………… 221

ハ

配慮的気遣い…………………… 160
派遣先均等・均衡方式…………… 77
働き方改革……………………… 59
　　——実行計画………………… 59
パッケージ事業………………… 40
ハローワーク…………………… 211
引きこもり………………… 118, 164
被救護民低位の原則…………… 186
ピグー…………………………… 176
ビスマルク社会保険……… 187, 188

非正規雇用者……………………… 93
必要即応の原則…………………… 244
非本来性…………………………… 163
　───の状態……………………… 166
日雇労働求職者給付金…………… 216
日雇労働被保険者………………… 211
標準賞与額………………………… 266
標準報酬額………………………… 268
標準報酬月額……………………… 266
貧困線………………………… 117，256
貧困の負の連鎖…………………… 251
貧困の連鎖………………………… 118
貧民監督官………………………… 183
賦課方式…………………………… 137
福祉の経済学……………………… 176
不合理な待遇格差………………… 74
扶養義務者………………………… 242
扶養照会…………………………… 129
フラット制の原則………………… 178
プロテスタントの倫理…………… 184
分析判断……………………… 156，157
ベヴァリッジ……………………… 175
　───報告………………………… 176
ホイットブレッド………………… 185
補足性の原理……………………… 242
ポートフォリオ運用法…………… 278
ホワイトカラー・エグゼンプション… 85
本来性の状態……………………… 166

マ

マクロ経済スライド制…………… 140
摩擦的失業………………………… 209
まち・ひと・しごと創生事業費……… 45
まち・ひと・しごと創生法……… 41
マッチング補助金………………… 55
無過失責任主義…………………… 225
無期契約…………………………… 93
無期転換ルール…………………… 77
無差別平等の原理………………… 241
目的の判断………………………… 172

物自体……………………………… 160

ヤ

友愛組合…………………………… 188
有給休暇…………………………… 79
有効需要管理政策………………… 209
有用性……………………………… 53
　───の判断……………………… 172
ユニバーサル・ベーシック・インカム
　（UBI）………………………… 241
養育費……………………………… 255
要保護者…………………………… 129
予防給付サービス………………… 201
401K 年金プラン ………………… 143

ラ

離婚時の厚生年金分割制度……… 268
療養（補償）給付………………… 229
臨時財政対策債…………………… 50
労役場……………………………… 184
労災認定…………………………… 89，226
労災保険…………………………… 225
労使協定方式……………………… 77，78
老人医療費無料化政策…………… 194
老人福祉法………………………… 194
老人保健法………………………… 194
労働基準法………………………… 64
労働災害…………………………… 225
　───認定………………………… 226
労働者派遣契約…………………… 78
労働能力のある貧民……………… 183
労働不能の貧民…………………… 183
老齢基礎年金……………………… 262
老齢厚生年金……………………… 268
老齢・疾病保険法………………… 187

ワ

ワイマール共和国………………… 189
ワイマール社会保険法…………… 189

《著者紹介》

鎌田繁則（かまた・しげのり）
名城大学教授。

主な著書等
『社会保障論―経済の視点からみた保険制度―』ミネルヴァ書房，
2010年。
『介護基盤の不足と営利企業の参入』久美，2004年。
『これからの社会保障』久美，2001年。

（検印省略）

2022年4月20日　初版発行　　　　　　　略称―社会保障

社会保障改革2025とその後

著　者　鎌田繁則
発行者　塚田尚寛

発行所　東京都文京区　**株式会社 創成社**
　　　　春日2-13-1
　　　　電　話 03 (3868) 3867　　ＦＡＸ 03 (5802) 6802
　　　　出版部 03 (3868) 3857　　ＦＡＸ 03 (5802) 6801
　　　　http://www.books-sosei.com　振　替 00150-9-191261

定価はカバーに表示してあります。

©2022 Shigenori Kamata　　組版：ワードトップ　印刷：エーヴィスシステムズ
ISBN978-4-7944-3235-3　C3033　製本：エーヴィスシステムズ
Printed in Japan　　　　　　落丁・乱丁本はお取り替えいたします。